作者简介

王伟臣

上海外国语大学法学院副院长、副教授，主要从事法律人类学、比较法律文化的研究。出版有专著《法律人类学的困境》一部，以及《什么是法律人类学》《牛津国际法史手册》等合著、译著多部。目前正参与主持"法律人类学经典阅读计划"，该计划致力于较为完整地梳理出法律人类学的知识谱系。

The Paradigms of Legal Anthropology

法律人类学的范式

王伟臣/著

北京大学出版社
PEKING UNIVERSITY PRESS

目 录

导 论 ··· 001
  一、称谓与范式 ·· 001
  二、本书的结构 ·· 005

第一章 法律人类学的学科定位与范式构建 ················ 007
  第一节 法学与人类学的交叉路径 ·························· 008
    一、学科交叉的前提 ·· 008
    二、研究对象的交叉 ·· 011
    三、研究方法的交叉 ·· 014
    四、研究成果的交叉 ·· 017
    五、学科交叉的困境 ·· 020
    六、怎样促成学科交叉 ····································· 023
  第二节 法学与人类学的学术对话 ·························· 024
    一、耶鲁大学法学院与斯托尔斯讲座 ··················· 025
    二、第一场人类学讲座：格拉克曼的破冰之旅 ······ 026
    三、第二场人类学讲座：格尔茨的我行我素 ········ 031
    四、谁的讲座更为成功 ····································· 034
    五、人类学家在法学院应该讲什么 ····················· 038
  第三节 法律人类学研究范式的构建 ······················ 039
    一、研究旨趣：以法律民族志为基础的整体论
      关怀 ·· 040

二、研究对象：非西方部落社会的习惯法 ………… 045
三、研究方法："问题个案研究法" ………………… 051

第二章　法律人类学的研究对象 ………………… 059
第一节　法律人类学研究对象的类型 ………………… 060
一、研究对象的实践导向 ………………………… 060
二、研究对象的理论维度 ………………………… 068
第二节　主要关注的议题：纠纷解决 ………………… 079
一、人类学为何研究纠纷 ………………………… 080
二、规则中心范式的研究逻辑 …………………… 081
三、向过程主义范式的转型 ……………………… 084
四、对纠纷研究的总结和反思 …………………… 088
第三节　相对忽视的区域：西亚北非地区 …………… 092
一、研究成果 ……………………………………… 093
二、研究特点 ……………………………………… 107
三、总结与启示 …………………………………… 111

第三章　法律人类学的研究方法 ………………… 113
第一节　整体方法：法律民族志 ……………………… 114
一、法律民族志的起源与定义 …………………… 114
二、法律民族志的类型 …………………………… 119
第二节　内在技术：个案的扩展 ……………………… 126
一、作为个案研究的法律民族志 ………………… 127
二、问题个案 ……………………………………… 129
三、扩展个案 ……………………………………… 132
四、日常个案 ……………………………………… 137
五、反思和总结 …………………………………… 142

第四章 法律人类学与周边学科的范式对比 …………… 144
第一节 法律人类学与法律社会学的边界 …………… 145
一、对象的边界 ………… 145
二、身份的边界 ………… 150
三、方法的边界 ………… 153
四、开放的边界 ………… 157

第二节 法律人类学与政治人类学的对比 …………… 159
一、研究对象 ………… 159
二、研究方法 ………… 165
三、学科发展 ………… 169

第三节 作为比较法的法律人类学 …………………… 173
一、从比较法的角度来理解法律人类学 ………… 173
二、人类学为何要研究比较法 ………… 177
三、人类学比较法研究的对象 ………… 179
四、人类学比较法研究的立场 ………… 183
五、超越西方中心主义的比较法研究 ………… 186

第五章 法律人类学的中国范式 …………………………… 191
第一节 法律人类学在中国的译介与传播 …………… 193
一、第一阶段：碎片化地引入 ………… 193
二、第二阶段：填补空白式的介绍 ………… 206
三、第三阶段：专题式研究 ………… 214
四、传播的特点与不足 ………… 222

第二节 当代中国法律人类学的研究进展 …………… 224
一、三个阶段 ………… 227
二、五个特点 ………… 237

三、未来展望 …………………………………………… 240

第六章　法律人类学的学术共同体 …………………… 242
第一节　学术共同体的概念与基本要素 ……………… 243
第二节　世界范围内的法律人类学共同体 …………… 246
一、荷兰的法律人类学共同体 ……………………… 246
二、世界其他地区的法律人类学共同体 …………… 253
第三节　中国的法律人类学共同体 …………………… 257
一、发展与现状 ……………………………………… 257
二、总结与反思 ……………………………………… 262

结　语　用法律人类学理解这个世界 ………………… 265
附　录　我和我眼中的法律人类学（节选）…………… 275
后　记 ……………………………………………………… 285

导　论

一、称谓与范式

谈及法律人类学的范式，首先要介绍什么是法律人类学。而"什么是法律人类学"其实是本书要详细展开的内容。所以，我们不妨先从语义和称谓上讨论"什么是法律人类学"。

在中文世界，"法律人类学"主要有两种称谓，一种就是"法律人类学"，还有一种为"法人类学"。后者并非前者的缩写或简称，而是代表了不同的理解："法"人类学不仅关注"法律"本身，还要探索更广义的"法"。与此相关，还有关于法律人类学的"法学家派"与"非法学家派"的区别，以及"法学的法律人类学"与"人类学的法律人类学"的二分。实际上，正如笔者在另一本书《法律人类学的困境——格卢克曼与博安南之争》中所考证的，纵观中外法律人类学的学术发展史，其实并无这种截然对立的区别。[1] 不过，有意义的是，中文世界的这些不同称谓

---

[1] 参见王伟臣：《法律人类学的困境——格卢克曼与博安南之争》，商务印书馆2013年版，第227—239页。需要补充说明的是，本书对"Gluckman"的译名处理较前有所调整。在《法律人类学的困境——格卢克曼与博安南之争》中，笔者依据新华通讯社译名室编撰的《英语姓名译名手册》将其译为"格卢克曼"。然而，正如之后要提到的，近十年来中文文献中关于该学者的研究已形成已形成规模性积累，刘顺峰、王秋俊等代表性研究者均采用"格拉克曼"这一译名。为保持学术对话的延续性与术语的统一性，笔者也采用他们的译法。

反映出一种学术想象或学术期待。这种想象或期待敏锐地意识到可能存在两种不同的法律人类学研究。

这种学术想象或期待在英文世界表现得更加明显。同样以称谓为例。在英语中,关于法律人类学的称谓有很多,如 Legal Anthropology、Anthropology of Law、Anthropological Study of Law、Law and Anthropology、Anthropology and Law 等。虽然美国政治与法律人类学学会(Association for Political and Legal Anthropology)直接使用了"Legal Anthropology"的表述,但很多人类学家却并不接受这个表述。比如,劳拉·纳德(Laura Nader)认为,"Legal Anthropology"可能意味着存在一种"非法律的人类学研究"(Illegal Anthropology)。所以,她倾向使用"Anthropology of Law"。但斯奈德(Francis G. Snyder)认为,"Anthropology of Law"的缺点是,会让人以为这是一种只关注"法律"本身的研究,没有展现出法律人类学的全面性。因而,马克·古德尔(Mark Goodale)建议使用"Anthropology and Law",意指一种交叉研究,也表达了跨学科的期待。但诺伯特·鲁兰(Norbert Rouland)却泼了一盆冷水,其认为:这种称谓是错误的,在很多时候,大多数法学家对人类学不感兴趣,人类学家也不会与法学家有所交流。[1]

总而言之,在英文世界,法律人类学并没有统一的称谓。这其实也很正常。英文中的法律社会学、法律经济学、政治人类学等学科同样没有统一称谓。这可能是所有类似学科的共性。不过,就法律人类学而言,诸多英文称谓之间其实有着历时性的递

---

[1] 有关诸位学者关于英文法律人类学称谓的观点,参见[美]劳拉·纳德等:《问答:法律人类学的传统》,载侯猛、王伟臣主编:《法律和社会科学(第20卷第1辑) 法律人类学在中国:学说》,法律出版社2023年版,第1—36页。

进关系。

在早期阶段,人类学刚开始涉足法律研究时,并没有名为"法律人类学"的学科。所以,罗伯特·H.洛伊(Robert H. Lowie)于1927年发表的英语世界第一篇法律人类学综述使用的称谓是"Anthropology and Law",代表人类学表达了一种试图靠近法律研究的愿望。20年后,霍贝尔(E. A. Hoebel)在一篇综述中调换了词序,使用的是"Law and Anthropology"。作为人类学家的霍贝尔与法学家的合作较为成功,所以把"Law"置于"and"之前,表示对法学界的期待,即期待能够回应人类学学界的合作愿望。

但此后,法律人类学忙于自身的学科建设,更希望强调的是人类学的法律研究。所以,劳拉·纳德于1965年在《美国人类学家》(American Anthropologist)发表的"学科宣言"使用的是"Anthropological Study of Law"。1971年,利奥波德·J.波斯比西(Leopold J. Pospisil)出版的法律人类学教科书也采用了"Anthropology of Law"。这一时期是法律人类学发展的黄金阶段,从业者众多,法律民族志作品不断问世。但没过几年,西蒙·罗伯茨(Simon Roberts)就提出了"我们是否需要法律人类学(Anthropology of Law)"的质疑。原因是,"Anthropology of Law"过于强调法律本身,没有体现出人类学的学科优势。

作为对学科危机的回应,"Legal Anthropology"被广泛采用。这一称谓其实并非要与"非法律的人类学研究"对照,而是为了强调这个学科的落脚点应该是最后一个单词——"Anthropology",表示这是一种人类学式的研究。比如,上文所提到的,美国政治与法律人类学学会会名中的"法律人类学"采用的是"Legal Anthropology"。这个词组仅由两个单词组成,表述更加简洁。这种搭配方式与文化人类学(Cultural Anthropology)或社会人类学(Social Anthropology)一致,表示这是人类学的分支学科。此外,这种表述还可以与政治人类学(Political Anthropology)、经济人类学(Economic Anthropology)等人类学的其他分支领域统一起来,在人类学内部实现更好的互动。

与此同时,霍贝尔使用的"Law and Anthropology"经过萨利·福尔克·穆尔(Sally Falk Moore,也有版本译为萨丽·摩尔或萨例·法尔克·穆尔)的大力提倡逐渐获得了学界的重视。学者们认为,一方面应该努力做具有人类学特色的法律研究,但另一方面,也要坚持同法学领域的学术对话与合作。于是,使用"Law and Anthropology"的作品也越来越多,且渐成主流。比如,2012年,马克斯·普朗克社会人类学研究所(Max Planck Institute for Social Anthropology)成立了法律人类学系,使用的称谓就是"Law and Anthropology"。这是目前世界范围内最大的法律人类学研究机构。

从"Anthropology and Law"到"Law and Anthropology",法律人类学的称谓实现了一个微妙的"循环"。一开始是为了强调沟通与互动,最后又回到了这一学术愿景。法律人类学不管是人类学的分支学科,还是人类学与法学的交叉学科,它在学科空间中都处于一个特别的地带。它在称谓上的变化反映出人类学和法学这两门母学科在这一地带动态的互动过程。这种互动有时是取长补短,有时是竞争与博弈。

笔者认为,可以把这种互动关系形象地称为"拉扯"。而这种历时性的、具有拉扯感的互动过程典型地反映在法律人类学的研究范式上。从横向的角度上看,从法律人类学的研究对象、研究方法、理论预设中都可以看出人类学和法学的拉扯;从纵向的角度上看,法律人类学的研究范式会随着这种拉扯而不断变化,在不同时期呈现不同的范式与特征。因此,学科关系与历史发展构成本书所讨论的法律人类学范式的两条核心线索。

二、本书的结构

本书除导论、附录、后记、结语外主要内容共六章,努力从不同的侧面呈现法律人类学的研究范式。

第一章首先讨论了法律人类学的学科定位,即法律人类学究竟是一门交叉学科还是人类学的一门分支学科,而后梳理了20世纪上半叶法律人类学研究范式的构建过程。第二章介绍了法律人类学的研究对象,在实践导向和理论维度上做了类型划分,并就一项研究议题和一处研究区域做了重点介绍。第三章关注的是法律人类学的研究方法,具体分为两个块面:法律民族志与个案的扩展。第四章考察了法律人类学与周边学科在范式上的异同。这些周边学科包括法律社会学、政治人类学以及比较法学。尽管前四章或多或少涉及了中国,但笔者认为还是有必要在第五章专门讨论中国法律人类学的学科发展与范式构建。第六章从知识社会学的角度回顾了中外法律人类学的学术共同体建设。此外,本书的结语部分在总结全书的基础上展望了法律人类学的发展方向。

笔者认为,既然构成一种范式,那么对这种范式的描述或总结必然是一体的,很难把构成范式的诸要素拆解出来。这些要素之间是一种"你中有我,我中有你"的关系。如果相互之间没有连接、互补和渗透,那么它们也不可能构成一种范式。比如,一般认为,霍贝尔和卢埃林(Karl N. Llewellyn)合作完成的《夏延人的方式:原始法学中的冲突与判例》(以下简称《夏延人的方式》）[1]为法律人类学的研究范式奠定了基础。因为，从研究对象上讲，该书关注的是印第安部落的习惯法，这是法律人类学长期关注的对象。而获取这种不成文习惯法的途径则是问题个案方法（trouble-cases method），这是法律人类学的经典研究方法。而问题个案方法主要聚焦纠纷，这反映了人类学长期以来对法律现象的理解，进一步讲，还体现了法学学科对人类学学科的影响。同时，该书又展现了法律人类学与法律社会学的区别。所以，只要讨论法律人类学的研究范式，无论是讨论研究对象还是研究方法都要反复提到这部作品。同理，马林诺夫斯基（Malinowski）的《原始社会的犯罪与习俗》[2]、马克斯·格拉克曼（Max Gluckman）的《北罗德西亚巴罗策人的司法程序》[3]、萨利·安格尔·梅丽（Sally Engle Merry）的《诉讼的话语——生活在美国社会底层人的法律意识》[4]都是学科史上具有范式意义的作品。讨论法律人类学的研究范式不可能绕开这些作品。

因此，本书关于法律人类学范式诸要素的介绍可能略有重复，这一方面是因为我力不从心，难以作出清晰的切割；另一方面也是因为这种"重复"本身就证明了它们共同组成了法律人类学的研究范式。

---

[1] See Karl N. Llewellyn and E. Adamson Hoebel, The Cheyenne Way: Conflict and Case Law in Primitive Jurisprudence, University of Oklahoma Press, 1941.

[2] See Bronislaw Malinowski, Crime and Custom in Savage Society, Harcourt, Brace & Company, Inc., 1926.该书有数个中译本，本书主要参考的是［英］马林诺夫斯基：《〈原始社会的犯罪与习俗〉修订译本》，原江译，法律出版社2007年版。

[3] See Max Gluckman, The Judicial Process among the Barotse of Northern Rhodesia, Manchester University Press, 1955.

[4] See Sally Engle Merry, Getting Justice and Getting Even: Legal Consciousness among Working-Class Americans, The University of Chicago Press, 1990.该书中译本参见［美］萨利·安格尔·梅丽：《诉讼的话语——生活在美国社会底层人的法律意识》，郭星华、王晓蓓、王平译，北京大学出版社2007年版。

第一章　法律人类学的学科
　　　　定位与范式构建

　　现代学术生产是一种学科化的学术生产。这意味着尽管学术研究可以自由生产,但最终都需要在相应的学科系统内予以评价和反馈。所以要讨论一门学科的研究范式,首先要在学科系统内找到这门学科的位置或归属。关于法律人类学的学科归属,目前有两种不同的学术观点。一种观点认为,法律人类学顾名思义,乃法学和人类学的交叉学科;另一种观点则认为,法律人类学并未实现交叉,只是人类学的分支学科。对此,笔者的观点是,不能简单地一概而论。当然,笔者的立场并非某种折中主义,而是想强调关于法律人类学的学科定位,即其究竟是交叉学科还是分支学科,不能望文生义、想象式地解读,而应该从学术史的角度考察。这就是本章第一节要讨论的内容。此外,为了理解法律人类学的学科定位,进而探究其学科性质,还须进一步讨论法学和人类学在学术对话上的态度和方式。为此,本章第二节拟以同一所法学院的两场人类学讲座为例来展示这种对话的困难和微妙。在明确了法律人类学的学科定位之后,本章第三节将从三个角度展现法律人类学研究范式的构建过程和标志。

第一节　法学与人类学的交叉路径[1]

本节拟从知识社会学的角度探讨法学和人类学在过去百余年间的互动关系,并借此讨论法学交叉学科的生成路径、困境以及推进方式。此外,需要说明的是,由于现代意义上的法学和人类学均诞生于域外,所以回顾与梳理它们的发展规律也需要溯本清源,回到它们的出发点。

一、学科交叉的前提

建设交叉学科的前提是促进学科交叉。那么,学科交叉的前提又是什么？1926 年 8 月 30 日,美国社会科学研究理事会(Social Science Research Council)的几十位成员齐聚新罕布什尔州的汉诺威召开了一次例行会议。会上,哥伦比亚大学心理学教授罗伯特·伍德沃思(Robert Woodworth)指出:"除了我们这个理事会,再没有其他组织能够担负起开展合作或跨学科(interdisciplinary)研究的责任了。"这是英语文献中第一次出现"跨学科"这一术语。[2] 这个由词缀"inter"(在……之间)与单词"disciplinary"(纪律的)组成的英语单词并非源于伍德沃思个人的奇思妙想,它是对美国社会科学研究理事会的人员组成结构

---

[1] 本节曾以《法学交叉学科的生成路径与困境——以法律人类学为例》为题发表于《中央民族大学学报(哲学社会科学版)》2024 年第 1 期。与原文相比,此处作了一定程度的改动。

[2] See Roberta Frank, "Interdisciplinary": The First Half Century, Issues in Integrative Studies, Vol. 6, 1988, p. 140.

的客观描述。

在此之前,即1924年12月27日,在美国政治学会(American Political Science Association)的倡议下,美国经济学会(American Economic Association)、美国社会学协会(American Sociological Association)、美国统计协会(American Statistical Association)、美国心理学会(American Psychological Association)、美国人类学学会(American Anthropological Association)以及美国历史学会(American Historical Association)6个美国国家级的学术研究会联合组建了世界上第一个社会科学合作组织——社会科学研究理事会。而美国政治学会之所以提出合作的构想,主要是因为该学会彼时的主席、芝加哥大学政治学教授查尔斯·爱德华·梅里亚姆(Charles Edward Merriam)深感当时政治学研究方法论的不足,提倡用心理学中的行为主义方法来研究政治学。[1] 加上其他几个学会对此有同感,于是社会科学研究理事会应运而生。而此时距离美国政治学会成立也仅仅过了20年左右。实际上,除美国统计协会成立于1839年外,其他几个学会也都比较年轻:美国历史学会成立于1884年,美国经济学会成立于1885年,美国心理学会成立于1892年,美国人类学学会成立于1902年,美国社会学协会成立于1905年。大概就在这一时期,英语中首次出现了作为复数的"社会科学"(Social Sciences)。[2] 而作为单数的"社会科学"(Social Science)的出现则要追溯到100年前。

18世纪末,自然哲学发展为各门独立的自然科学,物理学、化

---

[1] See Kenton W. Worcester, Social Science Research Council, 1923-1998, Social Science Research Council, 2001, pp. 15-16.

[2] 参见[美]西奥多·M. 波特、[美]多萝西·罗斯主编:《剑桥科学史 第七卷 现代社会科学》,第七卷翻译委员会译,大象出版社2008年版,第2页。

学、生物学等现代意义上的自然学科开始形成。进入19世纪,研究"政治""经济""精神""思想"的学者们试图仿照自然科学建立一门单独统一的社会科学。[1] 既然是仿照自然科学,那么,这种社会科学同样以"科学化"为目标,这就是"社会科学"这一名称的由来。因而,早期政治学、政治经济学、统计学等领域通通归在同一个旗帜下。所以,对于19世纪中叶左右的社会科学而言,根本就不存在学科交叉的问题。但是,在模仿自然科学的过程中,这种单一的社会科学渐渐发现,只有专业化才能实现科学化,而专业化的前提是学科分工。按照著名知识社会学家伊曼纽尔·沃勒斯坦(Immanuel Wallerstein)的说法,"由于现实被合理地分成了一些不同的知识群,所以系统化研究便要求研究者掌握专门的技能,并借助这些技能去集中应对多种多样、各自独立的现实领域"[2]。于是,社会科学进入模仿自然科学的第二个阶段:学科化。所谓学科化,就是知识生产的专业化,亦即研究型大学或研究机构聘任的专业教职人员或研究人员针对专有的或特定的研究对象使用专有的或特定的研究方法进行研究,并在专有的或特定的期刊上发表研究成果,同时其学术著作也被图书馆按照书籍分类系统进行归类。通过这种方式,原本19世纪中叶统一的社会科学到19世纪末被分割为政治学、经济学、心理学、人类学等彼此独立的单一学科。[3] 由此,才为学科交叉创造了可能。按照知

---

[1] 参见[美]西奥多·M.波特、[美]多萝西·罗斯主编:《剑桥科学史 第七卷 现代社会科学》,第七卷翻译委员会译,大象出版社2008年版,第11页。
[2] [美]华勒斯坦等:《开放社会科学:重建社会科学报告书》,刘锋译,生活·读书·新知三联书店1997年版,第9页。
[3] 参见[美]西奥多·M.波特、[美]多萝西·罗斯主编:《剑桥科学史 第七卷 现代社会科学》,第七卷翻译委员会译,大象出版社2008年版,第175—183页。

识生产的基本模式,学科交叉的路径应该包括三个要素的交叉,即研究对象、研究方法和研究成果的交叉。接下来,本节将从研究对象、研究方法和研究成果三个方面入手梳理和分析过去百余年法学和人类学的交叉与融合。

二、研究对象的交叉

在近代社会科学的创建过程中,法学和人类学是两门最特殊的学科。法学的特殊性在于,它并没有被授予正式的社会科学的地位。[1] 美国法律协会/美国法学会(American Law Institute)创建于1923年,但是在美国社会科学研究理事会中并没有法学这门学科。在法学传统十分强大的欧陆国家,法学也往往作为一门独立的学科存在。[2] 这主要是因为法学的历史非常悠久,最早可以追溯至2000多年前的古罗马时期。公元11世纪,一套完整的东罗马帝国的《学说汇纂》在意大利北部被偶然发现,由此揭开了罗马法复兴的序幕。1088年,意大利法学家伊尔内留斯(Irnerius)为传授罗马法创建了博洛尼亚大学法学院,法学便因此成为世界上第一所大学中最早且唯一的学科。随后,博洛尼亚大学的模式在欧洲推广,并逐渐增设了医学、神学等学科,到了14世纪初,欧洲已经有了几十所具有一定规模的大学。[3] 这些大学以培养职业人才为主,与19世纪初创立的

---

[1] 参见[美]华勒斯坦等:《开放社会科学:重建社会科学报告书》,刘锋译,生活·读书·新知三联书店1997年版,第30页。

[2] 参见郑戈:《法学是一门社会科学吗?——试论"法律科学"的属性及其研究方法》,载北大法律评论编委会编:《北大法律评论》(第1卷·第1辑),法律出版社1998年版,第6页。

[3] 参见[比]希尔德·德·里德-西蒙斯主编:《欧洲大学史(第1卷):中世纪大学》,张斌贤等译,河北大学出版社2007年版,第112页。

主张"研究与教学合一"的柏林洪堡大学有着本质区别。不过,此时的法学却几乎已经具备了19世纪末专业化的学科特征。不管是14世纪评论法学派的巴尔多鲁(Bartolus de Saxoferrato),还是16世纪人文主义法学派的阿尔恰托(Andrea Alciati),抑或18世纪的自然法学家克里斯蒂安·沃尔夫(Christian Wolff),均供职于大学,都有着一套特定的研究方法并出版了大量的学术作品。[1] 更为重要的是,他们研究的都是法律问题。19世纪末,原本统一的社会科学通过"分门划界"(Boundary-work)的方式对"人类社会各种现象"进行了肢解,为不同学科划定了边界。[2] 但由于针对法律这种"社会现象"已经创立了法学学科,所以其他几门学科并没有过多地"染指"法律现象。

人类学也较为特殊,首先,它有着自然科学、社会科学以及人文学的三重背景。比如,在美国,当代人类学通常划分为四大分支:体质(生物)人类学、文化(社会)人类学、语言人类学以及考古学。其中,一般认为,体质人类学属于自然科学,文化人类学属于社会科学,语言人类学属于人文学,而考古学则同时具有三种学科的特征。但是,与其他社会科学学会联合组建美国社会科学研究理事会的美国人类学学会却同时涵盖了以上所有的分支学科。因而,至少在美国,人类学是一门集自然科学、社会科学、人文学于一体的综合学科。其次,它的分支学科——文化人类学并没有实际参与社会科学的资源切割。因为政治学、经济学、社会学等学科所切割的"人类社会各种现象"中的"人类社会"专指西方社会。换言之,早期的政治学只关注西方社会的

---

[1] 参见何勤华:《西方法学史》,中国政法大学出版社1996年版,第74—101页。
[2] 参见[美]华勒斯坦等:《学科·知识·权力》,刘健芝等编译,生活·读书·新知三联书店1999年版,第22页。

政治现象,早期的经济学只关注西方社会的经济现象。文化人类学脱胎于海外殖民运动所兴起的科学旅行与探险活动,它的研究对象是作为"异族"或"他者"的所谓"原始社会"。[1] 而"原始社会"本身包含着各种各样的社会现象,于是,以此建立的文化人类学就成为一门小型的综合社会科学。既然是综合社会科学,就必然关注法律问题。可是早期人类学家还是遇到了一个难题:法律是否和政治、经济一样,是一种具有普适性的社会现象?亦即"原始社会"究竟有没有法律?

按照马克斯·韦伯(Max Weber)法律进化论的观点,尽管传统中国法、中东的卡迪法没有西方法律高级,但毕竟被"授予"了法律资格,而无文字的"原始社会"甚至连法律的成文化都没有完成,所以不被认为存在法律。[2] 有趣的是,韦伯的法律进化论恰好彰显了学科化、专业化的意义。韦伯的研究虽然横跨法学、社会学、经济学等学科,但这些学科的研究对象都是西方社会。韦伯关于"原始社会"的判断大都来自探险家的日记以及"摇椅人类学家"的想象,所以很快就被更加专业的人类学家证伪了。1926年,英国人类学家马林诺夫斯基在其出版的《原始社会的犯罪与习俗》一书中指出:"如果我们不得不为本书各篇中所描述的规则贴上某些现代的,因而也必然是不恰当的标签的话——这些规则就必然被视为特罗布里安德岛民的

---

[1] 参见[美]西奥多·M.波特、[美]多萝西·罗斯主编:《剑桥科学史 第七卷 现代社会科学》,第七卷翻译委员会译,大象出版社2008年版,第310—312页。

[2] 参见[德]马克斯·韦伯:《儒教与道教》,洪天富译,江苏人民出版社2010年版,第109页;林端:《儒家伦理与法律文化:社会学观点的探索》,中国政法大学出版社2002年版,第48—50页。

'民法'的总和。"[1]经过长达两年的田野调查,马林诺夫斯基不仅发现了这个所谓的"原始社会"的犯罪与刑罚,而且还证明了他们拥有与西方法类似的民法规范。尽管在此之前,已经有人类学家或者传教士出版了一些法律民族志的作品,但考虑到马氏的影响力以及该书所具有的强烈的(与法学的)学术对话意识,所以这本著作的出版,标志着人类学正式进入法律研究领域。[2] 由此,从研究对象的角度来讲,法学和人类学已经实现了交叉。不过,这种层面的交叉并非马林诺夫斯基刻意寻求的结果。作为"人类学界的韦伯",他的视野几乎遍及"原始社会"的各个方面,在经济人类学、宗教人类学、亲属制度等方面均有奠基性的作品问世。所以,人类学研究法律问题其实是19世纪末社会科学专业化和资源切割的必然结果。但无论如何,人类学也在关注、研究法律问题,所以从研究对象的角度而言,法学与人类学实现了交叉。

三、研究方法的交叉

法学与人类学在研究方法上的交叉既有偶然性,也有必然性。在18世纪以前,法学研究大致包括两个内容:其一,罗马法复兴以来的作为技艺的法律知识;其二,关于道德哲学、自然法

---

[1] [英]马林诺夫斯基:《〈原始社会的犯罪与习俗〉修订译本》,原江译,法律出版社2007年版,第38页。

[2] See Annelise Riles, Representing In-Between: Law, Anthropology, and the Rhetoric of Interdisciplinarity, University of Illinois Law Review, Vol. 1994, 1994, pp. 597-650. 该文中译本参见[美]万安黎:《介于两者之间的表达:法律、人类学以及跨学科的修辞》,王伟臣、邹琪译,载舒国滢主编:《法理——法哲学、法学方法论与人工智能(2022年第1辑·总第11辑)》,商务印书馆2022年版,第25—76页。

学的价值研究。而后,一方面,在启蒙运动的影响之下,欧洲开始了轰轰烈烈的法典化运动,亦即由民族国家的建立所催生的欧洲法地方化运动。另一方面,自然科学所标榜的学科化、科学化等特征开始影响到法学。由此导致进入19世纪的法学出现了重大变化。传统的自然法研究受到了批判,为自然法研究所关心的伦理问题被纳入道德哲学。[1] 而关于"法律"的研究开始以追求科学为目标,此外,孔德创立的"实证主义"(positivism)又为研究实际有效的法律规范创造了条件。

由此,德语中首次出现了"法律科学"(Rechtswissenschaft)的概念。这个概念被归结为一种关于法律学说的法律实证主义,几乎天生地反对形而上学。[2] 围绕着这一理念,柏林洪堡大学建立了现代意义上的法学学科,并以此为基础发展出著名的历史法学派。在英国,同样出于对自然法学的批判与否定,边沁开创了"分析实证主义法学"(analytical positivism jurisprudence)。不管是德国的"法律科学"还是英国"分析实证主义法学",追求的都是法律与道德的二分,即所谓的"法律实证主义"(Legal Positivism)。但必须强调的是,这种研究虽然名曰"实证",但它只关心实在法律本身,并不考虑法律的运作状态以及法律与社会的关系,也不考虑那些法律之外的非正式规范。这种对自然法的批判显然有些矫枉过正了。所以,在20世纪初期,欧陆学界和英美学界各自出现了对法律实证主义的修正或拓展。在欧陆

---

[1] 参见[美]马蒂阿斯·雷曼:《19世纪德国法律科学》,常鹏翱译,载易继明主编:《私法(第5辑·第1卷)》,北京大学出版社2005年版,第199页。
[2] 参见[波兰]马莱克·齐克-萨多夫斯基:《法律认识论与法律文化的转变》,载[比]马克·范·胡克主编:《比较法的认识论与方法论》,魏磊杰、朱志昊译,法律出版社2012年版,第28页。

学界,法律社会学的创始人埃利希(Ehrlich)提出了"活法"的概念;在美国,奥利弗·温德尔·霍姆斯(Oliver Wendell Holmes)提出了"法律现实主义"(Legal Realism),他们都主张要研究现实中的法律运行。其中,法律现实主义又分为两个派系:一个是"社会科学之翼",另一个是"个人习性之翼"。社会科学之翼的代表人物是卢埃林,在某种程度上讲,他对法律人类学的影响可能超过了马林诺夫斯基。

学术界之所以把马林诺夫斯基评价为现代法律人类学的开创者,主要是因为他尝试使用法律民族志的方法来研究部落社会的法律。但民族志或田野调查的方法其实是一种综合方法,需要很多具体的"技术"来完成民族志的写作。马氏的《原始社会的犯罪与习俗》与其说是一本法律民族志,不如说是一本偏向法律的综合民族志,因为这本书主要关心的还是其在《西太平洋的航海者》[1]中讨论的主题——互惠。此外,也许是因为在进行田野调查时,马氏并没有专门写作法律民族志的打算,该书并没有提到太多的法律案件。该书在研究方法上虽然具有标志性意义,但对于研究法律而言,似乎并没有太大的可复制价值。构成法律民族志主体的研究方法其实是法学家卢埃林创立的。

众所周知,法律现实主义认为,单纯从法规和判例的角度去研究法律是不够的,必须关注法律在实践中如何解决纠纷。卢埃林所代表的法律现实主义运动的"社会科学之翼"更是坚持认为,在美国的法律实践中,纠纷的解决受到商业惯例等非

---

[1] 参见[英]马凌诺斯基:《西太平洋的航海者》,梁永佳、李绍明译,华夏出版社2002年版。

法律规范的强烈影响。于是,卢埃林将这种法学的研究方法推荐给人类学家霍贝尔以用于研究不成文的习惯法,并把这种方法命名为"问题个案研究法"。[1] 他们合作开展的研究被称为"当代人类学法学研究之开端"。[2]

这种方法在人类学界迅速获得推广。第二次世界大战之后的几部经典法律民族志作品均使用了这种方法。几乎所有的讨论都集中于问题个案。进入20世纪60年代,人类学界甚至出现了基于这种方法所做的"纠纷解决类型学"研究。这种研究是指法律人类学家在进行田野调查时主要收集、记录各种类型的"问题个案",与此相关,法律民族志作品主要由此类案例组成,主要研究工作则是对这些案例进行整理、分类、归纳以及分析。而最终的研究结论也是围绕着不同的纠纷所涉及的不同的解决渠道、层面和方式展开。此外,于20世纪60年代兴起的"扩展案例"研究也以这种法学式的"问题个案研究法"为基础。由此来看,法学与人类学在研究方法上实现了交叉。

四、研究成果的交叉

学术研究的成果主要分为两种:一种是专著,另一种是期刊论文。图书有专门的学科分类系统,期刊也按照学科分类,且往往比图书更能控制学科的边界,因为其"有权"选择可以发表的内容。因而在期刊上发表交叉学科的研究成果

---

[1] See William Twining, Law and Anthropology: A Case Study in Inter-Disciplinary Collaboration, Law & Society Review, Vol. 7, 1973, p. 579.
[2] See P. H. Gulliver, [Part I Introduction] Case Studies of Law in Non-Western Societies, in Laura Nader ed., Law in Culture and Society, University of California Press, 1969, p. 11.

时，研究者经常面临困难。学术期刊一般有明确的学科界定，往往"不待见"交叉学科的论文。[1] 法学和人类学一开始也采取这种互相并不认可的态度。

在人类学界，很长一段时间里，关于法律的研究并没有受到充分的关注。比如，第二次世界大战之前，在人类学所形成的四大分支学科中并没有法律人类学的位置。在20世纪60年代以前，在如《美国人类学家》《美国民族学家》(American Ethnologist)、《当代人类学》(Current Anthropology)等的主流刊物上几乎看不到法律人类学的作品。但由于前述"问题个案研究法"在20世纪50年代的尝试，法律人类学进入了所谓的黄金阶段，在学术发表上也很快取得了重要突破。1964年4月2—4日，斯坦福大学召开了一次名为"法律民族志"(Ethnography of Law)的研讨会，与会论文以特刊的形式刊载于《美国人类学家》1965年第6期。当时，年轻的加州大学伯克利分校人类学家劳拉·纳德担任主持人。该期特刊可谓名家云集，有霍贝尔、保罗·博安南(Paul Bohannan)、波斯比西等著名的人类学家。此外，该期的论文选题与编排也很有新意。一共10篇论文，分为三部分，分别为导论、民族志研究和方法论进路。在导论部分，主持人劳拉·纳德还撰写了一篇30页的学术综述——《法律的民族志研究》，系统梳理了自亨利·梅因(Henry Maine)之后一百多年来法律人类学的研究史。[2] 4年后，《人类学年鉴》

---

[1] 参见王广禄、吴楠：《我国交叉学科发展现状与应对措施》，载《中国社会科学报》2014年3月26日，第A01版。

[2] See Laura Nader, The Anthropological Study of Law, American Anthropologist, Vol. 67, 1965, pp. 3-32.该文中译版参见[美]劳拉·纳德：《法律的人类学研究》，王伟臣译，载舒国滢主编：《法理——法哲学、法学方法论与人工智能（第6卷第1辑）》，商务印书馆2020年版，第3—30页。

(*Biennial Review of Anthropology*)又以近50页的篇幅刊登了另一位重要的人类学家萨利·福尔克·穆尔的学术综述——《法律和人类学》。[1] 5年之内，人类学的两本重要刊物先后发表了两篇关于法律人类学的重要学术综述以及组织了一期特刊，这足以说明此项研究已经受到了人类学界的关注。在纳德、穆尔等学者的不断努力之下，法律人类学在人类学界的影响力与日俱增。

在法学界，直到今天，在《耶鲁法律评论》《哈佛法律评论》等刊物上依然鲜见人类学的研究作品。但自20世纪60年代开始，人类学的法律研究受到了法学界的关注。其中一个标志性事件是英国人类学家马克斯·格拉克曼受到耶鲁大学法学院斯托尔斯（Storrs）讲座的邀请，发表了题为"巴罗策的法学观念"的系列演讲。格拉克曼是该讲座创立以来受到邀请的第一位人类学家。由此可见，当时人类学的法律研究的影响力的确已经触抵欧美法学界的核心。讲座完成后，耶鲁大学出版社还出版了格拉克曼在演讲稿的基础上修改、扩充后完成的同名著作。[2] 1983年，当时在人类学界如日中天的克利福德·格尔茨（Clifford Geertz，也有人译作克里福德·格尔茨）[3]也得到了耶

---

[1] See Sally Falk Moore, Law and Anthropology, Biennial Review of Anthropology, Vol. 6, 1969, pp. 252—300.该文中译本参见［美］萨利·福尔克·穆尔：《法律和人类学》，王伟臣、薛寒啸译，载张永和主编：《社会中的法理（第13卷）》，法律出版社2022年版，第159—204页。

[2] See Max Gluckman, The Ideas in Barotse Jurisprudence, Yale University Press, 1965.

[3] 关于"Geertz"的译法，国内主要有两种：一种译为"格尔茨"，一种译为"吉尔兹"。本书采取前一种译法。但是在引用相关中译本作品时，会按照该中译本的译法展示文献出处。

鲁大学法学院的邀请,相比格拉克曼,格尔茨的演讲题目则更著名,即"地方性知识:从比较的观点看事实和法律"。[1] 尽管格尔茨本人并没有就法律问题专门撰写过法律民族志,但他的这篇演讲,尤其是"法律是地方性知识"的论断不仅在人类学界,也在法学界产生了巨大影响。在中国,格尔茨和"地方性知识"甚至成为法学界讨论法律人类学时绕不过去的核心人物与命题。由此可见,在研究成果上,法学和人类学似乎也实现了交叉。

五、学科交叉的困境

通过上文的介绍,我们可以发现,在研究对象、研究方法、研究成果方面,法学和人类学实现了学科意义上的交叉。但奇怪的是,在欧美学界,却有不少学者坚持认为,法律人类学乃人类学的分支学科,而非人类学与法学的交叉学科。比如,美国人类学家格林豪斯(Carol J. Greenhouse)认为,"法律人类学,也就是关于法律的人类学研究,是人类学的一门分支学科"[2]。再如,德国学者沃尔夫冈·费肯杰(Wolfgang Fikentscher)在2016年出版的《法律和人类学》中同样指出,"法律的人类学或法律

---

[1] See Clifford Geertz, Local Knowledge: Fact and Law in Comparative Perspective, in Local Knowledge: Further Essays in Interpretive Anthropology, Basic books, 1983. 这篇文章主要有三个中译版,参见[美]克利福德·吉尔兹:《地方性知识:事实与法律的比较透视》,邓正来译,载梁治平编:《法律的文化解释》(增订本),生活·读书·新知三联书店1998年版,第73—171页;[美]克利福德·吉尔茨:《地方性知识:阐释人类学论文集》,王海龙、张家瑄译,中央编译出版社2000年版,第222—322页;[美]克利福德·格尔茨:《地方知识——阐释人类学论文集》,杨德睿译,商务印书馆2014年版,第193—271页。

[2] Carol J. Greenhouse, Praying for Justice: Faith, Order, and Community in an American Town, Cornell University Press, 1986, p. 28.

人类学是人类学的分支学科"[1]。此外，在美国，法律人类学并没有独立的研究会，而是和政治人类学共同组建了"政治与法律人类学学会"。学会的简介明确提到，"不管是政治人类学还是法律人类学都属于人类学的分支学科"。那么，这一结论和上文关于交叉生成路径的介绍为什么出现了重大矛盾？为什么在研究对象、研究方法、研究成果均有所交叉的情况下，法律人类学依然不被认可为交叉学科呢？

我认为，表面上看，法学与人类学这两个学科在研究对象、研究方法、研究成果三个方面均实现了交叉，但须注意的是，这些所谓的交叉，其实都是人类学的单方面接受。具言之，是人类学单方面接受了法学的研究对象、研究方法及研究成果。而人类学的研究并没有深入法学学科。那么，又为什么只是人类学的单方面接受呢？原因可能主要有两点：

第一，法学对"他者社会"的法律不感兴趣，所以人类学的法律研究对于法学并没有太大的启发。法学研究的重点是国内法或国际法，而法律人类学在很长一段时间里主要关注的是非洲、大洋洲等地的部落社会。从研究区域的角度来讲，两者并无太多的交集。传统上，法律人类学比较发达的英美学界的法学学科对法国、德国等欧陆国家的法律都没有太多的兴趣（所以相较法国与德国，美国的比较法学并不发达），更不用说关于非洲部落社会的法律了。比如，曾担任牛津大学法理学讲习教授20年之久的阿瑟·古德哈特（Arthur Goodhart）曾受邀为格拉克曼的首部法律民族志作品撰写序言。应当说，从格拉克曼的角度来看，能请到全英法理学界首屈一指的学者作序自然属于极大

---

[1] Wolfgang Fikentscher, Law and Anthropology, C.H. Beck, Hart, Nomos, 2016, p. 1.

的荣幸。但是,古德哈特在序言中却把格拉克曼的作品称为一部关于"原始法律体系的介绍"[1]。这说明在古德哈特的眼中,法律人类学关注的还是"原始"的法律,序言的字里行间充满了"猎奇"的心态。换言之,法律人类学关于部落社会的研究对于法学而言可能并没有可以参考或对话的价值。

第二,法学很难学习人类学的研究方法。人类学使用的田野调查方法强调实地调研与参与式观察,这和传统法学研究方法有着较大的差异。田野调查方法首先由人类学提出,时至今日,这种方法已经为诸多学科所采纳,法学界从事实证研究的学者也在使用这一方法。但人类学所主张的田野调查并不是一种简单的实证研究,它强调的是参与式观察,即不管最后的写作采取的是主位视角还是客位视角,研究者首先都得无一例外地融入研究对象,以亲身实践的方式参与研究对象的日常生活,从而对研究对象实现一种个人体悟式的深度理解。这种研究方式的基础是长期性,只有投入更多的时间,才有可能融入研究对象。所以,它与那种分发调查问卷或者集体调研的方式有着显著差异。它是一种研究成本极高的研究方法,很少有法学研究者愿意使用或能够使用。比如,在上文所提到的卢埃林与霍贝尔的合作中,主要的参与式田野调查基本上是由后者完成的,而与之相比,"那个夏末,卢埃林和他的妻子——一位经济学家,用十天时间参加了霍贝尔在蒙大拿州的考察——那是他在夏延度过的全部时间"[2]。

---

[1] See Max Gluckman, The Judicial Process among the Barotse of Northern Rhodesia, Manchester University Press, 1955, p. xiv.

[2] John M. Conley and Willian M. O'Barr, A Classic in Spite of Itself: "The Cheyenne Way" and the Case Method in Legal Anthropology, Law & Social Inquiry, Vol. 29, 2004, p. 186.

六、怎样促成学科交叉

通过上文,我们可以发现,尽管法学和人类学在过去100多年的交流和互动中有着许多交汇之处,但这都是法学对人类学的单方面介入。法学和人类学并没有真正实现具有知识启发性的学科交叉。那么,怎样才能促成学科交叉呢？或者,具而言之,怎样才能促进法学同其他社会科学的学科交叉呢？

美国人类学家万安黎(Annelise Riles)在1994年发表的一篇名为《介于两者之间的表达:法律、人类学以及跨学科的修辞》的论文中已经提示了答案。文中提到:

> 就法律研究而言,很难说人类学有什么独到的成果或方法。承认了这一点,我们就会明白,为什么人类学对于法律问题的研究没能影响到法学。这里的"影响"主要是指法学家并没有接受人类学的分析工具。作为对照,法律和经济学领域的学者们认为,经济理论已经被纳入法学家的工具箱。为什么人类学做不到这一点？主要原因并不是人类学家所研究的社会太过遥远以至于法学难以抵达,而是因为一旦到达那里就会发现,那里其实并没有他者。[1]

万安黎的意思是说,法律人类学之所以没有成为类似法律经济学的交叉学科,根本原因在于法学和人类学之间没有做到方法论的共享。尽管经济学方法与法学方法也有着较大

---

[1] [美]万安黎:《介于两者之间的表达:法律、人类学以及跨学科的修辞》,王伟臣、邹琪译,载舒国滢主编:《法理——法哲学、法学方法论与人工智能(第8卷第1辑)》,商务印书馆2022年版,第34页。

的差异,但毕竟不需要像人类学那样强调参与性、长期性和深入性。所以,法学研究者掌握、使用经济学方法并不存在太大的障碍。由此,我们可以认为,促成学科交叉的关键在于研究对象、研究方法和研究成果的共享。就法律人类学而言,尽管法学和人类学在研究对象上存在重叠,在一定程度上也彼此认可对方的研究成果,但是在研究方法上并没有实现共享。

第二节　法学与人类学的学术对话[1]

本节将进一步讨论法学和人类学在研究旨趣上的差异,以及这两门学科开展学术对话的困难和障碍。如导论所述,法律人类学的发展一直受到法学与人类学这两个学科的关系的影响,甚至"法律(和)人类学"(Law and Anthropology)这个带有"连词"的短语本身被当成了这门学科的代名词。但是纵观法律人类学的历史,专门探讨法学(法律)和人类学关系的作品并不多见。其中,万安黎的论文《介于两者之间的表达:法律、人类学以及跨学科的修辞》是迄今为止对这一问题讨论得最为深入的作品。在这篇长达55页的论文中,万安黎详细比较了19世纪法学家亨利·梅因和20世纪人类学家利奇(Edmund Leach)关于跨学科法律研究的看法,并据此揭示出法律研究的反思性模式与规范性模式之间的对立关系。

---

[1] 本节曾以《人类学家在法学院讲什么——格拉克曼与格尔茨的讲座比较》为题发表于侯猛、王伟臣主编:《法律和社会科学(第20卷第1辑)　法律人类学在中国:学说》,法律出版社2023年版,第343—360页。与原文相比,此处作了一定程度的改动。

值得一提的是，万安黎这篇论文的第三部分第一节"关系研究"简要回顾了耶鲁大学法学院举办的两场斯托尔斯讲座：一场是由人类学家马克斯·格拉克曼于 1963 年发表的系列演讲；另一场则是由人类学家克利福德·格尔茨于 1981 年发表的专题演讲。万安黎认为，耶鲁大学法学院举办的这两场前后跨度近 20 年的人类学讲座同样体现了法学和人类学复杂而曲折的关系。当然，在万安黎的叙述逻辑中，"格拉克曼—格尔茨"的对比主要是为强化"梅因—利奇"的对比而服务的。所以，她对这两场讲座的分析并不充分，对讲座的前因后果也着笔不多，主要停留在摘录讲座内容。这也是万安黎这篇论文最大的缺憾。笔者认为，就讨论法学与人类学的关系而言，"格拉克曼—格尔茨"的对比可能更加具有典型性，从知识社会学的角度详细梳理、对比这两场讲座不仅能够更加直接、立体地展现法学与人类学的学科差异与互动关系，还能解释 20 世纪 80 年代法律人类学短暂衰败与进入 21 世纪又能够慢慢复兴的原因。

一、耶鲁大学法学院与斯托尔斯讲座

根据"美国新闻与世界报道"（U. S. News & World Report）于 2021 年发布的排名，耶鲁大学法学院再次获评"全美第一法学院"。实际上，自第二次世界大战以后，耶鲁大学法学院就已经稳坐前三了。[1] 作为美国顶尖法学院，耶鲁大学法学院自然也代表了美国（西方）法学的最高水准，在某种程度上也可以视为美国（西方）法学学科的缩影。所以，从知识社会学的

---

[1] 关于耶鲁大学法学院近 50 年的发展，参见［美］劳拉·凯尔曼：《黑暗年代：再造耶鲁法学院》，阎天译，北京大学出版社 2016 年版。

角度来讲,耶鲁大学法学院本身就是一个讨论法学与跨学科研究的绝佳分析样本。

斯托尔斯讲座创立于 1889 年,距今已有 130 多年的历史,是耶鲁大学法学院久负盛名的年度讲座。该讲座的特点是,每年原则上只邀请 1 至 2 位非耶鲁大学法学院的法学家或者法学院以外的顶尖学者做系列演讲。所以,有不少著名法学家都曾做客斯托尔斯讲座。比如,1921 年,时任哈佛大学法学院院长的罗斯科·庞德(Roscoe Pound)和时任联邦最高法院大法官的本杰明·卡多佐(Benjamin Cardozo)同时获得邀请。后来,他们各自出版了讲座的演讲稿,即著名的《法理学导论》(*An Introduction to the Philosophy of Law*)和《司法过程的性质》(*The Nature of the Judicial Process*)。由此也可以发现,斯托尔斯讲座的主题和内容一般应是未发表过的,需要演讲者专门撰写。

此外,1963 年,时任哈佛大学法学院教授的富勒(Lon L. Fuller)也得到了斯托尔斯讲座的邀请。要知道,20 世纪 60 年代,英美法理学界的标志性事件即富勒与牛津大学法理学教授哈特(H. L. A. Hart)的论战。在这场论战中,富勒的身份为新自然法学派的领军人物,其代表作《法律的道德性》(*The Morality of Law*)就脱胎于其斯托尔斯讲座的演讲稿。[1] 由此,我们又可以发现斯托尔斯讲座的一个特点:紧追学术热点。

二、第一场人类学讲座:格拉克曼的破冰之旅

1963 年,斯托尔斯讲座除邀请富勒外,还邀请了一位人类学家,即格拉克曼。后者受到邀请其实更具开创意义。因为他

---

[1] 参见[美]富勒:《法律的道德性》,郑戈译,商务印书馆 2005 年版,第 3 页。

是七十多年来做客斯托尔斯讲座的第一位人类学家。那么,为什么他会在此时受到邀请呢?要回答这个问题,得回到19世纪末(斯托尔斯讲座创立之时)的学科与知识生产背景。由于当时的人类学主要关注"他者社会",所以,人类学变成一门小型的综合社会科学,只要是与"他者社会"有关的文化或制度,不管是政治、经济,还是宗教、法律,都会进入它的研究范围。进入20世纪,罗伊·富兰克林·巴顿(Roy Franklin Barton)、理查德·图恩瓦尔德(Richard Thurnwald)、马林诺夫斯基等学者以田野调查为基础撰写了多部法律民族志作品,推动了现代意义上的法律人类学的诞生。20世纪30年代,艾萨克·沙佩拉(Isaac Schapera)与霍贝尔又分别开创了关于非洲部落社会和北美印第安人法律的人类学研究。但是上述学者都没有得到斯托尔斯讲座的邀请。

当然,斯托尔斯讲座的水平再高,也只是美国的一所法学院的讲座,它的选题策划肯定受到不少偶然因素的影响。马林诺夫斯基是否受到邀请与其本人的学术影响力也没有必然关系。但是如果考虑到1963年格拉克曼受到邀请这一既定事实,我们也许可以在偶然因素之间窥见一些必然的学术规律。同创立于19世纪后半叶的社会科学诸学科相比,法学的历史非常悠久,不仅早已完成学科化建制,而且进入20世纪以后依然垄断法律研究。除了法国、德国的比较法学者,大多数法学研究者主要关注西方社会自身的法律现象。这一点在美国表现得尤为明显。换言之,美国法学(院)不太关心其他国家的法律问题,自然也就对当时专注部落社会法律研究的法律人类学不感兴趣了。但是到了20世纪60年代,情况发生了改变。一方面,跨学科的知识开始慢慢进入法学(院),其标志就是1964年美国法律社会学协会（Law & Society Association）的成立[1]；另一方面，20世纪50年代是法律人类学发展的黄金时期。这表现为研究成果和研究方法均取得了较大突破。以格拉克曼为代表的新一代人类学家将法学家发明的"问题个案研究法"应用于对非洲部落社会司法实践的现场观察，发表了一系列重要成果，还创建了"曼彻斯特学派"这一在人类学界较有影响力的学术流派。此外，也就在这一时期，格拉克曼与另一位人类学家，美国学者保罗·博安南就法律文化的普遍性和特殊性展开了一场激烈的学术争论，引发了学界的普遍关注。综上所述，此时的格拉克曼及其所代表的人类学的法律研究似乎突破了学科的屏障，开始影响到法学学科。由此，他才获得斯托尔斯讲座的邀请，开启了这场由人类学驶向法学的破冰之旅。

据格拉克曼介绍，早在1960年10月，他就收到了耶鲁大学法学院的邀请，并很快把题目确定为"法律观念的社会学"。为了准备讲座，他参考了卡多佐的《司法过程的性质》，认为"它包含了非常丰富的内容以至于我认为它至少需要八场讲座，所以我也按照相似的长度准备我的讲稿"[2]。我认为，格拉克曼之所以参考卡多佐的《司法过程的性质》，除了该书也是源于斯托尔斯讲座，另一个原因也许更为重要：作为人类学家的格拉克曼对于如何在法学院演讲没有经验。

一般而言，一场合格的学术演讲，除了要展示演讲者的基本学术水准，还需要至少让听众能够听懂或理解演讲内容。当

---

[1] 参见[美]帕特丽夏·尤伊克、[美]奥斯汀·萨拉特主编：《法社会学手册》，王文华等译，法律出版社2019年版，第105—106页。

[2] Max Gluckman, The Ideas in Barotse Jurisprudence, Yale University Press, 1965, p. xv.

然，格拉克曼的要求更高，他希望能够尽可能地提高演讲的生动性，增强互动性。在他看来，讲座的听众都是耶鲁大学法学院的师生，所以首先得考虑他们的知识背景。但如前所述，在20世纪中叶以前，人类学和法学至少从研究区域上讲并没有重合的部分。那么，如何才能让以前只关注美国法律的法学院的师生对赞比亚部落社会的习惯法产生兴趣呢？在准备的过程中，格拉克曼首先想到的就是卡多佐的《司法过程的性质》。一方面，此书深入浅出，阅读起来并不枯燥；另一方面，此书的结构直接源于斯托尔斯讲座的系列演讲，其篇章设计值得效仿。于是，格拉克曼便仿照《司法过程的性质》设计了系列讲座的主题。系列讲座一共有八讲，分别为：导论——部落法程序；巴罗策（Barotse）宪法与他们的权力论；土地上的身份与权利；社会延续中的不动产与动产；所有权与巴罗策法学的专业词汇；契约中义务的重要性；损害、赔偿与责任；义务与债。我们可以发现，这样的专题设计几乎在部落社会田野资料的基础上按照英美法的标题进行组织：宪法、所有权法、侵权法、合同法……所以在这个意义上，格拉克曼宣称："我并不确定，但'梅因爵士《古代法》的脚注'或许是本书（讲座主题）更准确的标题。"[1]

但据格拉克曼自己的回忆，到了耶鲁大学法学院之后，院方工作人员告诉他只安排了四场讲座。之所以砍掉一半，是因为耶鲁大学法学院临时邀请了富勒。这样又给格拉克曼带来了新的困扰。在系列讲座减半的情况下，如何能够确保体系性和生

---

[1] Max Gluckman, The Ideas in Barotse Jurisprudence, Yale University Press, 1965, p. xvi.

动性？此外，富勒的重磅加盟自然也吸引了整个耶鲁大学法学院的注意力，在此情况下，如何能够尽可能地与富勒的讲座分庭抗礼？于是，格拉克曼做了两项重要调整。第一，从原有的八讲中挑出四讲，即巴罗策宪法与他们的权力论；土地上的身份与权利；所有权与巴罗策法学的专业词汇；契约中义务的重要性。第二，改变了原有的比较对象。格拉克曼自己表示："因为我 30 年前在南非学习过法律，所以如果我将巴罗策法与罗马—荷兰法进行比较可能会轻松得多，但是我觉得与英美法比较才更为合适。"[1]之所以改变比较对象，从大陆法转移到英美法，还是为了"照顾"法学院师生的知识背景。

换言之，格拉克曼试图通过对部落社会习惯法的介绍来同英美法学进行知识对话。比如，在讲座的开篇，格拉克曼就提到了如何利用人类学的田野调查资料来验证梅因的理论：

> 比如，在法律的早期阶段，人法和物法之间是否难分难解地纠缠在一起，个体是否被家族覆盖，合同是不是不完全的转让以至于在未履行合同中找不到义务，实体法是否完全隐蔽于程序之中，法律在多大程度上受到宗教、巫术以及仪式的影响，拟制在法律的发展中是不是一个重要问题。梅因的资料主要来自两个方面：一是罗马法、日耳曼法以及凯尔特法经由少数文献而保存下来的残余，另外就是相对较少的关于印度法律实践的记录，而我的大量细致的案例则有助于修正梅因对于法律观念以及

---

[1] Max Gluckman, The Ideas in Barotse Jurisprudence, Yale University Press, 1965, p. xvii.

法律实践发展的一些判断。[1]

在后续的讲座中,格拉克曼按照这种思路,将巴罗策习惯法用英美的法学术语做了十分生动的展示。顺利完成四场讲座后,格拉克曼在此基础上完成了《巴罗策的法学观念》一书,1965年由耶鲁大学出版社正式出版。

三、第二场人类学讲座:格尔茨的我行我素

十八年后,作为人类学家的格尔茨也受到了斯托尔斯讲座的邀请。那么,为什么格尔茨也会受到邀请呢?可以肯定的是,这并不是因为法律人类学的影响进一步扩大。实际上,此时的法律人类学正遭遇范式危机。在获得邀请之前,格尔茨并没有专门研究过法律。不管是他早年的关于宗教生活和符号体验的研究,还是中期的关于社会经济问题的研究,抑或晚期的对符号和文化的重新关注,都没有直接涉及关于法律的讨论。因而,截至1981年,格尔茨并没有出版专门讨论法律的民族志作品。那么,在此背景下,他又为什么会获得邀请呢?我认为,耶鲁大学法学院可能看中的并不是其法律人类学的背景,而主要是他作为文化人类学家的强大影响力。据统计,"国际社会科学论文中对格尔茨作品的引用远远超过其他的人类学家。在国际性的人类学杂志《美国人类学家》和《当代人类学》中,几乎每篇论文都要提及他的作品……与列维·斯特劳斯一度获得的地位一样,格尔茨可以说是国际人类学界在整个社会科学中的最高

---

[1] Max Gluckman, The Ideas in Barotse Jurisprudence, Yale University Press, 1965, p. xvi.

代表人物之一"[1]。由此,正是由于格尔茨的影响力已经溢出了人类学界,所以他才获得了一向紧追学术热点的斯托尔斯讲座的邀请。

受到邀请的格尔茨应该也比他的前辈格拉克曼更加自信。尽管此时的法律人类学发展不佳,但格尔茨所倡导的解释人类学的影响力却越来越大。此外,和格拉克曼相比,格尔茨也没有"一定要让法律人士听得懂"的打算或负担。格尔茨从一开始就否定了法律人类学"半人马学科"的可能性。[2] 在他看来,如果法学与人类学之间还可能有交集的话,"那么只可能集中于法律问题本身——对法律制度和法律实践的共同兴趣——而不是理论或研究方法"[3]。所以他名为"地方性知识:事实与法律的比较透视"的演讲稿依然和法律有关。

格尔茨首先区分出两种法律人类学,一种是"法律人类学"(legal anthropology),另一种是"法律的人类学"(anthropology of law)。他认为,前一种偏重法学,后一种偏重人类学。[4] 但不管哪种,在格尔茨看来,研究都不太成功,所以他宣布,他本人的

---

[1] 王铭铭:《格尔兹的解释人类学》,载《教学与研究》1999年第4期。
[2] 参见[美]克利福德·吉尔兹:《地方性知识:事实与法律的比较透视》,邓正来译,载梁治平编:《法律的文化解释》(增订本),生活·读书·新知三联书店1998年版,第76页。
[3] [美]万安黎:《介于两者之间的表达:法律、人类学以及跨学科的修辞》,王伟臣、邹琪译,载舒国滢主编:《法理——法哲学、法学方法论与人工智能(第8卷第1辑)》,商务印书馆2022年版,第64页。
[4] 须注意的是,这种划分并不是格尔茨的原创。最早作出这种划分的是西蒙·罗伯茨。参见 Simon Roberts, Do We Need an Anthropology of Law? RAIN, No. 25, 1978, pp. 4+6-7. 该文中译本参见[英]西蒙·罗伯茨:《我们是否需要法律人类学?》,王伟臣译,载吴大华主编:《法律人类学论丛(第3辑)》,社会科学文献出版社2015年版,第3—10页。

研究完全不同于前辈学者。接着,格尔茨从语言特征入手,分析了一个名为"雷格瑞的麻烦"的案例,并通过这个案例强调,人类学的法律研究应该回到意义和象征层面,应该关注法律的意义世界。那么,什么又是法律的意义世界呢?为此,他依次讨论了伊斯兰的法律认识、印度的法律认识以及马来亚的法律认识,最后得出结论,法律是一种地方性知识。

格尔茨的这篇演讲对中国法学及法律的跨学科研究产生了巨大影响。但细究起来,该文其实存在一定的疏漏。从逻辑上讲,这篇演讲的关键其实并非最后的"法律是地方性知识",而是前半部分的"关注法律的意义世界"。而这里的"意义世界"则是通过"雷格瑞的麻烦"这个案例得出的。由于格尔茨超高的影响力,这个案例似乎和"巴里斗鸡"一样有名。[1] 但案例本身并不复杂。它包括6个事件/步骤:(1)雷格瑞的妻子离家出走;(2)雷格瑞请村议会帮忙,但是被拒绝;(3)雷格瑞拒绝履行义务担任村议员;(4)村议会决定驱逐雷格瑞;(5)前巴厘王公(现政府官员)用国家法为雷格瑞辩护;(6)村议会以传统(地方性知识)为由拒绝了辩护。整个案例只有3页。

更为重要的是,这个案例的发生时间是1958年。[2] 为什么格尔茨要在1981年讲一个23年前的案件?原因可能很简单,过去格尔茨并没有专门做过聚焦("狭义的")法律问题的民

---

[1] 参见张静:《"雷格瑞事件"引出的知识论问题》,载清华大学社会学系主编:《清华社会学评论:特辑2》,鹭江出版社2000年版,第108页。

[2] "这件事发生在1958年,此人(雷格瑞)可能已经去世了",参见[美]克利福德·吉尔兹:《地方性知识:事实与法律的比较透视》,邓正来译,载梁治平编:《法律的文化解释》(增订本),生活·读书·新知三联书店1998年版,第84页。

族志研究,他并没有太多的关于法律的民族志资料。但由于讲座还是需要与法律有关,所以我猜测,他应该是在翻阅过去的田野笔记时看到了这则23年前的案例。这个案例尽管较为陈旧,却是整篇演讲稿中唯一来自田野经验的资料。他关于印度的法律认识的讨论来自两则传说,关于马来亚的法律认识的分析则基于一首叙事诗。和格拉克曼的演讲相比,格尔茨的演讲更接近法律和文学,而不太像那种典型的以田野调查为基础的法律人类学。换言之,格尔茨在1981年所强调的"法律的意义世界",其实只有1958年的一则篇幅很小的案例作为支撑。不仅如此,按照美国学者海登(Robert M. Hayden)的观察,"格尔茨从来都没有被看作一名法律人类学家,而且对这一领域自20世纪60年代末以来的发展似乎全然不知。这使得他的研究既让你惊喜,又让人失望。惊喜在于,他对法律人类学最近的一些主流观点进行了独立的回应;失望在于,他的研究依赖过时的规则范式,限制了其原创性视角的效用……讽刺的是,格尔茨作为'地方性知识'以及文化间差异重要性的拥护者,却不加鉴别地采纳了'法律'(law)这个单词所具有的标准的英语意义。到了这里,他整个理论都已经坍塌了"[1]。

四、谁的讲座更为成功

上文以"为何受邀请""如何准备和讲授"为重点依次回顾了格拉克曼和格尔茨这两场横跨近20年的平行讲座,那么,我们首先考虑的一个问题是:谁的讲座更为成功呢?

---

[1] Robert M. Hayden, Review: Processes, and Interpretations: Geertz, Comaroff, and Roberts, American Bar Foundation Research Journal, Vol. 9, 1984, pp. 475-477.

按照上文的分析,相比格尔茨的"不专业"或"跑题",似乎格拉克曼更为成功。首先,格拉克曼是第一位受到邀请的人类学家。其次,他开篇就提到了如何利用人类学的田野调查资料验证梅因的理论并试图和英美法学展开知识对话。最后,从讲座后出版的《巴罗策的法学观念》中的"自述"也可以发现,格拉克曼对于讲座的设计和讲授还是比较有自信的。但事实可能恰好相反。上文提到,格拉克曼为了"照顾"法律人士,直接、大量使用英美的法律概念。那么,这种"照顾"的效果如何呢?遗憾的是,我并没有也很难找到当时听众对讲座的评价,但是在此后的近20年里(一直到邀请格尔茨之前),斯托尔斯讲座并没有再邀请其他人类学家了。当然,仍须强调的是,这里肯定也有着不少偶然因素。但我们可以反问,如果格拉克曼的讲座非常成功,为什么此后近20年都没有再邀请其他人类学家呢?我们可以想象,部落社会的习惯法经过英美法的包装之后,当然能够为法学院的师生所理解,但是这对于本来就对部落社会不感兴趣的法学(院、学科)来说,又有着怎样的知识增量?法学院的师生又该如何与这种研究做知识对话?

相比之下,格尔茨并不愿意迁就法律人士,也不愿意在格拉克曼等人所开创的法律人类学的进路内展开讨论,而是选择另起炉灶,以完全不同的方式阐释了人类学家研究法律问题时需要关注的重点。正如他在《地方知识》的导言中所阐明的,"这场讲座的挑战在于,我必须努力想象出某种货真价实的人类学"[1]。当然,他被海登这样"专业的"[2]法律人类学学者批评

---

[1] [美]克利福德·格尔茨:《地方知识》,杨德睿译,商务印书馆2016年版,第24页。

[2] 这里的"专业的"一词,是指海登出版过专门讨论法律问题的民族(转下页)

为"对最新的发展全然无知",但问题在于,法律人类学(学者)是否有资格判断或评价作为解释人类学家的格尔茨的研究?人类学的法律研究是否只有"法律(纠纷)人类学"这一种模式?此外,相关的问题是,格尔茨的演讲并没有参考较为丰富的田野资料,那么,人类学的法律研究是否一定需要丰富的田野案例呢?人类学研究法律的特殊性又在哪里?讲座成功与否同这些问题的答案密切相关。当然,这些问题也在提示我们,比讨论讲座是否成功更为重要的是,怎样在法学与人类学的互动关系中来认识和理解这两场讲座。

在诸社会科学中,人类学较早涉足法律研究,但相较法学,还是太过年轻,以至于经典的研究方法,即问题个案研究法也是拜法学所赐。格拉克曼的田野方法是问题个案研究法,他的首部作品也是基于问题个案研究法而作。除此之外,就其个人的角度来讲,作为人类学家的格拉克曼也有着人类学的背景。在本科阶段,他曾经系统地学习荷兰—罗马法,后来一度有机会成为一名南非的执业律师。格拉克曼深知西方法学的系统性和解释力,而平等主义的观念也使他觉得使用法学方法研究他者的法律并不存在学科交流上的障碍,反而相得益彰,能够取得丰富的研究成果。

不过,由于人类学家的身份,格拉克曼在首部著作中还是比

(接上页)志。比如, Robert M. Hayden, Disputes and Arguments Amongst Nomads: A Caste Council in India, Oxford University Press, 1999。该书是在海登于1981年发表的博士学位论文的基础上改编而成的。20世纪70年代,海登曾对印度的种姓制度与法律问题做了较长时间的田野调查,而格尔茨的"地方性知识"一文同样提到了印度,这可能是海登专门撰文批评格尔茨的一个原因。

较克制的。但就是这种对法学方法的有限借用却得到了来自法学的鼓励。比如,他在首部作品的前言中提到,"当本书快要完稿之时,我非常荣幸地结识了古德哈特教授,他对我的研究产生了兴趣。在我的手稿交至出版社之前,他做了阅读和评论,并欣然同意撰写序言,向法学界推荐此书"[1]。这里的古德哈特曾经把持牛津大学法理学教授席位长达20年(1931—1951),直到1951年因晋升为大学学院院长忙于行政事务,才将教鞭转交给以微弱多数当选的哈特。后来,耶鲁大学法学院竟然破天荒地邀请格拉克曼为法学专业的师生讲授法律问题。于是,受到鼓舞的格拉克曼在斯托尔斯讲座中"肆无忌惮"地全面借用英美法体系,并由此完成了第二部法律民族志作品。关于这部作品的章节标题,如果把研究对象"巴罗策"删去,似乎就变成一部英美法入门作品。在格拉克曼看来,这种努力是值得尝试的,因为"他力图在理论和方法层面构建学科之间的关系。他试图完善法学理论,同时也接受了法学理论"[2]。格拉克曼意图构建一个能够同时为法学和人类学所接受的跨学科的法律人类学。

格尔茨则完全不同。他没有从事过专门的法律研究,对法律人类学的发展也不完全了解,所以才会遭到海登的批评。也正是因为格尔茨没有考虑法律人类学的研究成果,所以他才没有受到法学研究范式的影响。在格尔茨看来,从理论和方法上将法学与人类学结合起来是不可能的。他已经不再考虑法学理

---

[1] Max Gluckman, The Judicial Process among the Barotse of Northern Rhodesia, Manchester University Press, 1955, p. xxi.

[2] [美]万安黎:《介于两者之间的表达:法律、人类学以及跨学科的修辞》,王伟臣、邹琪译,载舒国滢主编:《法理——法哲学、法学方法论与人工智能(第8卷第1辑)》,商务印书馆2022年版,第64页。

论了。格尔茨从一开始就否定了法律人类学"半人马学科"的可能性。他认为,法律现象是公共的学术资源,任何学科都可以研究,人类学自然也不例外。而人类学的法律研究一定要体现人类学的特点,可以完全不用考虑法学的研究范式。

格尔茨的立场具有极强的突破性意义,他试图(可能他自己也不确定)将人类学从法学的束缚中解放出来。但可惜的是,与中国学术界的认识恰好相反,至少在英美法律人类学领域,格尔茨的这篇演讲并没有产生太大的影响。[1] 20世纪80年代,尽管法律人类学还是出现了一些作品,但相较格拉克曼时代已经萎缩了不少。到了万安黎写作"跨学科修辞"的时代,法律人类学面临着成员过少的危险。但法律人类学很快开始触底反弹,自20世纪末,它已经慢慢摆脱法学的影响,关注纠纷和法庭以外的法律现象,呈现出复兴的态势。与此同时,其影响力也在慢慢增强,参与者也并不限于人类学学者。

五、人类学家在法学院应该讲什么

结合这一复兴背景再去分析格拉克曼和格尔茨的讲座似乎可以发现一个有趣的悖论:人类学家在法学院应该讲什么?这两位学者显然对此持不同的看法。格拉克曼试图沟通人类学和法学,所以在讲座中大量使用"法言法语",在研究中也尽可能地使用源于法学的研究方法。但问题在于,这种研究充其量是

---

[1] 比如,穆尔虽然没有对格尔茨提出批评,但是把他与博安南归于一类:"许多年后,格尔茨提出了一个与博安南类似的主张……"换言之,在穆尔看来,格尔茨并没有提出新的观点或者研究范式。See Sally Falk Moore, Certainties Undone: Fifty Turbulent Years of Legal Anthropology, 1949–1999, The Journal of the Royal Anthropological Institute, Vol. 7, 2001, p. 99.

人类学家对法律的法学研究,是一种法学的"人类学",出于研究对象层面上的新鲜感,其暂时会吸引法学的注意。但由于没有"独门绝技",长此以往并不会得到法学的认同,因而也不会获得法学家的参与,学科不可能实现交叉。格尔茨并不追求人类学与法学的交叉,同时也由于他并不在传统的法律人类学研究谱系之中,所以另辟蹊径,不(大量)讨论问题个案,而是从意义和象征层面入手,强调人类学的自主性,主张人类学式的法律理解。法律人类学近来复兴的一个重要体现或者原因就在于,其慢慢超越了传统意义上的对于纠纷、司法的过度关注,在某种程度上也验证了格尔茨的想法。有趣的是,格拉克曼试图交叉,却弄巧成拙;格尔茨反对交叉,却有可能无心插柳。个中悖论,值得玩味。

通过前两节的讨论,我们可以发现,法律人类学的学科归属是一个既简单又复杂的问题。说简单是因为,我们可以根据一些指标或者引用某位代表学者的观点,直接就法律人类学"是分支学科还是交叉学科"作出判断;说复杂是因为,法学与人类学的关系本身是复杂和微妙的。而只有充分认识到这种复杂和微妙,我们才能开始讨论法律人类学的研究范式。

第三节 法律人类学研究范式的构建[1]

法律人类学的研究范式奠基于 20 世纪上半叶。这段时期

---

[1] 本节曾以《法律人类学研究范式的构建——以 20 世纪上半叶的著作为考察对象》为题发表于《贵州民族研究》2023 年第 5 期。与原文相比,此处作了一定程度的改动。

是法律人类学发展过程中一段承前启后的重要时期。但学术界对这段时期的重要性显然缺乏足够的认识和理解。比如，劳拉·纳德、萨利·福尔克·穆尔等著名法律人类学家在学术回顾中往往将这一时期的研究简化为2—3部"重点"作品，且局限于英语世界。而这段时期的作品被译成中文的仅有马林诺夫斯基于1926年出版的《原始社会的犯罪与习俗》，再往后便是霍贝尔于1954年出版的《原始人的法》[1]。两本书的出版时间相隔28年，中间的学术传承与发展也不见有中文资料加以评述。自2000年以来，国内学术界发表了十余篇关涉西方法律人类学学术发展史的论文。其中，绝大多数论文涉及20世纪上半叶的作品时只会提到《原始社会的犯罪与习俗》。[2] 而国内学界目前对该书的认识也比较孤立，没有把其置于同时代的学术脉络中加以比较和评析。正是基于这一背景，本节拟对20世纪上半叶欧美等国的法律人类学研究做一番回溯和剖析，进而从三个角度展现法律人类学研究范式的构建过程，为后续章节的讨论提供一个基础框架。

一、研究旨趣：以法律民族志为基础的整体论关怀

现代人类学与经典人类学的重要分野在于是否基于田野调查。而现代意义上的法律人类学诞生的标志是以田野调查和参

---

[1] See E. Adamson Hoebel, The Law of Primitive Man: A Study in Comparative Legal Dynamics, Harvard University Press, 1954.该书的中译本主要有两个，参见[美]E.霍贝尔：《原始人的法》，严存生等译，贵州人民出版社1992年版；[美]E. A.霍贝尔：《初民的法律——法的动态比较研究》，周勇译，中国社会科学出版社1993年版。

[2] 参见本书第五章第一节。

与式观察为基础的法律民族志的出现。传统观点认为,马林诺夫斯基在田野调查研究的基础上"发明"了法律民族志。但马氏并非法律民族志研究的开创者。马氏之于法律人类学的重要意义并不在于"发明"或"开创",而在于其看待法律的角度,亦即整体论的关怀。

实际上,早在20世纪前,对他者法律的田野调查就已经启动了。19世纪80年代,俄国学者马克西姆·科瓦列夫斯基(Maxime Kovalevsky)为了从习惯法中寻找当代法律形式的起源,曾实地调查北高加索奥塞梯人的社会关系和财产关系。[1]与此同时,尚未移民美国的德国人类学家弗朗茨·博阿斯(Franz Boas)在巴芬岛调研的过程中也记录了因纽特人的一些法律案件。[2] 正是在这两位学者的带领下,19世纪末、20世纪初的人类学开始逐渐走出"书斋",奔赴世界各地的"田野"。

1912年,奥地利人类学家理查德·图恩瓦尔德与德国地理学家沃尔特·贝尔曼(Walter Behrmann)在一次探险活动中首次进入新几内亚高地。图恩瓦尔德针对凯拉姆河(Keram River)中游的巴纳诺人(Banaro)展开了为期数月的田野调查,并据此于1916年出版了民族志《巴纳诺社会:新几内亚内陆部落的社会组织和亲属制度》。[3] 此书共分三个部分:"社会组织""亲属制度""理论解释"。全书的核心概念是"交换",而最主要的交换就是不同村落之间通婚的外婚制度。在图恩瓦尔德

---

[1] See Anatoli Kovler, L'anthropologie juridique en russie: passé et présent d'une (grande) inconnue, Droit et Cultures, Vol. 50, 2005, p. 16.

[2] See Franz Boas, The Central Eskimo, Government Printing Office, 1888, p. 668.

[3] See Richard Thurnwald, Bánaro Society: Social Organization and Kinship System of a Tribe in the Interior of New Guinea, The New Era Printing Company, 1916.

看来,这种通婚体系是整个部落社会法律、政治、经济、文化系统的基础,具有重要的社会意义。当代法律人类学家弗朗兹·冯·本达-贝克曼(Franz von Benda-Beckmann)认为,图恩瓦尔德的研究具有开创性贡献,"他是第一位强调互惠、施惠和回报原则的人类学家。在没有法律和法庭的社会中,这些原则不仅是社会的纽带,也是法律运行的基础"[1]。

人类学家走向田野的同时,传统的殖民官员和传教士也在努力革新,完成了一批具有人类学学术规范的研究作品。1919年,一位美国牙科医生罗伊·富兰克林·巴顿在加州大学的资助下出版了《伊富高法》[2]。巴顿之所以能够完成这部作品,是因为在学习牙科之前,曾以督导教员的身份在菲律宾工作了10年。而其中有8年,他都与吕宋岛北部高地的伊富高人生活在一起。根据这段实践经历而写就的《伊富高法》是截至当时整个英语世界内容最为丰富的一部法律民族志作品。全书以近200页的篇幅依次介绍了伊富高部落的家庭法、财产法、刑法和程序法。1926年,派驻坦桑尼亚乞力马扎罗地区的德国神学家、传教士布鲁诺·古特曼(Bruno Gutmann)出版了《查加人的法》[3],并凭借此书获得了维尔茨堡大学的法学博士学位。这部长达779页的巨著从部落结构、土地使用和所有权、酋长的地

---

[1] Franz von Benda-Beckmann, Rechtsethnologie, in Bettina Beer und Hans Fischer (hg.), Ethnologie, Dietrich Reimer Verlag, 2003, p. 182.

[2] See R. F. Barton, Ifugao Law, University of California Press, 1919.关于这本书的详细讨论参见刘顺峰:《法律人类学的嚆矢——以巴顿的伊富高法研究为考察中心》,载谢晖、陈金钊主编:《民间法(第28卷)》,研究出版社2022年版,第6—22页。

[3] See Bruno Gutmann, Das Recht der Dschagga, C.H. Beck'sche Verlagsbuchhandlung, 1926.

位与特权、刑法、程序法以及部落法对个体的影响6个方面系统地描绘了查加人的习惯法。

就在1926年,马林诺夫斯基的《原始社会的犯罪与习俗》也宣告问世。从名气上讲,此书远远超过上述所有作品。但仅从体量和结构上看,此书似乎并无过人之处。首先,它其实是两篇长论文,其中一篇于1925年在皇家大不列颠学会宣读过,另外一篇则刊载于《自然》(Nature)杂志上,两篇论文合在一起不足130页。其次,此书第一部分名为"原始法律与秩序",讨论的内容包括:对习俗的自觉遵从和实质性问题;美拉尼西亚经济和原始共产主义理论;经济义务的约束力;互惠和二元组织;法律、自利和社会目标、宗教行为中的法律规则;婚姻法;部落生活中盛行的公平交换原则;作为社会结构基础的互惠;习俗规范的定义和分类;法律的人类学定义;特殊的法律调解制度;结论与展望。[1] 我们可以看出,就第一部分而言,其更像一篇"综合"的民族志作品,与其叫作"原始法律与秩序",还不如叫作"特罗布里恩德人"(Trobriand)。换言之,相比巴顿、古特曼等人的作品,马氏的这部法律民族志作品中关于"法律"的讨论似乎并不充分。

事实上,马林诺夫斯基于1915年在特罗布里恩德群岛做田野调查期间并无写作此书的打算。因为当时并没有独立的法律人类学,关于法律的民族志也并非人类学家首选的写作内容。所以马氏根据其田野调查资料首先完成并出版的是《西太平洋的航海者》。在这部旷世之作中,他事无巨细地描

---

[1] 参见[英]马林诺夫斯基:《原始社会的犯罪与习俗》,原江译,云南人民出版社2002年版,第1页。

述了当地人的"库拉"交换系统。而《原始社会的犯罪与习俗》第一部分的主旨也是交换和互惠,所以我们有理由认为,该书其实是《西太平洋的航海者》的衍生品。但就是这样一部衍生品却被公认为现代法律人类学的奠基之作。[1] 需要指出的是,这并不只是英语学者的评价。上文曾提到的,本达-贝克曼在评述图恩瓦尔德的学术贡献时认为,正是马氏而不是古特曼将这种关于部落社会法律的田野研究发扬光大。[2] 那么原因何在呢?

在笔者看来,《原始社会的犯罪与习俗》回应了20世纪初期英国和欧洲人类学首次进入田野之后的核心关切,即无国家或政府的社会其社会秩序何以可能?具言之,大洋洲、非洲的一些部落社会在没有政府、警察以及专业司法机构等国家机器的情况下为何能够像西方社会一样维持社会秩序?其社会控制的秘密是什么?可以说,20世纪初期人类学的各种研究都是围绕着这一问题展开的。而《原始社会的犯罪与习俗》正是从法律角度对这一核心问题作出的回应。马林诺夫斯基认为,原始人遵从习俗的规则并不完全出于被迫和无奈,因为这套规则还有着互惠性的约束与回报的激励机制。此外,他还在图恩瓦尔德的研究的基础上进一步指出,除了互惠原则,公开性是决定法律能否发挥功能的重要因素。[3] 我们还可以看出,马氏并没有狭

---

[1] 参见[美]萨利·福尔克·穆尔:《法律和人类学》,王伟臣、薛寒啸译,载张永和主编:《社会中的法理(第13卷)》,法律出版社2022年版,第164页。

[2] Vgl. Franz von Benda-Beckmann, Rechtsethnologie, in Bettina Beer und Hans Fischer (hg.), Ethnologie, Dietrich Reimer Verlag, 2003, p. 182.

[3] 参见[英]马林诺夫斯基:《原始社会的犯罪与习俗》,原江译,云南人民出版社2002年版,第41—43页。

隘地看待部落社会的法律,而是把他们的法律置于整个部落社会的背景之中加以考察,审视其独特的意义和功能,展现了一种整体论的关怀。

与之相比,巴顿等人的作品尽管看上去更多地偏重"法律"分析,却停留于细节描述,缺乏深层次的讨论。比如,巴顿认为,"处于无政府状态的伊富高人之所以能够过上相对和平与惬意的生活,一方面源于该部落族群本身的同质性,另一方面是因为其法律是以习惯和禁忌为基础的"[1]。我们知道,绝大多数部落社会的族群都具有同质性的特征,其法律也大都与习惯和禁忌有关,所以巴顿提出的这种解释等于没有解释。此外,大量细节的描述固然可以更加全面、深入地呈现部落社会习惯法的面貌,但如果没有深层次的学理分析,就没有与专注西方社会的传统法学、法律社会学对话的可能性,走到最后只能陷入"自说自话"的窘境,会被视为一种对他者社会的猎奇式的研究。此外,更重要的是,《原始社会的犯罪与习俗》连同马林诺夫斯基的一系列作品,阐释了现代人类学田野调查的意义,即只有进行实地的、长时间的参与式观察,才有可能从整体上了解一个区域或单位,才能实现整体论的关怀。马氏赋予了法律民族志以研究旨趣的意义。从此以后,以田野调查为基础的法律民族志就成为法律人类学的学科基础。

二、研究对象:非西方部落社会的习惯法

穆尔曾表示,"马氏的研究使得人类学领域以外的其他学者

---

[1] R. F. Barton, Ifugao Law, University of California Press, 1919, p. 6.

开始相信,非工业社会也存在着类似法律的东西"[1]。而马林诺夫斯基本人培养的几位学生更是身体力行地去探索大洋洲、非洲以及亚洲等部落社会的习惯法。1934年,英国学者H.伊恩·霍格宾(H. Ian Hogbin)在马氏的指导下出版了博士学位论文《波利尼西亚的法律与秩序:一项关于原始法律制度的研究》。[2] 之所以名为"波利尼西亚",可能是因为尽管此书的最后一部分关注了汤加、萨摩亚、夏威夷等地区的情况,但其主体章节所讨论的田野地点却是归属于美拉尼西亚的一处名为"翁通爪哇"(ontong-java)的环状珊瑚岛。此地面积仅1500平方公里,人口数量常年维持在千人左右。尽管规模有限,但作为马氏博士生的霍格宾还是充分利用了当地的习惯法材料,系统论证了功能主义法律论的解释力。他没有按照西方法律的体系结构来审视当地人的法律,而是依次描述了当地的社会组群与亲属体系、社会组织、精神信仰和部落仪式,最后只用不到25页的篇幅讨论了"法律体系"。因为在他看来,就翁通爪哇人而言,在家庭、亲属、组群、仪式等各种制度中都有法律与制度的成分,都在发挥着维持社会秩序的功能。

另外,值得一提的是,马林诺夫斯基为《波利尼西亚的法律与秩序:一项关于原始法律制度的研究》一书撰写了长达66页的序言,全面阐述了其功能主义的法律观,其理论建构意义甚至超过了《原始社会的犯罪与习俗》。霍格宾本人在出版此书之

---

[1] [美]萨利·福尔克·穆尔:《法律和人类学》,王伟臣、薛寒啸译,载张永和主编:《社会中的法理(第13卷)》,法律出版社2022年版,第165页。
[2] See Herbert Ian Hogbin, Law and Order in Polynesia: A Study of Primitive Legal Institutions, Christophers, 1934.

后也没有停止研究的脚步,他在担任悉尼大学美拉尼西亚民族志主讲教师期间还陆续发表了《新几内亚斯考腾群岛犯罪、法律和道德的社会反应》[1]等一系列关涉部落社会习惯法的研究成果。马氏的另一位博士生,专注女性民族志研究的美国学者菲莉丝·卡贝里(Phyllis Kaberry)也基于其在新几内亚的田野调查发表过讨论习惯法的作品。[2] 由此,以新几内亚岛为中心的美拉尼西亚地区就成为法律人类学第一个较为重要的田野地点。

就研究成果的数量和质量而言,非洲才是法律人类学最为经典的田野调查区域。当然,这和当时的殖民政策密不可分。20世纪初,随着英国在非洲的殖民扩张,英国控制的疆域和人口暴增,由此对殖民政府的控制能力和行政效率提出了更高的要求。在此情况下,英国驻尼日利亚总督弗雷德里克·卢格德(Frederick Lugard)率先将"间接统治方法"加以系统化和理论化。按照他的理论,非洲当地的土著法庭是间接统治的制度保障,其可以极大地减少殖民政府投入的人力、物力成本。但这并不代表殖民政府放弃对土著法庭的控制。相反,由于土著法庭的判决依据主要是传统习惯法,而"各种土著法在道德等方面不能有悖于英国法律"[3],所以他们对区分土著法律与习惯有着较强的现实需求。对此,英国人类学界也作出了回应。1928

---

[1] See H. Ian Hogbin, Social Reaction to Crime: Law and Morals in the Schouten Islands, New Guinea, The Journal of the Royal Anthropological Institute of Great Britain and Ireland, Vol. 68, 1938, pp. 223-262.

[2] See Phyllis M. Kaberry, Law and Political Organization in the Abelam Tribe, New Guinea, Oceania, Vol. 12, 1941, pp. 79-95.

[3] 陆庭恩、彭坤元主编:《非洲通史·现代卷》,华东师范大学出版社1995年版,第48页。

年,伦敦政治经济学院教授,曾经在乌干达从事田野调查的德赖伯格(J. H. Driberg)在《非洲》(Africa)杂志的创刊号上发表论文《东非的原始法》[1],论述了部落社会习惯法在个体层面与公共层面同欧洲法律的区别。1年后,同样来自伦敦政治经济学院的马林诺夫斯基也在《非洲》杂志上刊发文章,名为《实践人类学》。在这篇文章中,他强烈呼吁加强对非洲土著社会变迁的人类学研究。[2] 据人类学史专家亚当·库珀(Adam Kuper)的观察,这篇文章的刊载反映了英国殖民当局已经全面展现出对非洲社会和法律研究的浓厚兴趣。[3]

实际上,就在1929年,阿散蒂人类学研究所(The Anthropological Department of Asante)的主任拉特雷(R. S. Rattray)上尉就已经出版了一部关于西非的重要作品——《阿散蒂的法律与政体》。[4] 拉特雷之所以被尊称为"上尉",是因为他参加过第二次布尔战争。他曾在牛津大学取得人类学学位,后因关于阿散蒂问题的出色研究获聘为"政府人类学家"(Government Anthropologist)。这部作品也是其"阿散蒂人三部曲"的最后一部。全书共38章、400余页,其中,讨论"Constitution"(政体)的内容就占据了16章、200多页,换言之,该书一半的内容都在讨论阿散蒂人的"Constitution"。当然,这里的"Constitution"主要指的是阿散蒂人以"家族—世系群—村落—部落—王国"为基础的政权组织结构。拉特雷上尉证明"Constitution"并非只有西方社

---

[1] See J. H. Driberg, Primitive Law in Eastern Africa, Africa, Vol. 1, 1928, pp. 63-72.
[2] See Bronislaw Malinowski, Practical Anthropology, Africa, Vol. 2, 1929, pp. 22-38.
[3] See Adam Kuper, Isaac Schapera 1905-2003, Proceedings of the British Academy, Vol. 130, 2005, p. 192.
[4] See R. S. Rattray, Ashanti Law and Constitution, Clarendon Press, 1929.

会一种形式。这一时期,关于西非的研究作品还有另外一位政府人类学家米克(C. K. Meek)于1937年出版的《一个尼日利亚部落的法律与权威:一项关于间接统治的研究》。[1]

和西非相比,南部非洲才是法律人类学重点关注的领域。而这又与马林诺夫斯基的另一位弟子,南非裔英国人类学家艾萨克·沙佩拉有着密不可分的关系。1938年,他出版了由贝专纳保护地(今博茨瓦纳)政府资助的专项成果《茨瓦纳人法律与习惯手册》。[2] 该书从部落宪法、家庭法、财产法、契约法、违法行为和程序法6个方面全面展现了茨瓦纳人的习惯法体系。除此之外,此书在理论层面也有所突破。尽管沙佩拉受教于英国人类学的功能主义理论,但他对茨瓦纳人法律的描写并没有刻意去营造一个传统、封闭的形象。由于和欧洲人的接触,茨瓦纳人的传统法律发生了显著变化。而法律变迁又意味着旧法的废止与新法的确定。另外,还需指出的是,尽管沙佩拉也是一位政府人类学家,其研究课题受到了殖民政府的资助,研究的主要目的是帮助殖民政府更好地统治和管理殖民地,但这不代表其研究成果对殖民地人民没有任何积极的意义。情况可能恰好相反,因为时至今日,博茨瓦纳的地方法庭还会引用沙佩拉的研究成果。对于21世纪的博茨瓦纳的习惯法庭而言,这部由法律人类学家用英语完成的作品竟然成了具有传统意义和地方文化特征的权威依据。这一现象告诉我们,法律人类学与殖民政府以及部落社会的关系是极为复杂的。

---

[1] See C. K. Meek, Law and Authority in a Nigerian Tribe: A Study in Indirect Rule, Oxford University Press, 1937.

[2] See Isaac Schapera, A Handbook of Tswana Law and Custom, Oxford University Press, 1938.

除了沙佩拉的研究,沙佩拉本人还影响了一批擅长非洲法律研究的人类学家。比如,沙佩拉是马克斯·格拉克曼和希尔达·库珀(Hilda Kuper)在法律人类学方面的启蒙老师;在开普敦大学任教期间,他又指导荷兰学者约翰·霍勒曼(Johan Holleman)完成了博士学位论文;前往伦敦政治经济学院担任教授以后,还培养了约翰·L.科马罗夫(John L. Comaroff)、西蒙·罗伯茨等当代著名的非洲习惯法问题专家。后来,马克斯·格拉克曼在担任位于北罗德西亚(今赞比亚共和国)的罗兹-利文斯顿研究院(Rhodes-Livingstone Institute)的院长以后,更是大力推广了关于非洲南部地区部落社会的法律和政治研究,为20世纪中叶法律人类学的一批优秀成果的"井喷"奠定了坚实的基础。

除了上述关于大洋洲和非洲的研究,以莱顿大学的科内利斯·范·沃伦霍芬(Cornelis van Vollenhoven)、特尔·哈尔(Ter Haar)等人为代表的荷兰学者基于对印度尼西亚的习惯法的研究独立发展出了一条关于法律人类学的研究进路,同样取得了丰硕的研究成果。[1] 由于法学和法律社会学专注于研究西方社会,比较法学侧重西方社会与东亚、中东文明古国的比较,所以关于非西方部落社会的研究就成为法律人类学"专属"的研究领域。

---

[1] See Franz von Benda-Beckmann and Keebet von Benda-Beckmann, Anthropology of Law and the Study of Folk Law in The Netherlands after 1950, in Han Vermeulen and Jean Kommers eds., Tales From Academia: History of Anthropology in the Netherlands, Part 2, Verlag für Entwicklungspolitik, 2002, pp. 695-700.本书第六章第二节还将介绍荷兰的法律人类学研究。

三、研究方法:"问题个案研究法"

尽管有路易斯·摩尔根(Lewis Morgan)这样的先驱,但相比上文提到的大洋洲、非洲和亚洲等地区,法律人类学关于美洲的研究相对而言起步较晚。但是自20世纪30年代开始,以霍贝尔、卡尔·卢埃林为代表的美国学者对印第安人习惯法的研究在方法论意义上为法律人类学作出了重要贡献。

在霍贝尔、卡尔·卢埃林等美国学者涉足印第安人习惯法的研究之前,美国人类学界关于此问题的研究可谓凤毛麟角,且都不系统。比如,阿尔弗雷德·克罗伯(Alfred Kroeber)于1926年发表的论文《尤洛克印第安人的法律》[1]只有5页。从整体上看,一直到20世纪30年代,以博阿斯及其前两代弟子为代表的美国人类学家并不在意当时英国人类学所关注的社会秩序与控制的问题。由此也就没有涉足作为社会控制手段的法律。但就在这一时期,美国政府关于印第安人的政策发生了巨大转变。于1887年颁布的旨在同化印第安人的《道斯法案》(The Dawes Act)到了20世纪20年代已经宣告破产。美国政府逐渐认识到,应该尊重印第安人的文化,尊重其特有的生活方式。[2] 美国国会甚至为此专门颁布了《印第安重组法案》(Indian Reorganization Act)。尊重印第安人的文化并不代表将其排除出美国,相反,政策的转变对政府的管理水平也提出了更高要求,同时也需要扩展对于整个印第安社会的认识

---

[1] See Alfred Kroeber, Law of the Yurok Indians. Atti del XXII Congresso Internazionale Degli Americanisti, Roma-Settembre, Vol. 2, 1926, pp. 511-516.

[2] 参见胡锦山:《二十世纪美国印第安人政策之演变与印第安人事务的发展》,载《世界民族》2004年第2期。

和了解。与这一背景密切相关,博阿斯的第三代学生与他们的前辈相比,政治的参与度更高,关注的领域也更为宽泛。而霍贝尔就是其中一员。

1930年,霍贝尔进入哥伦比亚大学攻读人类学博士学位。他自本科以来一直攻读社会学,但硕士学位论文写的却是与法律相关的主题。[1] 进而他的博士学位论文也想探讨印第安人的法律问题。但是其导师弗朗茨·博阿斯却认为"印第安土著部落没有法律"。担任博阿斯助手的露丝·本尼迪克特(Ruth Benedict)更是直截了当地表示"一点都不了解"。坚持要研究法律问题的霍贝尔只能另寻他路。后来,他得知其母校威斯康星大学人类学教授拉尔夫·林顿(Ralph Linton)领导的圣菲人类学研究所(Santa Fe Laboratory of Anthropology)的民族志田野调查团队拟研究俄克拉何马州州内的科曼奇人(Comanche),于是报名加入了这一项目。霍贝尔曾表示,他关于田野调查的许多技术都源于林顿的启发和指导。但对于法律人类学的研究而言,对其帮助最大的还是来自哥伦比亚大学的一位教授——法学院的卡尔·卢埃林。作为美国现实主义法学运动的代表人物,卢埃林一直关注人类学的法律研究。他曾谈到阅读马林诺夫斯基的《原始社会的犯罪与习俗》的感受:既惊喜又失望。惊喜在于马林诺夫斯基展示了口头所表达的规范与人们实际行为的差距以及以互惠为基础的关于"法律"的认识;而失望是因为,《原始社会的犯罪与习俗》并没有通过详细的案例展示出土著人是如何解决纠纷的。由此,卢埃林敏锐

---

[1] See E. Adamson Hoebel, Home Conditions and Delinquency among Adolescent Boys, Master's Thesis, New York University, 1930.

地发现了过往法律人类学研究的一大缺陷,即侧重描述静止的规则,忽视了规则维持社会秩序、解决纠纷的具体运作过程。所以,他希望有机会能够与博阿斯的研究团队进行合作。[1] 1933年,在博阿斯的介绍之下,卢埃林和霍贝尔取得了联系。

尽管以卢埃林为代表的法律现实主义者曾猛烈地批判哈佛大学法学院克里斯托弗·兰德尔(Christopher Langdell)教授的"案例教学法"(Casebook Method)陈腐僵化[2],但是卢埃林却把这一方法传授给霍贝尔,并帮助后者完成学位论文而且顺利通过了答辩[3]。所谓"案例教学法",首先需要一部判例法教材,比如合同判例法教科书,如果没有教科书,那么则由授课教师收集、编辑一套与授课内容相关的判例汇编。而后教师根据课程进度布置课前阅读任务,学生需要分析材料中的案例,包括案件事实与判例根据,而且还要准备一份简要的发言提纲。课堂上,教师通过提问互动的方式讲述案例。[4] 由此可见,"案例教学法"与"个案研究法"迥然有别,一个是法学院以及后来扩展至商学院、医学院的教学方法,另一个是社会科学的研究方法,不论是在英文语境中还是中文语境下,二者截然不同、泾渭

---

[1] 关于卢埃林从事法律人类学研究的详细介绍,参见郭婧:《"夏安之路":卢埃林的法律人类学思想》,载谢晖、陈金钊主编:《民间法(第28卷)》,研究出版社2022年版,第35—50页。

[2] 参见吕世伦、付池斌:《现实主义法学对美国法学教育的影响》,载《东岳论丛》2006年第2期。

[3] See William Twining, Law and Anthropology: A Case Study in Inter-Disciplinary Collaboration, Law & Society Review, Vol. 7, 1973, pp. 561–584.

[4] 参见吕世伦、付池斌:《现实主义法学对美国法学教育的影响》,载《东岳论丛》2006年第2期。

分明。但卢埃林认为,前者可以为人类学关于法律的田野调查提供研究手段。

在随后关于科曼奇人的田野调查中,霍贝尔听从了卢埃林的建议,系统实践了这种方法。经过短暂的调查,他发现,对于科曼奇人而言,法律行动只是个体对于紧急情况的反馈。他们没有制度意义上的法律概念,更没有成套的法律规则。如果直接向当地人询问"规则"只能一无所获。比如,当被问及"如果有人诱拐了其他人的老婆,会有怎样的处理"时,当地人回答道,"我不知道,但是我可以讲讲我叔叔拐跑了'角蟾'(torned toad)的老婆时发生了什么"。霍贝尔认为,科曼奇人这种思考问题的方式与受到案例教学训练的美国法律人的逻辑是相同的。而后,他收集、展示、分析了40个案例,并以此为基础完成了博士学位论文《科曼奇印第安人的政治组织与法律方式》。[1]下面,我们以其中的"第4号案例"为例来展示这一研究方法。

第4号案例 通奸:丈夫杀死了男孩的矮马以及男孩祖父的矮马

报道人:就这样(印第安人名)。

一位老人(祖父)有一位很帅的孙子。他为此感到非常骄傲,经常在公开场合夸奖其孙子。有一天,这个男孩(孙子)坐在帐篷里玩木棍游戏。有很多人在场。后来其祖父也来了,坐在这个男孩的旁边。祖父环视四周,发现有个相貌姣好的女性坐在其孙子的旁边。于是,祖父就用手

---

[1] See E. Adamson Hoebel, The Political Organization and Law-ways of the Comanche Indians, American Anthropological Association, No. 54, 1940.

肘轻推他的孙子。

祖父带着狡黠的神色低声说:"她很像昨天晚上我在你帐篷门口看到的那个女人。"

男孩看了祖父一眼,并劝说其赶快离开。祖父感到伤心,并表示他并没有说错。他说,"的确很像昨天晚上与你同房的那位"。

男孩没有作声。但是祖父不断地重复他的观察,在不停地说……

那位女性的丈夫也在现场。很快地,他就自言自语道:"原来是这个家伙!"

游戏很快结束了,所有人都回家。那位女性的丈夫骑上马跟随这位老人,最后打死了老人心爱的矮马。然后又打死了男孩的矮马。看来,这位丈夫一直放任此事的发展,直至那位老人在公开场合谈论了这件事。

男孩非常伤心地说:"爷爷,你都做了些什么啊,看看现在。"

老人无话可说。他走开了,并伤心地流下泪来。

故事结束。[1]

通过这个简短的案例,霍贝尔发现了科曼奇人受到侵犯以后救济的性质、救济的必要性、救济的启动条件以及救济的执行方式。首先,如果一名男性遭到了法律意义上的侵犯,比如上述"第4号案例"中妻子与他人通奸,那么,这位男性有社会义务针

---

[1] E. Adamson Hoebel, The Political Organization and Law-ways of the Comanche Indians, American Anthropological Association, No. 54, 1940, pp. 50-51.

对侵犯人采取行动。这表面上是一种私力救济,但在无政府的社会中,这种救济同时也肩负着一种社会责任。其次,如果这位丈夫没有报仇,并不会被视为一种慷慨或恩典;相反,是一种耻辱,是一种怯懦的表现。这就解释了救济的必要性。再次,如果通奸行为没有被公众知晓,那么受委屈的一方可以不采取任何行动,哪怕是公共舆论也不能强迫其实施报复。但是当面公开的话,必然引起相应的行动。这是救济的启动条件。最后,这一案例中的丈夫并没有实施杀人行为,只是杀了通奸者及其祖父二人的矮马,而后也没有继续报仇,甚至都没有公开抱怨,这说明这种报复方式和内容符合传统习惯法的规定。除此之外,霍贝尔认为,这个案例还展示了马林诺夫斯基在《原始社会的犯罪与习俗》中所强调的法律所具有的"公开性"这一特征。

需要指出的是,案例的讲述者,名为"就这样"的报道人是一位见多识广的老人。而其他的"案例故事"也大都来自部落老人的讲述,所以霍贝尔在博士学位论文的导论中将这种方法命名为"案例史"(case histories)研究。1934年,他凭借这篇论文获得了人类学博士学位。随后,他又与妻子马不停蹄地一起调查了爱达荷州的肖肖尼人(Shoshones)。1935年,在哥伦比亚大学社会科学研究委员会和美国法律史学会的赞助下,霍贝尔与卢埃林针对蒙大拿州的夏延人的习惯法开启了首次的田野合作。后来,以此为基础出版了著名的《夏延人的方式》。此书也被认为是法律人类学发展史上的里程碑。但就案例的研究方法而言,霍贝尔于1934年完成、1940年公开出版的博士学位论文才是具有里程碑意义的作品。因为这篇论文已经充分展示了案例研究方法之于习惯法研究的可行性,而更加有名的《夏延人的方式》其实只是继续证明了这种方法的有效性。

另外，需要补充介绍的是，当时在哥伦比亚大学还有其他学者使用这种方法。比如，露丝·本尼迪克特指导的博士生简·理查德森（Jane Richardson）通过这种方法研究了凯奥瓦人（Kiowa）的习惯法，并据此出版了专著《凯奥瓦人的法律及其性质》。[1]

其实，通过案例研究部落社会的习惯法，并非霍贝尔和卢埃林的首创。上文提到的《伊富高法》也曾使用案例。那么，"问题个案研究法"的意义何在呢？笔者认为，主要在于这是一种可复制、可推广的研究方法。《伊富高法》使用案例是因为作者巴顿曾在当地工作了多年，他对于案例研究并没有方法论上的自觉，他的研究依赖其身份和政府分配的工作内容。换言之，巴顿式的田野研究具有极大的偶然性。如果一位人类学家仅有1—2年的研究时间，且研究对象并没有设立"殖民法庭"，那么，显然无法复刻巴顿的研究。在这种情况下，"问题个案研究法"显然是一个极佳的易于施行的研究方法。它不仅能够展现部落社会习惯法的内容，还能帮助研究者了解到习惯法的实践状态。更为重要的是，这一方法与田野调查结合密切。对于法律人类学而言，田野调查与其说是方法，不如说是研究基础。因为所有人类学分支领域的研究都会进行田野调查。到"问题个案研究法"出现，人类学家在研究法律的过程中，进行田野调查的重点或对象就变成部落社会的"问题个案"了。由此，法律人类学终于创造了专属于自己的研究方法。

综上所述，在20世纪上半叶，法律人类学在研究旨趣、研究

---

[1] See Jane Richardson Hanks, Law and Status among the Kiowa Indians, J. J. Augustin, 1940.

对象、研究方法上形成了独有的研究特征,它们共同构成这门学科的研究范式。需要指出的是,法律人类学此后一直秉持整体论的学术关怀,始终坚持从社会与文化的角度来理解法律现象。整体论的学术关怀也成为这门学科的立学之本。因此,下文也就不再专列一章讨论研究旨趣。

第二章 法律人类学的研究对象

从研究范式的构成要素来讲，一般而言，研究对象肯定不如研究方法重要。但包括法律人类学在内的文化人类学却是个特例，研究对象是这门学科得以成立的前提。法律人类学这门学科的出现是因为其找到了专属的研究领域，即"他者社会"的法律。在"固定"了研究对象之后，法律人类学才慢慢发展起"配套"的研究方法和理论预设。但后来，随着人类学的研究视角从"他者社会"慢慢扩展至整个世界，法律人类学在研究对象上的特殊性已经慢慢淡化了。今天，法律人类学的研究对象已经贯穿涉及法律的所有领域和范畴。

那么，为了能够较为全面且立体地展示出法律人类学的研究对象，本章的第一节将分别从实践导向和理论维度对其做类型上的划分。当然，这两种划分本身也具有重合之处。第一节的目的是以列举的方式概览法律人类学的研究对象。后两节会从议题和区域两个维度做详细的介绍。为了更具代表性，本章挑选了"一热一冷"两个典型。从议题上讲，法律人类学长期关注纠纷解决，其经典的研究方法以及长期对于法律现象的理解也与此有关。从区域上讲，法律人类学重点关注非洲和亚洲，但是两个大洲的交界处却是其较少关注的地区。第三节将对此做一番探索，并讨论法律人类学的研究范式是否和区域有关。[1]

第一节 法律人类学研究对象的类型

关于法律人类学的研究对象,我们可以从两个维度对其进行分类。首先,从研究的区域和主题出发,我们可以明确具体的研究对象和阶段。这有助于我们确定研究的地理范围和法律领域,以及法律在运行过程中的具体环节。在确定了研究对象和阶段之后,我们可以进一步从法律的本质、功能、意义和价值等理论维度做深入探讨。这有助于我们理解法律在这些具体对象和阶段中的内在属性和价值,从而更全面地揭示法律人类学的研究对象和内容。

一、研究对象的实践导向[2]

法律人类学是一门始终面向实践的学科,同时,它的研究对象如今也已经无所不包。那么,如何从实践导向的角度对法律人类学的研究对象做类型上的划分?笔者认为,《法律多元与批判社会分析》(*The Legal Pluralism and Critical Social Analysis*)杂

---

[1] 中文世界关于"法律人类学研究对象"的专门讨论并不多见,为数不多的讨论还可以参见张晓辉:《法律人类学的理论与方法》,北京大学出版社2019年版;张晓辉:《当代西方法律人类学研究对象的改变及其影响》,载吴大华主编:《法律人类学论丛(第8卷)》,中央民族大学出版社2022年版,第3—22页。

[2] 本小节曾以《一本国外"民间法"杂志的50年——对〈法律多元和非官方法律杂志〉的分析》为题发表于《民间法(第33卷)》(研究出版社2024年版),文章的合作者是宗婷博士。与原文相比,此处作了一定程度的改动。

志是一个绝佳的例证材料。该杂志此前名为《法律多元和非官方法律杂志》(Journal of Legal Pluralism and Unofficial Law)。这份杂志不仅是世界最大的法律人类学研究团体"法律多元研究会"(Commission on Legal Pluralism)的官方刊物,也是英语世界中为数不多的专门刊发法律人类学议题的学术论文及相关成果的学术期刊[1],在世界范围内享有较高的学术声誉。2021年,该杂志第53卷第3期刊发了一期专号,名为"庆祝《法律多元和非官方法律杂志》创刊40周年"。其中,卷首语提到:"我们刊物的前身《非洲法律研究》(African Law Studies)创办的时间更早(1969年)……"如果从1969年算起,该杂志的创刊时间已经超过了50年。在过去的50多年中(截至2023年年初),该杂志共出版了54卷96期,发表各类文章共计706篇,其中学术论文有559篇。这本横跨50多年的杂志是过去半个多世纪以来世界法律人类学发展的一个缩影。研究这本杂志可以帮助我们快速地了解不同阶段世界法律人类学所关注的区域、议题以及知识生产的格局。

(一)研究的区域

我们知道,法律人类学具有较强的比较法特征,传统上以研究他者社会的法律及其文化为主要内容。所以我们首先分析的是559篇论文所关注的区域。参见表2-1:

---

[1] 之所以说是"为数不多",是因为其他类似的刊物还发表其他学科领域的论文。比如《政治与法律人类学评论》(Political and Legal Anthropology Review)(创刊于1977年)不仅刊发法律人类学的论文,也刊发政治人类学的作品。而2013年创刊的《法律人类学杂志》(Journal of Legal Anthropology)至今只出版了8卷。所以,《法律多元和非官方法律杂志》在很长一段时间内,都是英语世界中唯一关涉法律人类学的刊物。

表 2-1 区域与年代发表情况

单位:篇

年代	区域							
	非洲	亚洲	北美洲	南美洲	大洋洲	欧洲	无明确大洲	交叉大洲
20世纪60年代	8	0	0	0	0	0	0	0
20世纪70年代	52	0	0	0	1	1	1	0
20世纪80年代	27	9	2	1	5	6	3	2
20世纪90年代	54	6	17	5	4	15	17	0
21世纪00年代	16	26	6	2	5	17	12	1
21世纪10年代	53	35	9	8	13	20	35	6
21世纪20年代	20	14	2	3	1	3	15	1
合计	230	90	36	19	29	62	83	10

从区域上看,559篇论文中,关注非洲的有230篇;关注亚洲的有90篇;关注北美洲的有36篇;关注南美洲的有19篇;关注大洋洲的有29篇;关注欧洲的有62篇;无明确关注的大洲的有83篇;关注交叉大洲的有10篇。从整体上看,呈现出的趋势是:"以非洲为主,拓展至全球。"只要有人类居住的区域,就有相应的法律人类学研究。同时,近年来,去区域化、泛区域化的论文越来越多。

具言之,关涉非洲的论文占比约41%,在所有大洲中高居榜首,其数量甚至基本相当于其余大洲论文数量的总和。究其原因,一方面,这份杂志的创刊名毕竟叫"非洲法律研究",其在前期出版阶段有着一定的积累;但另一方面,在杂志更名后的每一个10年中,关涉非洲的论文依然是最多的。这也充分说明,非洲不仅是法律人类学研究的诞生地,且100多年来,非洲始终是法律人类学研究最重要的田野。在以往学术史的叙述中,有一种说法叫"法律人类学回家",亦即法律人类学的研究重点从亚非拉转移至欧美发达国家。[1]但根据这个统计,这个"回家"的说法似乎并不成立。至少应该说,法律人类学从未"离开过"非洲。在非洲内部,涉及比较多的国家分别为尼日利亚、加纳、南非。其中,涉及尼日利亚的有27篇、涉及加纳的有23篇、涉及南非的有22篇。除了这三个国家,文章涉及较多的非洲国家还有博茨瓦纳、埃塞俄比亚、肯尼亚、乌干达、多哥、坦桑尼亚、刚果、纳米比亚。

除了非洲,关涉论文数量排名第二的大洲是亚洲。值得注意的是,在20世纪90年代,关涉亚洲的论文数量低于关涉北美洲和欧洲的论文数量,但是进入21世纪,关涉亚洲的法律人类学研究已经稳居第二位。在亚洲内部,涉及比较多的国家分别为印度尼西亚、印度、中国。其中,涉及印度尼西亚的有27篇、涉及印度的有23篇、涉及中国的有9篇。除此之外,涉及较多的亚洲国家还有以色列、孟加拉国、巴基斯坦、巴勒斯坦、马来西

---

[1] "法律人类学回家"这个说法来自 John M. Conley 的 Legal Anthropology Comes Home: A Brief History of the Ethnographic Study of Law 一文(Loyola of Los Angeles Law Review, Vol. 27, 1993),该文的中译本可参见王伟臣、冯艳琴翻译的《法律人类学回归故里:法律民族志简史》[吴大华主编:《法律人类学论丛(第8卷)》,中央民族大学出版社2022年版]。

亚、尼泊尔、越南、柬埔寨、泰国、斯里兰卡、不丹。

需要特别指出的是,论文主题涉及中国的共有9篇,均集中在2000年之后。这9篇论文的作者大多是国外学者。中国学者仅有2人,分别为王启梁和刘平养。这两篇论文分别为王启梁于2009年在第41卷第59期独立发表的《多民族社会中的宗教、法律多元及秩序:当代中国的法律人类学研究》[1]以及刘平养作为第一作者于2021年在第53卷第1期发表的《中国产权改革法律前沿的集体林和社区》[2]。

截至统计时,该杂志关于北美洲和欧洲的论文共有98篇。这说明,如今的法律人类学早已不再是关于"原始人的法"的研究了,至少从20世纪80年代开始,就已经将欧美发达国家纳入了。在欧洲内部,涉及比较多的国家分别为俄罗斯(11篇)、荷兰(9篇)、英国(7篇)。除此之外,涉及较多的欧洲国家还包括德国、法国、西班牙、比利时、意大利、立陶宛、芬兰、挪威。

值得注意的是,自20世纪90年代开始,不以明确的大洲为基础的论文逐渐增多,在整个21世纪10年代,数量高达35篇,仅次于关涉非洲的论文。这说明,进入21世纪以后,法律人类学关于田野的理解也越加开放和多元,类似马林诺夫斯基式的在某一个地方深居2年的田野调查方法也发生了改变。

---

[1] See Wang Qiliang, Religion, Legal Pluralism and Order in a Multiethnic Society: A Legal-Anthropological Study in Contemporary China, Journal of Legal Pluralism and Unofficial Law, Vol. 41, 2009, pp. 1-27.

[2] See Liu Pingyang and Neil Ravenscroft, Collective Forests and the Community at the Legal Frontier of Property Rights Reforms in China, Journal of Legal Pluralism and Unofficial Law, Vol. 53, 2021, pp. 42-59.

(二)研究的主题

由于精力有限,笔者无法逐一详细阅读全部559篇论文,所以本部分的分析主要是基于题目、摘要等做的概括或总结。进一步讲,主要分为两个角度:部门法学与法律运行。

1. 法律领域

我们知道,不同国家对于部门法有着不同的划分标准。由于本书主要面向中文读者,也试图为中文学术刊物提供借鉴意义,所以接下来拟以中国的法学二级学科为标准,对该杂志所发表的论文做部门法划分,见表2-2。

表2-2 按照部门法学划分的情况[1]

序号	学科划分	具体研究内容
1	法学理论(233篇)	法律多元(153篇);法律渊源(32篇);法律文化(19篇);法律概念(15篇);法律体系(11篇);法律术语(3篇)
2	法律史(3篇)	法律史(3篇)
3	宪法学(82篇)	人权(23篇);政治权利(22篇);宪法发展(15篇);国家结构(13篇);社会治理改革(6篇);宪法研究资料(3篇)
4	行政法学(32篇)	行政(包括行政法)(32篇)
5	民法学(含物权法、合同法、婚姻家庭法、继承法)(87篇)	民事法律制度/民事法律关系(16篇);土地(28篇);婚姻法(12篇);家庭法(20篇);继承(11篇)
6	商法学(含公司法)(1篇)	商法(1篇)
7	经济法学(含财税法)(12篇)	经济类(9篇);税法类(3篇)

[1] 部分论文由于横跨两个及以上的部门法,所以在归类为特定的法学二级学科之后,该表格汇总的论文数量会超过559篇。

(续表)

序号	学科划分	具体研究内容
8	刑法学（10篇）	刑法（10篇）
9	刑事诉讼法学（6篇）	刑事诉讼类（6篇）
10	民事诉讼法学（30篇）	民事诉讼类（18篇）；争端解决（12篇）
11	环境法学（包括资源类、森林类、污染防治类）（52篇）	环境（28篇）；资源（19篇）；森林法（4篇）；污染防治（1篇）
12	知识产权法学（3篇）	知识产权（3篇）
13	国际法学（18篇）	国际法（18篇）
14	社会法学（27篇）	宗教、宗教法（18篇）；比较法学（9篇）
15	军事法学（2篇）	军事（2篇）

根据表2-2，我们可以发现以下两个特点：

第一，从数量上看，法学理论类论文共有233篇，在全部559篇论文中占比约41.7%，位居第一。其他占比较多的还有宪法学、民法学、环境法学、民事诉讼法学、社会法学等。占比最少的为法律史、知识产权法学、军事法学、商法学。除少数学科（如商法学）与我国国内的现状相反外，其他学科的占比大致与国内部门法学学科的发展状况与格局相吻合。究其原因，一方面，与该杂志作为法律人类学"顶级刊物"的定位有关；另一方面，也不难发现，法律人类学涉及的核心议题（如"人权""法律多元""环境保护"）均离不开宪法学、民法学、环境法学、民事诉讼法学、社会法学等我国其他法学二级学科，毕竟法律人类学研究不是"空谈"，而是面向法律实践。

第二，在法学理论类中，讨论法律多元的论文达153篇，说明"法律多元"的确是法律人类学研究的核心概念和重要议题之一。

关于"法律多元"这一概念,有很多知名法律人类学学者做过研究。如该杂志第一篇标题涉及"法律多元"的作品《自然之于文化,如同祈祷之于诉讼:美国郊区的法律多元》[1]即卡罗尔·J.格林豪斯所作。此外,也有约翰·格里菲斯(John Griffiths)的《什么是法律多元?》[2]、千叶正士(Masaji Chiba)的《斯里兰卡社会中的法律多元——迈向非西方法律的一般理论》[3]等法律人类学史上的著名论文。

此外,自1993年第25卷第33期开始,该杂志开始组织"专号"。目前为止,这些专号共有7组,其主题分别为1993年第25卷的"监管"专号(包括地方一级的监管、国家内部的监管、国家一级的监管三部分)、1998年第30卷的"城市规范"专号(包括序言,城市规范领域:概念、理论和批判,案例研究三部分)、2015年第47卷的"法律多元世界中的儿童和青年"专号、2016年第48卷的"法律多元及其对全球南北范式的贡献"专号、2017年第49卷的"职业状态"专号、2019年第51卷的"城市与全球和地方之间的人权竞争"专号和2022年第54卷的"从喜马拉雅山到东南亚的法律多元和全球化"专号。

2. 法律运行的维度

所谓"法律运行",主要是指立法、执法、司法等法律的运行

---

[1] See Carol J. Greenhouse, Nature is to Culture as Praying is to Suing: Legal Pluralism in an American Suburb, Journal of Legal Pluralism and Unofficial Law, Vol. 14, 1982, pp. 17-35.

[2] See John Griffiths, What is Legal Pluralism?, Journal of Legal Pluralism and Unofficial Law, Vol. 18, 1986, pp. 1-55.

[3] See Masaji Chiba, Legal Pluralism in Sri Lankan Society——Toward a General Theory of Non-Western Law, Journal of Legal Pluralism and Unofficial Law, Vol. 25, 1993, pp. 197-212.

过程和阶段。根据相关度,我发现有 123 篇论文可以凭借题目判断出其研究的内容关涉法律运行的某一维度。其中,涉及立法的共有 9 篇;涉及执法的共有 4 篇;涉及司法的共有 110 篇,见表 2-3。这说明,法律人类学研究主要关注的还是以纠纷及其解决为核心的司法问题,而关于立法、执法等问题的研究则比较少见。

表 2-3 部分关涉法律运行的文章

序号	法律运作状态	具体研究内容
1	立法(9篇)	立法改革(1篇);多元化的立法(1篇);法律规则(1篇);立法方法(1篇);立法实践(5篇)
2	执法(4篇)	法律实施(4篇)
3	司法(110篇)	司法系统/司法体系(52篇);司法机构(27篇);司法案例(17篇);司法实践(13篇);司法程序(1篇)

以上是根据《法律多元和非官方法律杂志》从区域和议题的角度对法律人类学研究对象的类型化总结。

二、研究对象的理论维度[1]

从理论的维度来讲,法律人类学的研究对象大致可以分为四种类型,即法律的本质、法律的功能、法律的意义和法律的价值。这四个方面展示了法律的不同"切面",相互之间不仅有共

---

[1] 本小节曾以《法律人类学关注法的四个维度》为题发表于《中国社会科学报》2024 年 8 月 29 日第 7 版。与原文相比,此处作了一定程度的改动。同时本小节也参考了笔者在 2023 年 10 月 28—29 日于中南财经政法大学举办的"法律社会学与法律人类学的对话与融合"学术研修坊上的主题发言。参见于龙刚、刘顺峰主编:《法律社会学与法律人类学的对话与融合》,社会科学文献出版社(待出版)。

时性的互补关系,也有着历时性的逻辑递进关系。

(一)法律的本质

这里的"本质"主要涉及以下问题:法律是什么?法律的概念是什么?法律和其他社会规范的区别是什么?法律这种规范的基本特征和要素是什么?这些问题大致是法律人类学早期关注的焦点。但我们知道,"法律的概念"是一个颇为抽象的话题,是法理学、法哲学领域的经典议题,而人类学是面向实践的学科,那么为什么法律人类学会关心这个抽象问题呢?在我看来,主要有两点原因:

第一,法律识别。人类学在早期阶段纠结于部落社会有没有法律的问题。因为这涉及这门学科的建立之本。既然是法律人类学研究,就要确定其所关注的对象是不是法律。部落社会的那些规范,究竟是习惯、习俗、风俗,还是法律?这就需要把"法律"从众多规范中识别出来。如果识别不出"法律",那么法律人类学这门学科似乎也没有必要建立了。而要想识别或寻找出"法律",就需要认真考虑法律的概念。

第二,殖民需求。为了方便管理大量的殖民地,英国政府资助、培训了一批所谓的政府人类学家。政府当然希望这些人类学研究成果能够帮助维护殖民统治。比如,英国人类学家艾萨克·沙佩拉的代表作《茨瓦纳人法律与习惯手册》就是应殖民政府的要求所作。殖民政府希望沙佩拉编写一部关于当地土著居民的法律"大全"。所以,像他这样的人类学家应该对法律与习惯予以区分,因而需要认真考虑法律的概念。

正是基于以上两点原因,面向田野和实践的人类学才会关注"法律的概念"这个抽象的话题。关于法律的概念,法律人类学主要做了如下回答。比如,马林诺夫斯基认为法律在本质上是一种具有互惠性的约束机制。其基本原理是:你对我好,我也对你好;你送我东西,我也要送你东西。互惠成为一种压力或约束性义务。这种互惠式约束机制维持了部落社会的秩序。此外,《礼物》的作者,法国人类学家马塞尔·莫斯(Marcel Mauss)也持类似观点,也尝试通过互惠这种模型来理解社会秩序。后来的拉德克利夫-布朗(Radcliffe-Brown)以及霍贝尔认为,法律不能仅仅依靠互惠来维持,它的约束性机制主要依靠制裁。[1] 还有一些学者,比如格拉克曼、博安南认为,所谓"法律",必须得到法律机构的采纳,为法官所适用。没有经过法庭的讨论和采纳,就不是法律。这种观点显然来自英国普通法的视角。当然,他们之所以坚持这种观点也与研究方法有关。

到了20世纪60年代,很多法律人类学作品都在回应英国法理学家哈特的名著《法律的概念》(The Concept of Law)。人类学家们着手撰写法律民族志,深入探究部落社会的法律体系,依次阐述其"宪法""刑法""婚姻法"等内容。然而,此类描述并非研究的终点,民族志的最后一章必须承载一定的学理深度。否则,人类学研究就成为一种"打卡式"或"收集标本式"的研究了。那么,探讨理论的这一章究竟应探讨何种理论?显然,不能仅局限于对特定部落社会法律的具体论述,亦不能停留于现象层面的简单描绘,而需有所"升华",即探讨具有更广的普适性或深刻穿透力的话题,只有这样,才能与其他民族志研究乃至法学领域展

---

[1] 参见[英]A. R. 拉德克利夫-布朗:《原始社会的结构与功能》,潘蛟、王贤海、刘文远、知寒译,中央民族大学出版社1999年版,第230—244页;[美]E. A. 霍贝尔:《法律和人类学》,王伟臣、周嘉雯译,载梁永清主编:《人类学研究(第18辑)》,商务印书馆2024年版,第173—192页。

开有效的对话。然而,考虑到人类学家并非专攻法律研究,且他们中的大多数人缺乏法学教育背景,所以会倾向选择一种最为"省力"的路径:选取一部法学经典著作作为回应对象。因此,哈特的《法律的概念》作为当时法学界最著名的理论作品,便成了众多法律民族志作品在最后一章中频繁回应的焦点。[1] 比如,施莱格(Stuart A. Schlegel)于1970年出版的《迪鲁雷人的正义:迪鲁雷的传统法律与道德》一书第七章的标题即"检验与批判哈特的规则学说"。[2]

关于法律的本质维度,除了法律概念,还有学者关注的是法律的特征或法律的基本要素。比如,汉语学界比较熟悉的、由波斯比西提出的"法律的四个基本要素",实际上也是法律的四个特征。甚至到了2011年,万安黎在研究日本金融体制和市场时,依然把讨论的重点放在了法的本质这一问题上,她试图证明的是,法律在本质上是一种实践技术。[3]

(二)法律的功能

这一方面主要关心的问题是:法律能做什么?对于社会而言有什么功能?法律能解决什么问题?法律又是如何实践的?

那么,法律有什么功能呢?人类学家能想到的法律最重要的功能便是定分止争,因为法律是用来解决纠纷、维系社会秩序的。这也最容易观察。纠纷可以表现出来,纠纷是能够看得见、

---

[1] See John Hund, H. L. A. Hart's Contribution to Legal Anthropology, Journal for the Theory of Social Behaviour, Vol. 26, 1996, pp. 275-292.

[2] See Stuart A. Schlegel, Tiruray Justice: Traditional Tiruray Law and Morality, University of California Press, 1970.

[3] 参见[美]万安黎:《担保论:全球金融市场中的法律推理》,江照信等译,中国民主法制出版社2013年版。

摸得着的,甚至纠纷及其解决还有固定的发生地点,比如法院。由此,纠纷及其解决也成为此项研究在过去百余年中最为关心的议题。具体又包括三条研究进路。

第一,纠纷解决适用的规则。卢埃林和霍贝尔合作发明的"问题个案研究法"就是为了探究规则。这里的逻辑是:部落社会没有成文法只有习惯法,如果想了解这种习惯法,可以观摩纠纷。因为部落社会在处理纠纷时,一定会援引某些习惯法规范,那么,只要尽可能多地收集纠纷案例(问题个案),就可以了解其所适用的规则。

第二,纠纷解决的裁判过程。这以格拉克曼的研究为代表。尽管格拉克曼使用的也是"问题个案研究法",但他关心的重点并非部落社会习惯法规则的具体内容,而是司法裁判本身。由此,他讨论了交叉询问、证据评估、司法逻辑、法律概念的确定性与不确定性等问题。

第三,纠纷解决的类型。这种研究尽管也以"问题个案研究法"为基础,但其相较前两种进路最大的区别是走出了法庭。因为在任何社会中,法庭都不是解决纠纷的唯一机构。每个社会都有各种各样解决纠纷的方式、办法和渠道。那么,可以对此做一定程度上的收集、整理和比较。在中国,这种研究的典型代表是赵旭东的《权力与公正——乡土社会的纠纷解决与权威多元》。[1]

针对城市地区的纠纷解决,人类学家也参与了"替代性纠纷解决机制"(ADR)的研究。他们认为,这种机制一方面的确可

---

[1] 参见赵旭东:《权力与公正——乡土社会的纠纷解决与权威多元》,天津古籍出版社2003年版。

以减轻专业司法机关的负荷,充分调动社会资源化解各种已经出现的或潜在的矛盾和纠纷;但另一方面,他们也提醒司法机关应保证普通民众仍然有机会获得专业的司法服务。

除了解决纠纷这一功能,法律人类学还讨论了依靠法律的社会控制。比如,朱晓阳在《罪过与惩罚——小村故事:1931—1997》中描述了发生在乡村的越轨与惩罚活动,并试图阐释这些活动在时间流中的动态及其与特定条件和特定行动者的联系。[1] 还有学者认为,法律不仅仅是一种社会控制模式,还是一种创造观念秩序并进而推动执行的构成系统。比如,科恩(Bernard S. Cohn)从法律人类学的角度出发,探究英国殖民者所制定的法律如何改变了印度的社会结构,尤其是印度的传统司法模式如何在英国统治的影响下发生转变,以及土地财产权的变革对印度从传统社会向现代社会转型的重要影响等问题。[2] 再如,穆尔在其早年出版的《秘鲁印加帝国的权力与财产》一书中,试图通过土地所有权、赋税体系以及各种各样的实体法规则来探讨一个有趣的问题:印加帝国是一个原始社会主义(primitive socialism)社会吗?[3] 后来,她结合在非洲的田野调查经验提出了著名的"半自治社会领域"(semi-autonomous social field)的概念。她认为,乡村或城市的小型社区更像一个半自治社会领域,它能够在内部生成规则、习俗和符号,且具有一定程度的约束力。穆尔认为,这样的社会或空间就是半自治

---

[1] 参见朱晓阳:《罪过与惩罚——小村故事:1931—1997》,天津古籍出版社2003年版。

[2] See Bernard S. Cohn, Anthropological Notes on Disputes and Law in India, American Anthropologist, Vol. 67, 1965, pp. 82-122.

[3] See Sally Falk Moore, Power and Property in Inca Peru, Greenwood Press, 1958.

社会领域,且在世界各地,这样的领域可谓比比皆是。[1] 这一理论给予我们的另一重要启示在于,不应仅仅局限于观察国家法与民间法之间的冲突面。诚然,这两套法律体系在某些情况下确实存在冲突,且过往的诸多研究都聚焦此类冲突。然而,无论是为了深入理解这两套体系,还是在学术领域寻求创新,我们都应当更多地关注为何在某些领域内,国家法与民间法能够"和谐共存"而未显现出明显的冲突。这是否暗示着国家法在某种程度上默许了这种半自治社会领域的存在?甚至,国家法是否会对民间法体系提供一定的保护?

(三)法律的意义

按照梅丽的观点,法律人类学关于法律意义的讨论主要包括法律机构和法律主体创造意义的方式、这些意义对周围社会关系的影响,以及文化框架对法律程序本身性质的作用。这里所提到的"创造意义"与"文化框架"都涉及法律文化的研究。过去也有观点认为,法律人类学主要从事或较为关心法律文化。但至少就笔者的阅读来看,这种说法很难成立。至少在20世纪70年代以前,很少看到有什么法律民族志作品直接讨论法律文化。

究其原因,可能是在人类学家看来,法律文化或文化研究是

---

[1] See Sally Falk Moore, Law and Social Change: The Semi-Autonomous Social Field as an Appropriate Subject of Study, Law & Society Review, Vol. 7, 1973, pp. 719-746.该文后收录于Sally Falk Moore, Law as Process: An Anthropological Approach, Routledge & Kegan Paul, 1978。该文的中译本参见[美]萨例·法尔克·穆尔:《法律与社会变迁:以半自治社会领域作为适切的研究主题》,胡昌明译,载郑永流主编:《法哲学与法社会学论丛(七)》,中国政法大学出版社2005年版,第207—238页。

一个比较"虚"的议题,而人类学本身就是研究人类文化的,为了把研究"做实",就要通过政治、经济、宗教、亲属关系等重要的结构性因素来研究文化。一直到格尔茨与劳伦斯·罗森(Lawrence Rosen)这对师徒,法律人类学才有了比较系统的关于法律文化的讨论。

近年来,以人类学的视角探究法律文化与法律意义的比较有影响力的作品当属法国人类学家布鲁诺·拉图尔(Bruno Latour)的《法律的生产——对最高行政法院的民族志研究》[1]一书。用拉图尔自己的话说,他"像一只苍蝇一样,附着在法国最高行政法院的墙壁上"。换言之,他每天都"混迹"于法国最高行政法院,让法院的工作人员忘记他的存在,从而呈现出最"真实"的日常工作状态。拉图尔的这本书有很多有意思的记录,对法律的制造过程做了深入而详细的观察,并由此通过与科学实验室的对比讨论了法律的客观性。中国也有这种关于法律日常实践的记录,比如,丁卫的《秦窑法庭:基层司法的实践逻辑》。[2] 如果翻阅这本书的导论,会发现作者研究目标的转变过程。一开始,丁卫也打算进行类似赵旭东的纠纷解决类型学研究。但当他进入法庭后,却改变了原本的计划。因为他发现,法庭的日常运作比纠纷解决类型学研究更有吸引力。比如,法官的工作方式、接待当事人、饮食与休息习惯、上下班的情况等问题都非常有趣。所以,他后来转而去描述法庭的日常运作。

---

[1] See Bruno Latour, The Making of Law: An Ethnography of the Conseil d' Etat, Polity, 2009.
[2] 参见丁卫:《秦窑法庭:基层司法的实践逻辑》,生活·读书·新知三联书店2014年版。

除了这些关于司法机关的日常实践的研究，人类学家还试图从语言和话语的角度考察法律的意义。比如，美国学者苏珊·伯克-塞利格森（Susan Berk-Seligson）在《双语法庭：司法过程中的法庭口译员》[1]中探讨了（西班牙语）口译差异是否影响听者（如陪审员）对说话者的印象及其影响程度。塞利格森发现，如果口译员在翻译过程中夹杂着对被告人的情感上的判断，那么通过这种翻译得到的证词就会影响陪审团的决策。与法律语言有关的，还有关于法律意识的研究。比如，约翰·M.康利（John M. Conley）与威廉·M. 奥巴（William M. O'Barr）在《规则与关系：法律话语的民族志》一书中区分出"关系型"话语和"规则导向型"话语。[2] 这两位美国学者发现，在法庭上主要有两种当事人的话语模式：一种是当事人在叙述案件时更多地介绍或强调"关系"，比如说，"我们两个人原来很好，他这个人太不像话了，竟然骗了我"；另一种是当事人更强调规则，比如说，"他做得不对，违反了我们之前的协议，一定要赔偿我"。这就是"关系型"话语和"规则导向型"话语。

实际上，上述《双语法庭：司法过程中的法庭口译员》与《规则与关系：法律话语的民族志》均出版于1990年，且同属芝加哥大学出版社策划的"语言与法律话语"（Language and Legal Discourse）系列。而这一系列在当年其实一共出版了三部作品，其中唯一被翻译成中文的就是梅丽所著的《诉讼的话语——生活在美国社会底层人的法律意识》。梅丽发现，美国的工人阶级其

---

[1] See Susan Berk-Seligson, The Bilingual Courtroom: Court Interpreters in the Judicial Process, The University of Chicago Press, 1990.

[2] See John M. Conley and William M. O'Barr, Rules versus Relationships: The Ethnography of Legal Discourse, The University of Chicago Press, 1990.

实具有较强的法律意识,很喜欢通过诉讼方式来解决问题,而且不管懂不懂法,都普遍采用所谓的"法律话语"来主张自己的权利。但是基层法院为了缓解案件压力,往往使用非法律话语来"阻挡"这些"法律话语"。这里就出现了一个话语上的矛盾和困境。当然,梅丽这里的论述似乎很符合中文世界对于欧美社会"健讼"的传统认识。但是,还有一些作品,比如格林豪斯的《为正义祈祷:一个美国小镇里的信仰、秩序与团体》[1]则显示了美国中产阶级的法律意识与工人阶级的相比有着较大差异,前者并不倾向通过诉讼来解决纠纷。这一事实告诉我们,法律意识是非常复杂的社会现象。近年来,人类学关于法律话语的关注已经从法院、社区扩展至法学教育机构。比如,在《法学院的语言:学习"像法律人一样思考"》一书中,伊丽莎白·默尔茨(Elizabeth Mertz)精准地展现了一年级法学生在学习法言法语时产生法律思维的过程,而在这一过程中,法律语言获得了意义和权力。[2]

(四)法律的价值

近几十年来,法律人类学越发关心法律的价值。具言之,其包括秩序、人权等价值。

首先,是关于法的秩序的问题。这主要涉及"法律多元"这个议题。作为法律人类学的标志性概念,法律多元其实是一个秩序问题。每种法律系统都代表着一种秩序,这些秩序既有冲突的一面,也有共生的一面。不过,法律人类学具有批判性的认

---

[1] See Carol J. Greenhouse, Praying for Justice: Faith, Order, and Community in An American Town, Cornell University Press, 1986.

[2] See Elizabeth Mertz, The Language of Law School: Learning to "Think Like a Lawyer", Oxford University Press, 2007.

识是,很多社会的法律多元现象其实是殖民主义的产物。所以,他们开始反思殖民,要求正确认识本国的法律经验,同时也要警惕新殖民主义。斯奈德在《资本主义与法律变革:非洲的转型》中提醒我们,不少非洲国家的"习惯法"秩序可能并不是一种纯粹的地方性知识,其很有可能是殖民主义构建的产物。[1]

其次,法律人类学近年来在人权研究领域也越发引人关注。从立场上讲,人类学明确反对无视文化和制度差异的绝对普世主义的人权观。比如,梅丽在《殖民夏威夷》一书中提出了人权"地方化"(Vernacularization)的理论。[2] 她强调,在地方的法律实践过程中,属于国际法范畴的人权概念经历了一个根据地方情境重新定义的过程。作为对这一观点的呼应,尹韬通过对河南省高台村的戏曲普法的深描,揭示了保护妇女、反对家暴等人权观念同中国儒家传统中的家庭和谐观彼此融合并转译给普通民众的过程。[3] 关于人类学人权研究的综述,可以参考马克·古德尔的代表作《向乌托邦投降:关于人权的人类学》。[4] 该书在作出一番回顾之后呼吁,人类学可以也应该在人权发展和文化框架的斗争中发挥重要作用。当然,还有很多五花八门的人权研究。

---

[1] See Francis G. Snyder, Capitalism and Legal Change: An African Transformation, Academic Press, 1981.

[2] 参见 Sally Engle Merry, Colonizing Hawai'i: The Cultural Power of Law, Princeton University Press, 2000;以及戴溪瀛:《梅丽法律人类学理论、方法与思想研究》,云南大学 2023 年博士学位论文,第 151—186 页。

[3] See Yin Tao, Grafting: Opera and the Translation of Women's Laws in Rural China, University of Oslo, Dissertation, 2019.

[4] See Mark Goodale, Surrendering to Utopia: An Anthropology of Human Rights, Stanford University Press, 2009.

比如,有学者研究了加拿大北方的因纽特人的人权诉求。因纽特人声称,他们拥有"冷"的权利,这是他们的基本人权,所以向美国政府提出抗议。但我们知道,因纽特人主要居住在加拿大,而不在美国。因纽特人的逻辑是,美国是世界上最大的发达国家,在遏制全球变暖的问题上负有主要义务。但是显然,美国政府工作不力,导致他们的生活环境越来越暖,所以便针对美国政府呼吁拥有"冷"的权利。[1]

上述法的秩序与人权维度,从时间的角度来讲,大致具有先后递进关系,代表着法律人类学在不同时期的学术旨趣,也反映出此项研究在不同时期所受到的社会、政治以及经济背景的影响。

第二节 主要关注的议题:纠纷解决[2]

从早期学科分立的意义上讲,法律人类学是关于非西方社会,特别是非工业社会法律现象的民族志研究。尽管这些社会大多没有以文字为载体的成文法典,但是绝不代表他们的法律现象不够丰富。不管是南太平洋小岛上的渔民,还是赞比西河下游平原的牧民,都有着一套关于法律的观念现象(法律文化)、规范现象(习惯法)、关系现象(法律关系)以及行为现象

---

[1] See Joanna Harrington, Climate Change, Human Rights, and the Right to Be Cold, Fordham Environmental Law Review, Vol. 18, 2007, pp. 513-535; Claudia Miller, Inuit Sentinels: Examining the Efficacy of (Life) Writing Climate Change in Sheila Watt-Cloutier's The Right to Be Cold, Canada & Beyond, Vol. 11, 2022, pp. 77-94.

[2] 本节曾以《从规则到过程:法律人类学纠纷研究的理论进路与现实启示》为题发表于《中央民族大学学报(哲学社会科学版)》2020年第1期。与原文相比,此处作了一定程度的改动。

(纠纷冲突)。但是直到20世纪80年代,法律人类学的研究议题却主要集中于纠纷及其解决方式。纠纷问题只涉及法律的部分现象,与研究法律经验事实的法律社会学以及研究法律经济性质及其运动规律的法律经济学相比,人类学的法律研究对象在范围上显得有些狭窄。同样作为法律的社会科学研究,为何法律人类学执着于纠纷?以纠纷作为研究对象与其研究方法以及对于法律的认识和理解有着何种关联?同政治人类学、经济人类学相比,法律人类学相对有限的影响力是否与此有关?本节将试图回答这些问题。

一、人类学为何研究纠纷

如前文所言,现代意义上的法律人类学肇始于马林诺夫斯基的《原始社会的犯罪与习俗》的出版。不过,如果翻开这部法律人类学的奠基之作,我们会发现它明确提到纠纷问题的文字只有以下一小段:

> 难得一见的争吵一旦发生,就要采用公众规劝(yakala)的形式,召集得到各自的朋友和亲戚支持的双方碰面,双方相见,各自慷慨陈词,互相指责。这种讼争形式允许人们发泄自己的情感,也表明了公众意见的倾向,或许有助于解决争端。然而,有时也会增加讼争当事人的负担。在任何案件中第三方都不作裁决宣判,双方立即达成和解的(例子)也极为罕见。[1]

---

[1] [英]马林诺夫斯基:《〈原始社会的犯罪与习俗〉修订译本》,原江译,法律出版社2007年版,第40页。

在整本书中,马氏并没有提到太多的纠纷案件。实际情况是否如其所言,即纠纷真的"难得一见"吗?据1960年由其遗孀出版的《一本严格意义上的日记》的记录,不仅马氏与"原住民"之间并没有想象中的那般和睦,而且"原住民"之间也会不时地发生冲突和纠纷。[1] 既然特罗布里恩德群岛存在着不少纠纷案件,为何马氏选择视而不见呢?笔者认为,这可能是因为讨论具体案例不是他的学术关切或目标。因为他只需要宣称"原始社会"也有类似西方社会的"法律",就可以证伪当时为法学、法律社会学所信奉的法律进化论。

后人的学术工作则需要进一步展示部落社会法律的体系框架与具体形态。这项任务首先是由霍贝尔完成的。他和卢埃林在《夏延人的方式》中展示、讨论了40余个"问题个案"。该书的重要意义在于,它确定了此后法律人类学的研究方法:通过纠纷研究可以回溯式地构建部落社会的法律体系。研究对象(纠纷)与研究方法(案例研究)相互证成,人类学似乎掌握了涉足法律问题的"独门绝技",因而深耕于此,发展出所谓的"规则中心范式"与"过程主义范式"。[2]

二、规则中心范式的研究逻辑

"规则中心范式"是法律人类学20世纪50年代典型的研究范

---

[1] 参见[英]马林诺夫斯基:《一本严格意义上的日记》,卞思梅、何源远、余昕译,广西师范大学出版社2015年版。

[2] See John L. Comaroff and Simon Roberts, Rules and Processes: The Cultural Logic of Dispute in an African Context, The University of Chicago Press, 1981, p. 4. 该书的中译本参见[美]约翰·科马洛夫、[英]西蒙·罗伯茨:《规则与程序——非洲语境中争议的文化逻辑》,沈伟、费梦恬译,上海交通大学出版社2016年版。

式。在《夏延人的方式》的启发下,以格拉克曼为代表的人类学家试图更大规模地收集、分析非洲、东南亚等部落社会的问题个案,希望能够回溯式地构建出一套由各种法律规则组成的法律体系。

格拉克曼进入田野之际,就已经掌握了《夏延人的方式》的研究方法。1955 年出版的《北罗德西亚巴罗策人的司法程序》在很多方面均超越了《夏延人的方式》。尤其在对问题个案的理解和分析上,这本书明显高出一筹。格拉克曼既有法律知识,又能进入田野,能够实现案例收集与研究分析的统一,比人类学家与法学家的"简单组合"更进一步。格拉克曼所记录的某些案例甚至长达数十页,因此,格拉克曼自信地把这部法律民族志冠以"司法程序"之名。但是,"司法程序"并非格拉克曼所关注的重点,而是他的分析基础,其最终目的是通过司法程序寻找更具普遍意义的法律规则或者法律观念。

我们以"编号 1"的案例为例。案例名叫"不公的父亲"。这是一起关于土地纠纷的上诉案件。庚、辛、壬是上诉人,也是一审的原告;被上诉人以及一审被告是甲以及甲的儿子戊、己。甲是庚、辛、壬的"父亲",其实是伯父。参见图 2-1。

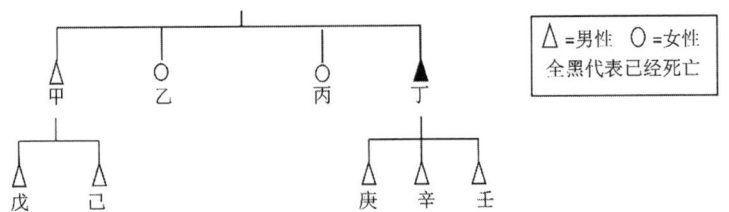

图 2-1　案例"不公的父亲"中当事人的亲属关系[1]

---

[1] See Max Gluckman, The Judicial Process among the Barotse of Northern Rhodesia, Manchester University Press, 1955, p. 37.

庚、辛、壬的生父丁很早就过世了,他们的伯父甲将兄弟三人抚养长大。但是现在庚、辛、壬却因一处菜地将甲告上法庭。庚先描述了案情:"堂兄戊与壬的妻子通奸,壬抓住并殴打了戊。族长判定戊要向壬赔偿,但是戊不仅没有赔偿反而当众羞辱了壬。于是壬便向甲抱怨,但甲却将壬赶出了村子。我提醒甲,壬是受害人,不应受此惩罚。但是甲却要求我离开村子。于是我对姑姑乙和丙说了再见,却没有向甲说再见。我们发现此时戊在耕种我们家的菜地,享用我们家的甜薯。于是便向族长提出控告,要求他归还菜地。但是族长却认为我们已经失去了这块土地。我们不服,上诉到这里。"经过一番审理,负责审理此案的委员会作出终审判决:虽然习惯法规定,应当依据村民的身份来判断土地所有权的归属,但是在这个案件中,所有当事人都有错误。甲作为头人和父亲,在通奸案中处理不当,而且将壬赶出村子也有失头人的权威。戊作为整个案件的导火索,导致整个家族陷入内乱,要引以为戒。庚、辛、壬的行为虽然事出有因,但万不可因此与家族决裂并试图引发内斗,所以他们要回到村子与戊一同耕种土地,并继续孝敬父亲甲。[1]

格拉克曼使用长达8页的篇幅详细记录了庭审过程。他认为,该案件事关土地所有权,当地习惯法也有着明确规定,但是审判委员会却把"法庭调查"的范围扩展到很久以前,试图指出

---

[1] Max Gluckman, The Judicial Process among the Barotse of Northern Rhodesia, Manchester University Press, 1955, pp. 37-52.

案件中每个具体情境的是非曲直,并且建议纠纷主体要善待彼此从而修复他们之间的关系。通过这个案件,格拉克曼收获了两个方面的信息:一是巴罗策人有针对土地问题的习惯法规则,且这一规则有别于现代西方的法律制度;二是这种规则有时不一定适用,因为更广义的情理规则也在发挥作用。他认为,如果继续收集、分析5个以上关于土地纠纷的案例,便可以揭示巴罗策人不成文的土地法规体系。这就是格拉克曼的写作逻辑。在后来出版的《巴罗策的法学观念》中,格拉克曼更是将巴罗策人的宪法、财产权、土地法、契约法、侵权法等习惯法规则统一起来,组成巴罗策的法律体系。[1]

20世纪50年代末,在格拉克曼的启发下,两位美国人类学家保罗·博安南与利奥波德·J. 波斯比希分别出版了由大量问题个案组成的法律民族志。[2] 通过这些以"规则中心范式"为特征的作品,他们共同开创了法律人类学第一个黄金时代。

三、向过程主义范式的转型

20世纪60年代,以劳拉·纳德为代表的新一代人类学家主张放弃前辈的"规则中心范式",转向所谓的"过程主义范式"。之所以会出现范式转移,主要是因为进入20世纪60年代以后,法律人类学的研究目的已经发生了根本转变。随着前殖民地国家的纷纷独立,曾经的"他者"至少在形式上已经摆脱了西

---

[1] See Max Gluckman, The Ideas in Barotse Jurisprudence, Yale University Press, 1965.

[2] See Paul Bohannan, Justice and Judgment among the Tiv, Oxford University Press, 1957; Leopold J. Pospisil, Kapauku Papuans and Their Law: Yale University Publications in Anthropology, Dept. of Anthropology, Yale University, 1958.

方国家的殖民统治,所以也就不需要人类学家出于政治目的探寻某个民族或部落的习惯法体系。这也意味着法律人类学已经获得了研究旨趣的独立性,应该更加纯粹地从学术研究的角度去研究法律问题。在1965年发表的《法律的人类学研究》一文中,纳德指出,人类学应在广义社会文化的范围内审视与法律相关的实证问题,它们包括:

(1)人们怎样进行公开的争斗,以及冲突是怎样并且于何时、何地发生的?(2)社会如何处理纠纷,纠纷的处理结果对个人和社会产生了哪些影响?(3)纠纷集中于哪些群体之中?(4)一个群体层次上(家庭、亲属、同族等)的纠纷如何影响另外一个群体层次(村落、地区、国家等)?(5)法律有着怎样的显性和隐性的功能,这些功能与社会结构之间有着怎样的关系?(6)法律推理的过程表达了怎样的法律观念?[1]

围绕着这些问题,纳德及其弟子于20世纪60年代至70年代奔赴墨西哥、土耳其、几内亚、黎巴嫩等地进行田野调查,出版了十余部法律民族志作品,开创了法律人类学的第二个黄金时代。其中,凯西·J.薇蒂(Cathie J. Witty)的《调解与社会:黎巴嫩的冲突控制》是一部代表作。她曾于1972年和1973年在黎巴嫩中部的一个村庄进行了为期18个月的田野调查。薇蒂的学术目标并非像格拉克曼等人一样去构建这个乡村的习惯法体

---

[1] [美]劳拉·纳德:《法律的人类学研究》,王伟臣译,载舒国滢主编:《法理——法哲学、法学方法论与人工智能(第6卷第1辑)》,商务印书馆2020年版,第27—28页。

系,而是要研究这个村落如何通过调解来控制纠纷,进而维系整个村落的秩序。全书只展示了12个案例,远远不及"规则中心范式"的作品,但其叙述的重心已经发生了改变。我们以"编号4　丢失的绵羊"为例:

> 一天早上,甲村村民亚伯拉罕发现丢失了一只绵羊。他把这件事告诉了兄弟以及村长伊利亚斯。他们四处打探、寻找,周围邻居均表示没有看到羊的踪迹。这时,前几日一直与亚伯拉罕商讨购买绵羊事宜的苏比突然拜访。苏比说,早上5点左右,他在附近遇到了隔壁乙村的一个年轻的亲戚,只见这人衣服上有大片的血迹,腰上别着一把刀,似乎有杀羊的嫌疑。苏比建议,亚伯拉罕和伊利亚斯当晚就应该去找这位年轻人的父亲了解情况,但是千万不要提到苏比的名字,毕竟他与嫌疑人有亲属关系。于是,当天晚上,亚伯拉罕和伊利亚斯就去拜访了阿齐兹(嫌疑人的父亲)。阿齐兹表示自己并不知情,而且坚信自己的儿子是无辜的,但承诺会尽快调查清楚。两周以后,阿齐兹与他的叔叔——乙村村长一同拜访亚伯拉罕。乙村村长首先发话:家族的男孩均表示无辜,但又都承认是家里其他人干的。不过,家长们无法查明真相。所以不管真实情况如何,都愿意作出赔偿,恳求亚伯拉罕就此不再追究。甲村村长伊利亚斯表示同意,为了以后村落的和平与稳定,希望以后避免此类事件的发生。乙村村长当然表示同意。而后,双方村长开始商量赔偿的数额。最终确定为70黎巴嫩镑。此时,阿齐兹终于开口,他表示接受这个数额,并当场把钱交给了乙村村长,乙村村长接着递给伊利亚斯,伊利亚斯再递

给亚伯拉罕。一阵短暂的沉默之后,大家开始抽烟喝茶,一会儿就各自回家了。[1]

我们可以发现,在叙述这个案件的过程中,薇蒂关注的重点并不是解决纠纷所依据的规则,而是解决纠纷的实际过程。薇蒂表示,尽管村民们口头上表示当地的纠纷解决都是私了,且始终维护家族利益,但在该案件中,苏比的"举报"却违反了这条原则。虽然嫌疑人是自己的亲戚,但如果找不到小偷,苏比就是最大的嫌疑人。为了避免遭到怀疑,且为了以后的经济合作,只能选择匿名"大义灭亲"。另外,在解决该案件的过程中,双方的村长发挥了重要作用,他们不仅负责"破案",还主持调解,并代表双方当事人达成了和解协议。对于这个结果,双方当事人都应该感到满意。对于肇事的一方而言,对真相的调查不了了之,保住了儿子的名誉;对于受害的一方来讲,也在两周内获得了赔偿。在对该村所有调解案件进行分析的基础上,薇蒂总结出作为一种社会过程的调解应遵循的九项原则:

(1)纠纷当事人之间持续保持某种程度上的私人交往关系;(2)双方愿意在一个非官方的平台内进行协商;(3)双方都愿意表达各自的需求;(4)有着一个共同的文化或群体共识;(5)存在着与对方继续保持交往关系的意愿或必要性;(6)双方认为在这个纠纷中能够保持相对的平

---

[1] Cathie J. Witty, *Mediation and Society: Conflict Management in Lebanon*, Academic Press, 1980, pp. 49-52.

等关系;(7)地位、荣誉、头衔这些无形的社会资源以及个人的满足感在重要性上不亚于或高于金钱、财产、土地等有形的社会资源;(8)达成协议比是非曲直更重要;(9)人们更倾向遵守他们所能够理解的内部协议,而不是外部强加的协议。[1]

以调解为中心的纠纷研究就是一种典型的"过程主义范式"。除了薇蒂,在这一时期,克劳斯-弗里德里希·科赫(Klaus-Friedrich Koch)、琼·斯塔尔(June Starr)、简·菲什伯恩·克利尔(Jane Fishburne Collier)、戴维·M.恩格尔(David M. Engel)在各自出版的法律民族志作品中贯彻了这种研究范式。[2] 20世纪70年代以后,关注纠纷解决过程的研究已经成为法律人类学的主要工作。

四、对纠纷研究的总结和反思

令人意想不到的是,法律人类学经历了第二次黄金时代之后于20世纪80年代进入低潮期。这自然引起了相关研究者的总结和反思。1978年,英国人类学家西蒙·罗伯茨对两种纠纷研究路径进行了总结:一派为"以法律为中心的研究",另一派为"关于秩

---

[1] Cathie J. Witty, Mediation and Society: Conflict Management in Lebanon, Academic Press, 1980, p. 10.

[2] See Klaus-Friedrich Koch, War and Peace in Jalémó: The Management of Conflict in Highland New Guinea, Harvard University Press, 1974; June Starr, Dispute and Settlement in Rural Turkey: An Ethnography of Law, E. J. Brill, 1978; Jane Fishburne Collier, Law and Social Change in Zinacantan, Stanford University Press, 1973; David M. Engel, Code and Custom in a Thai Provincial Court, University of Arizona Press, 1978.

序更为宽泛的研究"。[1] 后来他又与约翰·L.科马罗夫合作完成了《规则和过程:非洲语境中纠纷的文化逻辑》。此书标题中的"规则和过程"本身就体现了两种研究范式的对立。他们把格拉克曼等人归入"规则中心范式",并且对"过程主义范式"进行了总结,认为后者具有四个特征:(1)将纠纷视为社会生活的一部分;(2)只有扩展性地研究社会过程才能够揭示纠纷的社会学意义;(3)以当事人视角为出发点的描述性分析;(4)并不理所当然地把地方性规则视为西方意义上的"法律"。[2]

不仅如此,罗伯茨与科马罗夫还反思了"过程主义范式"遭遇的两个难题。其一,"规则中心范式"提出批评,认为过程研究缺乏学术严谨性。针对研究对象没有提出明确的概念或定义,作为一门分支学科的法律人类学将无法划定一个特有的属于法律的社会行动模式。如此一来,法律人类学和其他针对法律的实证研究还有什么区别?针对这种批评,罗伯茨与科马罗夫的观点是,过程研究同样可以把法律视为一种可变的但是有着具体情境的社会行为模式,"规则中心范式"只不过强调了非西方习惯法体系与西方法律体系的相似或差异,它们同样无法回答自己提出的法律人类学的特殊性问题。其二,"规则中心范

---

[1] 参见[英]西蒙·罗伯茨:《我们是否需要法律人类学?》,王伟臣译,载吴大华主编:《法律人类学论丛(第3辑)》,社会科学文献出版社2015年版,第3—10页。

[2] See John L. Comaroff and Simon Roberts, Rules and Processes: The Cultural Logic of Dispute in an African Context, The University of Chicago Press, 1981, pp. 13-14. 该书的中译本参见[美]约翰·科马洛夫、[英]西蒙·罗伯茨:《规则与程序——非洲语境中争议的文化逻辑》,沈伟、费梦恬译,上海交通大学出版社2016年版。两位译者把"Dispute"译为"争议"。但笔者认为,应该译为"纠纷"。

式"认为,"过程主义范式"无法解答规范性要素对于社会秩序的影响:如果规则不能规制并且决定行为,那么为什么每个社会都形成了大量的习惯规范?在每个具体问题个案中,个体行为与社会经验是怎样结合在一起的?难道都是偶然发生的吗?在罗伯茨与科马罗夫看来,第二点批评才是切中要害的难题。"过程主义范式"主张法律与社会行动相结合,却容易忽略社会规范的确定性意义。[1]

罗伯茨与科马罗夫认为,"规则中心范式"和"过程主义范式"代表了两种不同的纠纷处理类型:司法型和政治型。以格拉克曼为代表的"规则中心范式"强调的是通过适用规则就可以解决纠纷;而以薇蒂为代表的"过程主义范式"则认为,纠纷可以通过双方代理人或者不同派系的协商来解决。罗伯茨与科马罗夫在自己的田野调查中发现,司法型与政治型两种纠纷解决方式同时存在,而且互相影响。在不同的文化中,规则的地位和作用各有不同。他们主张要将两种范式结合起来,探讨规则和过程之间的系统性关联。

十几年后,据英国人类学家克里斯·富勒(Chris Fuller)观察,从20世纪80年代开始,至少英国本土的法律人类学研究逐渐成为边缘领域。[2] 为何出现这种局面?荷兰学者约翰·霍勒曼认为,《夏延人的方式》出版以后,随着后人不断模仿,法律人类学的研究视野就被牢牢地限制在纠纷或冲突问题上,可是

---

[1] See John L. Comaroff and Simon Roberts, Rules and Processes: The Cultural Logic of Dispute in an African Context, The University of Chicago Press, 1981, pp. 15-18.

[2] See Chris Fuller, Legal Anthropology,: Legal Pluralism and Legal Thought, Anthropology Today, Vol. 10, 1994, p. 9.

纠纷并非法律问题的全部。[1] 2008年,弗朗兹·冯·本达-贝克曼曾有总结:法律人类学之所以遭遇危机,就是因为他们只关注社会中与法律相关的"纠纷",不管是"规则中心范式"还是"过程主义范式"均以纠纷研究为基础。[2] 换言之,在人类学家的眼中,法律就是纠纷,纠纷就是法律。这暗含了一种非常狭隘的法律认识论。正如本书第一章所提到的,这是一种受到法学束缚的认识论。

虽然如此,人类学的纠纷研究依然有着独特的知识贡献,它为人类学涉足法律现象创造了一种可以反复使用的研究模型;通过纠纷研究所收集的习惯法规范彰显了法律的地方性特征;关于纠纷解决方式的分析和讨论具有普适性的参考价值[3];以"过程主义"为基础滋生的"扩展个案"方法,更是溢出了人类学边界,影响了其他学科。所以时至今日,依然有人类学者关注纠纷研究。比如,苏珊·F.赫希(Susan F. Hirsch)关注纠纷中的性别问题[4],鲍恩(John R. Bowen)通过扩展个案探讨

---

[1] See Johan Frederik Holleman, Trouble-Cases and Trouble-Less Cases in the Study of Customary Law and Legal Reform, Law & Society Review, Vol. 7, 1973, pp. 585-609.

[2] 参见[德]弗朗兹·冯·本达-贝克曼:《驯服还是杀掉这匹人头马?——关于法律人类学身份的几点思考》,王伟臣、张译元译,载吴大华主编:《法律人类学论丛(第4辑)》,社会科学文献出版社2016年版,第9页。

[3] 比如,格列弗和千叶正士都通过纠纷解决总结出了具有普适性的理论作品。See P. H. Gulliver, Disputes and Negotiations: A Cross-cultural Perspective, Academic Press, 1979; 千葉正士『法と紛争』(三省堂,1980年).

[4] See Susan F. Hirsch, Pronouncing and Persevering: Gender and the Discourses of Disputing in an African Islamic Court, The University of Chicago Press, 1998.

法律多元主义[1]。不过，必须指出的是，正如前文所提到的，在20世纪80年代以后，人类学界已经意识到了纠纷研究所暗含的法律认识论的局限性。当今法律人类学的研究视角和研究对象已经日趋多元和丰富。

第三节　相对忽视的区域：西亚北非地区[2]

通过第二节，我们可以看到，纠纷这个研究议题对法律人类学的研究范式产生了深刻影响。换言之，围绕纠纷，法律人类学形成了特有的研究范式。那么，关于研究区域，法律人类学是否有特定的研究范式呢？

根据笔者个人的阅读以及相关检索，在中英文世界，法律民族志作品至少有300部。其中，从地域上讲，涉及非洲的作品大致有200多部。正如前文所介绍的，在第二次世界大战之后，法律人类学的研究长期聚焦非洲。除了针对单个非洲社会的法律民族志研究，还有关于多个非洲社会的法律民族志的比较式研究[3]，甚至还有针对某个非洲国家继承法的系统研究[4]。除

---

[1] See John R. Bowen, Islam, Law and Equality in Indonesia: An Anthropology of Public Reasoning, Cambridge University Press, 2003.

[2] 本节曾以《法律人类学视野下的西亚北非研究：回顾与启示》为题发表于《区域国别学》2024年第1期。与原文相比，此处作了一定程度的改动。

[3] See Hilda Kuper and Leo Kuper eds., African Law: Adaptation and Development, University of California Press, 1965; J. N. D. Anderson ed., Family Law in Asia and Africa, George Allen and Unwin Ltd., 1968.

[4] See J. Duncan M. Derrett ed., Studies in the Law of Succession in Nigeria, Oxford University Press, 1965.

了非洲,涉及亚洲的作品也有近50部。可以说,亚非地区是法律人类学关注的重点区域。既然是重点区域,那么两个大洲的交汇处应该是"重点之重点"。但颇为奇怪的是,亚非交界处,即西亚北非地区却是法律人类学研究的"盲点"。正如下文将要提到的,关涉西亚北非地区的法律民族志作品仅有十余部,远远低于非洲和亚洲的其他区域。为什么数量这么稀少?是否和西亚北非地区的地域特殊性有关?又或者,是否与法律人类学乃至人类学同其他学科的分工有关?研究规模的背后有着怎样的学术背景和现实逻辑?这些寥寥可数的作品之间有没有学术旨趣上的递进和转折关系?出于对这些问题的好奇,本节首先拟按照时间顺序分阶段地介绍法律人类学关于西亚北非地区的研究成果,其次将从四个方面总结这一研究的特点,最后还将借此讨论法律人类学之于区域国别研究的贡献和价值。

一、研究成果

(一)20世纪60年代以前:缺失的版图

非洲是法律人类学研究的诞生地。比如,早在1909年就有一位名叫诺斯科特·托马斯(Northcote Thomas)的"政府人类学家"开始在尼日利亚南部和塞拉利昂从事田野调查,而调查的内容就包括当地土著民族的习惯法。托马斯的研究获得了殖民当局的认可,于是"政府人类学家"的计划得到了进一步推广,这也促进了非洲法律人类学的发展。但这些研究主要集中在西非和中南部非洲。关于西亚北非的作品可谓凤毛麟角。根据笔者的检索,这一时期法律人类学关于西亚北非的研究似乎只有一部作品,即1925年出版的《贝都因人的正义:埃及贝都因人的法律和习俗》。[1] 这本书在法律人类学的学术史中一直默默无闻,由此也导致难以查找作者的详细资料和写作背景。我们只知道,作者奥斯丁·凯内特(Austin Kennett)是一位北非的殖民官员。该书是根据他对中东游牧部落贝都因人的参与式观察所作,所以可以归类为法律人类学作品。该书旨在消除西方人对中东游牧部落贝都因人的贬低和误解。当然,存在这种误解也是因为西方人对贝都因人的司法审判并不了解。根据凯内特的观察,作为游牧部落的贝都因人会把诉讼审判当成一种家族聚会:在诉讼的过程中,所有人都会很兴奋,都想有所表达。证人和陪审员不是为了让博学的法官在几分钟内处理完案件而从沙漠各地聚集在一起的,除非这些诉讼参与者觉得他们为此所花的"钱"是值得的,否则无论判决多么合理,都不会令人满意。[2]

应当说,这部由殖民官员撰写的法律民族志不仅系统地呈现了生活在北非的贝都因人的法律制度,还精准地捕捉到司法审判对于当地人在功能和仪式上的特殊意义。在20世纪20年代的作品当中,该书的写作质量可谓上乘。但遗憾的是,据笔者检索的结果,在此后的四十多年里,法律人类学再也没有关于西亚北非地区的研究作品了。数篇法律人类学史上的学术综述都可以佐证这一检索结论。这些学术综述包括劳拉·纳德的《法律的人类学研究》[3]、萨利·福尔克·穆尔

---

[1] See Austin Kennett, Bedouin Justice: Law & Customs among the Egyptian Bedouin, Cambridge University Press, 1925.

[2] See Austin Kennett, Bedouin Justice: Law & Customs among the Egyptian Bedouin, Cambridge University Press, 1925, p. 149.

[3] 参见[美]劳拉·纳德:《法律的人类学研究》,王伟臣译,载舒国滢主编:《法理——法哲学、法学方法论与人工智能(第6卷第1辑)》,商务印书馆2020年版,第3—30页。

的《法律和人类学》[1]、弗朗西斯·G.斯奈德的《人类学、纠纷过程和法律：一篇学术导读》[2]，以及弗朗兹·冯·本达-贝克曼的《驯服还是杀掉这匹人头马？——关于法律人类学身份的几点思考》[3]。根据这些学术综述的介绍，在英语世界的法律人类学领域，大致有着一个经典的或大多数学者公认的"学术谱系"，即所有的学术综述都会列举这些作品。详情参见表2-4：

表2-4 英语世界法律人类学"经典"作品一览（20世纪20—60年代）

研究地区	出版时间（年）	书名
巴布亚新几内亚（大洋洲）	1926	《原始社会的犯罪与习俗》
博茨瓦纳（南部非洲）	1938	《茨瓦纳法律与习惯手册》
印第安人聚居区（北美洲）	1941	《夏延人的方式》
赞比亚（中部非洲）	1955	《北罗德西亚巴罗策人的司法程序》
尼日利亚（西部非洲）	1957	《提夫人的正义与审判》[4]

---

[1] 参见[美]萨利·福尔克·穆尔：《法律和人类学》，王伟臣、薛寒啸译，载张永和主编：《社会中的法理（第13卷）》，法律出版社2022年版，第159—204页。

[2] See Francis G. Snyder, Anthropology, Dispute Processes and Law: A Critical Introduction, British Journal of Law and Society, Vol. 8, 1981, pp. 141-180.该文中译本参见[英]弗朗西斯·G.斯奈德：《人类学、纠纷过程和法律：一篇学术导读》，王伟臣、薛寒啸译，载《现代法治研究》2020年第3期。

[3] 参见[德]弗朗兹·冯·本达-贝克曼：《驯服还是杀掉这匹人头马？——关于法律人类学身份的几点思考》，王伟臣、张译元译，载吴大华主编：《法律人类学论丛（第4辑）》，社会科学文献出版社2016年版，第3—32页。

[4] See Paul Bohannan, Justice and Judgment among the Tiv, Oxford University Press, 1957.

(续表)

研究地区	出版时间（年）	书名
巴布亚新几内亚（大洋洲）	1958	《巴布亚卡保库人和他们的法律》[1]
坦桑尼亚（东部非洲）	1963	《一个非洲社会的社会控制》[2]

通过表 2-4，我们可以发现，20 世纪 20 年代至 60 年代，在英语世界，一共有七部作品被列入经典的"学术谱系"。其中有四部作品的研究区域为非洲，占比超过 50%。在这四部作品当中，一部关于西非，一部关于东非，还有两部涉及中非。但没有关涉西亚北非地区的作品。至少就目前的检索结果来看，在 20 世纪 60 年代以前，西亚北非地区在法律人类学领域可谓"缺失的版图"。

(二) 20 世纪 60 年代：纠纷解决类型学

在 20 世纪 60 年代以前，法律人类学家不关注西亚北非地区可能并非个例，因为文化人类学研究整体上也较少关注这一地区。从 20 世纪 50 年代开始，才慢慢有了一些进展。[3] 而法律人类学认真关注西亚北非则是从黎巴嫩裔美国人类学家劳拉·纳德开始的。前文已述，她是法律人类学"过程主义范式"的代表人物。早在 1963 年她就依托所在的加州大学伯克利分校人类学系成立了"伯克利乡村比较法律项目"（The

---

[1] See Leopold J. Pospisil, Kapauku Papuans and Their Law: Yale University Publications in Anthropology, Dept. of Anthropology, Yale University, 1958.

[2] See P. H. Gulliver, Social Control in an African Society: A Study of the Arusha: Agricultural Masai of Northern Tanganyika, Routledge & Kegan Paul, 1963.

[3] 比如 John Gulick, Social Structure and Cultural Change in a Lebanese Village, Viking Fund Publications in Anthropology, No. 21, 1955; Louise E. Sweet, Tell Toqaan, A Syrian Village, University of Michigan Press, 1960。

Berkeley Project on Comparative Village Law)[1],从而获得了一笔数目可观的资金作为支持。明确了研究目标(纠纷解决的过程),获得了资金支持,接下来就是开展田野调查了。那么,要研究哪里呢?可能是有意而为之,纳德在指导学生选择田野调查的地点时刻意选择了传统上法律人类学较少关注的区域,比如欧洲、拉美地区以及西亚北非地区。根据纳德在1978年主编的《纠纷过程——十个社会中的法》的前言中的介绍,有3个博士学生奔赴中东。[2] 其中,琼·斯塔尔去了土耳其,约翰·E. 罗森博格(John E. Rothenberger)与薇蒂研究黎巴嫩。而后,他们在各自研究的基础上分别完成了《土耳其乡村的纠纷与处理:一个法律民族志》[3]、《一个黎巴嫩逊尼派穆斯林村庄的法律、冲突解决、政治与变迁》(以下简称《一个黎巴嫩》)[4]、《调解与社会:黎巴嫩的冲突控制》三部法律民族志。这三部作品连同纳德其余弟子的作品均有着一套非常明显的研究范式,笔者将其命名为"纠纷解决类型学"。下面,本书将以《一个黎巴嫩》为例展示这种研究的内容和特点。

《一个黎巴嫩》是罗森博格在纳德的指导下于1970年出版的博士学位论文。实际上,罗森博格只比导师纳德小1岁。他

---

[1] 参见王伟臣:《法律人类学的困境——格卢克曼与博安南之争》,商务印书馆2013年版,第200页。

[2] See Laura Nader and Harry F. Todd Jr. eds., The Disputing Process: Law in Ten Societies, Columbia University Press, 1978, pp. ix-xiii.

[3] See June Starr, Dispute and Settlement in Rural Turkey: An Ethnography of Law, E. J. Brill, 1978.

[4] See John E. Rothenberger, Law and Conflict Resolution, Politics, and Change in a Sunni Muslim Village in Lebanon, Ph. D. Dissertation, University of California, Berkeley, 1970.

选择黎巴嫩作为田野调查地自然也和导师纳德的黎巴嫩裔的身份有关。此外,罗森博格在导论部分明确提到,关于伊斯兰法的历史和理论研究有很多,除了《贝都因人的正义:埃及贝都因人的法律和习俗》,很少有人讨论伊斯兰法的"实践"。[1] 他的这一表述也验证了上文的检索结果。

具体而言,罗森博格选择的是位于黎巴嫩北部的一个全部为逊尼派的穆斯林村,他把这个村落称为"Qarya"(阿拉伯语中的"乡村")。如果借鉴中国学者朱晓阳的研究,我们可以将其译为"小村"。1966年6月至1967年6月,罗森博格在这个"小村"做了为期1年的田野调查。通过调查,他一共收集了108个案件。其中,92个案件是田野调查期间发生的,16个案件是过去发生的。而后,他对这108个案件做了类型学上的处理。108个案件被分为五种类型:

类型1:短暂的纠纷,没有通过救济方解决。(没有具体的时间限制,一般是一天或更短)。这种类型具体又分为:

(1)当事人之间的纠纷,没有第三方救济人,且也没有解决纠纷的办法;

(2)第三方将双方分开,但不解决纠纷或相关问题;

(3)纠纷当事人向路人或潜在的救济人提出请求,但这些第三方没有解决纠纷或相关问题。

类型2:短暂的纠纷,由救济方现场解决。

---

[1] See John E. Rothenberger, Law and Conflict Resolution, Politics, and Change in a Sunni Muslim Village in Lebanon, Ph. D. Dissertation, University of California, Berkeley, 1970, p. 8.

类型3：长期的纠纷，没有任何真正的解决程序，没有向救济方提出诉求，也没有解决纠纷。

类型4：纠纷解决程序会持续一段时间——通常超过1天——涉及判断、救济方、当事人之间的会面、探讨纠纷焦点、当事人各自的动员、妥协、和解仪式，以及其他有一定时间的程序步骤。具体又可以分为：

(1) 村子内部的纠纷；

(2) 跨村的纠纷。

类型5：由政府通过法院、警察、军队或其他政府官员以及机构的形式来干预的纠纷。具体分为：

(1) 一方当事人的法院诉讼；

(2) 警察或军队的干预，通常因纠纷中出现暴力引发；

(3) 使用其他政府官员和/或机构，通常是因为村庄纠纷解决机制未能解决。[1]

接着，罗森博格又在这五种类型的基础上加入了纠纷产生的原因作为变量，进而呈现了一幅更加复杂的纠纷解决类型图。通过这种研究，罗森博格发现，作为一个穆斯林村落，伊斯兰教的影响可谓无处不在，但伊斯兰法并不是解决纠纷的唯一法律渊源。因为村民们认识到，法律和规则有各种来源：正式国家法、习惯法、伊斯兰法。所以，当事人在解决纠纷的过程中就可以有所选择和操控。是选择国家法和伊斯兰法，还是非国家法和习惯法？比如，有的村民会诉诸法院，利

---

[1] John E. Rothenberger, Law and Conflict Resolution, Politics, and Change in a Sunni Muslim Village in Lebanon, Ph.D. Dissertation, University of California, Berkeley, 1970, pp. 164-165.

用国家法的力量逮捕对方,从而在习惯法的系统中给对方压力。[1] 罗森博格所讨论的这一现象就是法律人类学领域的典型议题——法律多元。

(三)20 世纪 80 年代:法律文化研究

进入 20 世纪 80 年代,法律人类学关于西亚北非地区的研究出现了法律文化的研究进路。这以劳伦斯·罗森的研究为代表。而罗森之所以关注这一地区的法律文化,显然与其导师,著名人类学家克利福德·格尔茨有关。

格尔茨早期的田野调查地点为巴厘岛,后来因印尼在政治上发生了重要改变,不便继续从事人类学研究,所以 20 世纪 60 年代中期以后,其研究视野便转向了位于北非的摩洛哥。而这个时候,罗森刚刚进入芝加哥大学攻读人类学博士学位。所以,在格尔茨的建议下,罗森很快就把田野调查的地点确定为摩洛哥中北部的赛夫劳(Sefrou)。该城距离摩洛哥第五大城市梅内克斯大概 40 公里。在调研初期,他并没有特别关注法律议题。比如,1979 年,他与其导师等合作出版了《摩洛哥社会的意义与秩序》。[2] 其中,罗森负责的是社会组织部分,格尔茨负责的是经济部分,师母(格尔茨的第一任妻子)希尔德雷德·格尔茨(Hildred Geertz)写的是亲属关系。

正如上文所提到的,格尔茨并未专门从事过法律研究,尤其

---

[1] See John E. Rothenberger, Law and Conflict Resolution, Politics, and Change in a Sunni Muslim Village in Lebanon, Ph.D. Dissertation, University of California, Berkeley, 1970, pp. 342-346.

[2] See Clifford Geertz, Hildred Geertz and Lawrence Rosen, Meaning and Order in Moroccan Society: Three Essays in Cultural Analysis, Cambridge University Press, 1979.

是法律民族志研究,也从未出版过专门的法律研究作品。而罗森也曾提到:"我深受劳埃德·A. 法勒斯(Lloyd A. Fallers)的影响,他的作品,比如《无先例的法:布索加殖民地法院实践中的法律观念》,对我来讲非常重要。大学时,我与伊丽莎白·科尔森(Elizabeth Colson)一起工作,攻读博士学位时则追随克利福德·格尔茨先生,但当时我是他们的学生,他们两个对法律都没有特别的兴趣。"[1]罗森所提到的《无先例的法:布索加殖民地法院实践中的法律观念》是劳埃德·A. 法勒斯的代表作。该书对格拉克曼的法律人类学研究做了大量回应,还针对"问题个案研究法"提出了"麻烦点"(trouble spots)的概念。[2] 不过,罗森的法律人类学研究并没有遵循格拉克曼的研究进路。

根据对罗森的作品的阅读和分析,我们大致可以了解到罗森关注法律问题的契机。比如,在前述1979年的作品中,罗森讨论的是摩洛哥人的社会组织,其中的逻辑可能比较简单:想深入了解伊斯兰社会的社会组织,就不可能绕过伊斯兰法。所以,从20世纪70年代开始,罗森就有意识地在当地法院开展田野调查,经常出入赛夫劳的法庭。与此同时,为了理解伊斯兰法,他在已经获得人类学博士学位的情况下又去法学院攻读法学学位。而此前,他还主编了关于美国印第安人法律的研究的作品。[3] 1977年,普林斯顿大学任命他为人类学教授;1979

---

[1] 张冠梓主编:《多向度的法:与当代法律人类学家对话》,法律出版社2011年版,第315页。

[2] See Lloyd A. Fallers, Law without Precedent: Legal Ideas in Action in the Courts of Colonial Busoga, The University of Chicago Press, 1969.

[3] See Lawrence Rosen, The American Indian and the Law, Transaction Publishers, 1976.

年,哥伦比亚大学法学院又聘他为兼职教授。此外,他还以律师的身份积极从事法律工作。通过这些专业的法律学习和实践,罗森获得了对伊斯兰法、印第安法以及美国法较为深入的理解。

1980年,罗森在论文《现代伊斯兰法律体系中的公平与自由裁量权》[1]中,对韦伯所谓的"卡迪司法"提出了挑战。据他发现,这个位于赛夫劳的伊斯兰乡村法庭主要处理家庭法案件,而该法庭在处理此类案件时,总会遵守制定法的相关规范。哪怕在没有制定法或先例的情况下,法庭也没有恣意作出决定。尽管有很大的自由裁量权,法官也没有施行韦伯所说的"卡迪司法"。[2] 1985年,罗森受邀在罗切斯特大学的路易斯·摩尔根讲座(Lewis Henry Morgan Lectures)上发表了4次演讲。4年后,他在上述演讲稿的基础上出版了代表作《司法人类学:伊斯兰社会中作为文化的法律》[3]。该书共分四章,分别为:法律与文化——类比的诉求;确定不确定的;理性、意图和后果的逻辑;司法自由裁量权、国家权力、司法理念。整体结构异常简洁,通篇没有什么表格,也没有关于各类案件的统计。这种研究与当时还在流行的纳德及其弟子所提倡的"纠纷解决类型学"相比,有着巨大的差异。在这本书中,罗森在继续反思韦伯类型学的基础上深入探讨了伊斯兰法的特征。简言之,他认为,伊斯

---

[1] See Lawrence Rosen, Equity and Discretion in a Modern Islamic Legal System, Law & Society Review, Vol. 15, 1980, pp. 217-246.

[2] 参见[美]萨丽·摩尔编:《法律与人类学手册》,侯猛等译,商务印书馆2022年版,第449页。

[3] See Lawrence Rosen, The Anthropology of Justice: Law as Culture in Islamic Society, Cambridge University Press, 1989.

法是一个动态的分类体系。

2008年前后,罗森接受了中国社会科学院研究员张冠梓的采访。在采访中,罗森提到,他试图通过对摩洛哥基层法院的研究达成一个宏伟的研究目标:对包括伊斯兰法在内的世界法律体系作出重新分类。在他看来,过去的或者传统意义上的比较法对于大陆法系、英美法系、伊斯兰法系的区分是无意义的。比如,当他研究伊斯兰法的日常实践时,不断感觉到伊斯兰法与美国普通法的相似性。为此,他以"权力"和"文化"为要素,对各大法系做了新的划分,参见表2-5。

表2-5 以"权力"和"文化"为要素划分的法律体系[1]

法系名称	法律体系	权力	文化
普通法	普通法系	间接地、分散地、地方化	开放的、动态的分类体系
犹太法			
原始法			
伊斯兰法			
大陆法系	民法法系	直接地、集中地	合并的、吸收的、服从法律接受
儒家法			
印度法	互惠型法系	支持社会习俗,通过寻求社会解决方法加以限制	在习惯行为中表述的明确概念
佛教法			

我们可以发现,在罗森的这个法系分类中,已经彻底没有了"宗教法"的类别。印度法与佛教法被归入了"互惠型法系",而罗森重点研究的伊斯兰法则被归入了"普通法系"。此外,被韦伯称为"形式非理性法"的"原始法"在罗森的"普通法系"一栏

---

[1] 参见张冠梓:《多向度的法:与当代法律人类学家对话》,法律出版社2011年版,第347页。

中也获得了一席之地。不管这个划分能否获得其他学者的认可,仅就这个分类而言,其革新性意义也不容小觑。罗森通过一种地方性的研究试图改变对整个世界的法律认知,这可能也是法律文化研究相较于法律制度研究的学术优势。2018年,罗森出版的新作《伊斯兰与正义原则:穆斯林法律文化中的形象与现实》继续探讨了人们对伊斯兰法的普遍误解,揭示了伊斯兰法是一种"在市场和家庭中发现的、和教科书中一样多的生命系统,一种深受当地习俗、事实内容(factual content)、可容许性解释(permissible interpretation)、当事人选择和司法自由裁量权影响的法律"。[1] 从罗森开始,法律人类学关于法律文化的研究,比如法律观念、法律意识、法律态度等议题才开始慢慢多了起来。

(四)20世纪90年代以来:法律的多元维度研究

近20多年来,法律人类学在西亚北非地区的研究越发呈现出一种多元并进的特色。具体又可以分为三种法律维度:法的日常维度、法的历史维度和法的跨国维度。

作为当代欧洲法律人类学伊斯兰法研究的领军人物,法国学者鲍德温·杜普雷(Baudouin Dupret)十分强调对法律日常状态的关注。他现任法国国家科学研究中心的研究主任,曾先后在埃及、叙利亚、摩洛哥等国从事田野调查。2000年,他在代表作《以什么法律的名义》[2]中对罗森的研究提出了批评。他认为,用文化的概念来理解伊斯兰法不可能达到深入理解的水

---

[1] See Lawrence Rosen, Islam and the Rule of Justice: Image and Reality in Muslim Law and Culture, The University of Chicago Press, 2018.

[2] See Baudouin Dupret, Au nom de quel droit, L.G.D.J., 2000.

平,而应该从社会人类学的角度探讨规范的产生,以及行动者与规范之间的关系。在过去关于伊斯兰法的研究中,有一种倾向或认知夸大了人们日常生活中的伊斯兰因素。要想真正理解伊斯兰社会,必须关注过去为学者们所忽视的日常实践。为此,他提出了"法律剧目"(répertoire juridique)的概念。纠纷当事人面对着各种各样不同的法律剧目,是怎样选择的? 有时是伊斯兰法,有时则是现代法。这就需要根据情境和语境作出选择和判断。由此来看,他的关切和前述罗森博格的研究比较相似。但杜普雷更为关心的是法律多元格局的形成机制。具言之,像埃及这样一个伊斯兰国家,它的伊斯兰法体系是怎样被装入今天这样类似法国的法律体系的? 这就涉及法律的历史维度。因为只有回到殖民史当中,才能梳理出诸如摩洛哥、埃及等北非国家的法律多元局面的形成过程。

法国社会科学高等研究院(École des Hautes Études en Sciences Sociales)的雅兹德·本·侯耐特(Yazid Ben Hounet)一直关注北非的冲突与和解,他于2021年出版的《北非的犯罪与赔偿:社会人类学论文集》[1]便从历史人类学的角度展开讨论。当然,他的问题意识还是来自当下的法律和政治实践。自20世纪90年代中期开始,阿尔及利亚、摩洛哥、苏丹等北非国家纷纷出台相关"和解"(reconciliation)法案,试图通过立法来解决不同派系的矛盾和冲突,进而实现长治久安。比如,阿尔及利亚于1999年出台了《全民和解法》(Civil Concord Law),又于2005年颁布了《和平与民族和解宪章》(Charter for Peace and National

---

[1] See Yazid Ben Hounet, Crime and Compensation in North Africa: A Social Anthropology Essay, Palgrave Macmillan, 2021.

Reconciliation)。摩洛哥和苏丹也分别成立了相应的和解委员会，启动了和解谈判的进程。那么，这种通过"和解"来解决矛盾的做法究竟是现代法律的产物，还是北非地区古已有之的传统？在进行深度田野调查的基础上，侯耐特发现，在北非地区，"赔偿或和解"作为一种文化实践具有深厚的历史渊源。这个问题集中体现在土著人民为赔偿致命暴力行为而通常提供的"血钱"（diya）上。侯耐特试图考察围绕血钱展开的做法、实践，及其制度的历史渊源、变迁与发展。他认为，这种历史考察能够帮助今天的人们深入理解北非的惩罚与和解。

除了历史维度，还有学者从跨国的维度去审视西亚北非地区的法律实践。比如，德国学者伯特伦·特纳（Bertram Turner）在《摩洛哥农村地区的全球竞争者：升级的法律舞台》[1]《供应链的法律多元：规范性是摩洛哥坚果油供应链基础设施的构成因素》[2]等作品中讨论了摩洛哥西南部苏斯（Souss）地区的农村参与全球竞争的过程。特纳发现，因为这个乡村出产坚果油并最终销售至国际市场，所以有若干不同的跨国主体为了各自的利益会下沉到这一地区进而实施各自的法律标准。于是，这些源自国际主体的法律规范在这个摩洛哥乡村不断上演各种各样的竞争"剧目"。

需要指出的是，当前这三种研究进路在逻辑上具有递进关

---

[1] See Bertram Turner, Competing Global Players in Rural Morocco: Upgrading Legal Arenas, Journal of Legal Pluralism and Unofficial Law, Vol. 38, 2006, pp. 101-139.

[2] See Bertram Turner, Supply-chain Legal Pluralism: Normativity as Constitutive of Chain Infrastructure in the Moroccan Argan Oil Supply Chain, Journal of Legal Pluralism and Unofficial Law, Vol. 48, 2016, pp. 378-414.

系。当代研究为了超越此前的纠纷解决类型学与文化研究,提出要关注法律的日常状态。而在西亚北非地区,任何一个人在日常生活中都可能面临着一种法律多元状态。那么,这种状态是如何出现的?是不是自古以来就有?这就需要从历史的角度考察。一旦考察历史,就必然涉及几百年来欧洲对西亚北非地区的殖民统治。结合当代处境,研究者进而又会发现,时至今日,很多发展中国家依然处于一种"隐形"的新殖民主义中。此外,随着全球化的不断深入,任何地方性故事都可能体现着不同程度的国际背景。所以,讨论任何地方法律问题都需要考虑跨国维度。因而,当前研究呈现出日常、历史、跨国三个维度其实是顺理成章之事。当然,从整体上看,当代的文化、社会人类学同样具有这些研究维度。所以,这可能也意味着法律人类学的特殊性正在慢慢淡化,或者正如弗朗兹·冯·本达-贝克曼所言,人类学与法律人类学这一分支学科的关系正在逐渐改善。

二、研究特点

上文按照时间顺序,大致介绍了过去百余年间法律人类学关于西亚北非地区的研究方式、代表学者以及重要的研究成果。下文将尝试从四个角度提炼出研究特点。

第一,从数量上看,关于西亚北非地区的研究相对较少。本节在引题处已经介绍,西亚北非地区是法律人类学较少关注的区域。本章第一节根据《法律多元和非官方法律杂志》所做的统计也可以看出这个特点。这本杂志涉及非洲的论文共 230 篇,涉及整个北非国家的文章加在一起只有 6 篇,其中就包括伯特伦·特纳撰写的 2 篇和杜普雷撰写的 1 篇;关涉亚洲国家的论文共 90 篇,其中,研究以色列的文章以 7 篇的数量位列前十,但研究包括以色列在内的整个西亚国家的文章一共只有 12 篇,不及南亚和东南亚的 1/3。因此,法律人类学较少关注西亚北非地区应该是一个不争的事实。那么,其背后的原因是什么?这个问题可能比较复杂。而本书尝试提供的答案是:这可能与人类学的特点和功能有关。人类学在创设之初(当然也包括今天)与国家战略一直有着密切的联系。比如,人类学最早对于英国来说,是为了探索未知。而西亚北非地区的居民以阿拉伯民族为主,西方世界对此已经有了一定程度的了解。西亚北非地区适用的伊斯兰法也是传统意义上伊斯兰学与比较法学的研究领域。而"非洲研究"通常更多地指向撒哈拉以南非洲地区。由此,我们可以发现,对于非洲而言,人类学与比较法有着一个默契的划分。撒哈拉以北是比较法的领地,撒哈拉以南才是人类学的区域。与此有关,笔者还有一个有趣的发现:苏丹是北非(阿拉伯人)与撒哈拉以南非洲的边界,所以研究苏丹境内土著民族的《努尔人——对一个尼罗特人群生活方式和政治制度的描述》(以下简称《努尔人》)[1]成为早期人类学的经典之作可能并非偶然。因为从整体上看,西亚北非地区也是人类学较少关注的区域。

第二,从地区上看,主要关注世俗化程度较高的国家。通过上文的梳理,我们可以明显看出,法律人类学主要关注摩洛哥、黎巴嫩、以色列等国。尤其是摩洛哥,可以说是法律人类学在西亚北非地区为数不多的一个热门国家。究其原因,应

---

[1] 参见[英] E. E. 埃文思-普里查德:《努尔人——对一个尼罗特人群生活方式和政治制度的描述》,褚建芳译,商务印书馆 2014 年版。

该与这些国家的世俗化程度较高有关。世俗化程度越高,对于需要开展田野调查的人类学家而言,研究的便利程度也就越高。另外,世俗化程度较高也意味着这个国家较多地受到了欧美国家的影响,因而呈现出的法律多元现象也就比较显著,对于法律人类学研究而言这无疑有着很强的吸引力。当然,正如上文所述,人类学研究与国家战略有关。人类学家需要前往遥远的"他者社会"开展长时间的田野调查,非常需要国家提供相应的资金作为支持。所以,在西亚北非地区,法律人类学家在选择田野地点时无疑也有着为国家战略服务的意识。比如,自20世纪60年代兴起的研究以美国学者为主。出于战略利益的考虑,美国较为关注中东地区,所以也愿意资助相应的人类学研究。而近20年来,关注西亚北非地区的法律人类学家则以法国、荷兰、德国等地的欧洲学者为主,这显然与大量的北非移民涌入欧洲有关。

第三,从议题上看,一直位于学科前沿。尽管数量上并不多,但从研究的议题上看,法律人类学的西亚北非研究一直位于学科前沿,甚至在某种程度上引领着学科发展。比如,20世纪60年代,由纳德及其弟子提倡的纠纷解决类型学试图将法律人类学从"规则中心范式"转移至"过程主义范式"。他们也实现了这一目标。更为重要的是,这种关注纠纷解决过程的研究更容易与法律的其他实证研究进路开展对话。正如理查德·埃布尔(Richard Abel)为斯塔尔的专著《土耳其乡村的纠纷与处理:一个法律民族志》(印度版)写的导论中所提到的:"斯塔尔关注的问题是当代法律(与)社会研究的核心议题:碰撞问题、行动中的法、法律与分层的关系、不同社会类别和不同类型案件中法院的选择、纠纷过程的性质——冲突如何产生、避免和解决的。"[1] 换言之,这种研究为法律人类学同法律社会学开展学术对话创造了契机。再如,罗森所提倡的法律文化研究更加具有开创性意义,它展示了人类学的法律研究具有改变比较法等学科的传统认知与思维模式的强大潜力,对于此后法律人类学在其他地区的研究有着很大启发。近年来的法律多元维度的研究也几乎涉及了目前法律人类学主流研究的所有块面,且由于涉及宗教法,其呈现出的法律多元样态也更加复杂。

第四,从方法上看,采用民族志方法,且有明显的比较倾向。从方法上看,法律人类学在研究西亚北非地区时使用的是人类学最经典的研究方法——参与式观察。具言之,人类学家选择某一处或某几处地点作为田野调查的对象,学习当地人的语言,通过长期的参与式观察,记录、描述当地人的法律实践,并试图达到对当地人法律的一种理解。尽管这种方法是整个人类学都在使用的基础方法,但一旦将其与其他学科作对比就会呈现出明显的学科特色。这种法律民族志研究较比较法学或者关于法律的其他研究进路而言,更加关注地方性和局部,呈现出的法律实践状态也更为细致和生动。另外,尽管法律人类学是一种个案、局部研究,却并不排斥比较式或全局式的提炼,而且在某种程度上讲,法律人类学就是一种比较法研究。[2] 上文所提到的纠纷解决类型学、法律文化以及法律多元维度等研究进路或多或少都有着比较的倾向。比如,《调解与社会:黎巴嫩的冲突控制》一书就试图总结出人类社会纠纷解决的基本规律。笔者作为一位中国

---

[1] Richard Abel, Introduction to the Indian Edition, in June Starr, Law and Social Transformation in Aegean Turkey, Skinnycats Inc., 1979, p. 1.
[2] 关于这种特点,参见本书第四章第三节。

学者,在阅读该书所提到的案例时总是联想到中国传统的纠纷解决方式。它带给我们的启发是,纠纷解决可能无关地域,而是一个和经济发展及其复杂程度有关的问题。因而,这种带有强烈比较色彩的民族志研究可以丰富我们对人类社会纠纷解决的认识。

三、总结与启示

通过上文的梳理和提炼,我们对于法律人类学的西亚北非研究有了一个基本了解。回到本节最开始提出的问题,法律人类学针对西亚北非的研究是否形成了一种独特的研究范式?或者,研究区域对于法律人类学是否有着决定性影响?

笔者的一个初步结论是:没有。尽管上文提到,法律人类学的西亚北非研究在议题上一直引领着学科发展,但是引领学科发展并不代表形成了一种独特范式。所谓独特范式,在区域国别研究领域,应该是指某种研究范式只适用或主要适用于某一地区。但我们发现,法律人类学在西亚北非地区所关注的这些议题同样出现在撒哈拉以南非洲、亚洲、拉丁美洲,甚至欧美本土。比如,本节重点介绍的"纠纷解决类型学"并不是一种仅存在于西亚北非地区的研究范式。在20世纪70年代,这种研究范式同样出现在非洲和北极地区。[1]

---

[1] 比如,迈克尔·索特曼(Michael Saltman)针对肯尼亚的基普西基人的习惯法研究就使用了这种方法。See Michael Saltman, The Kipsigis——A Case Study in Changing Customary Law, Schenkman Publishing Company Inc., 1977;诺伯特·罗兰关于北极圈因纽特人斗歌的研究也与纠纷解决类型学类似。See Norbert Rouland, Les Modes Juridiques de Solution des Conflits Chez les Inuit, Études Inuit Studies, Vol. 3, 1979.

更进一步讲,法律人类学并没有针对某一局部地区的特定范式,因为它的独特性和核心关键还是在于研究方法,即长期的参与式观察。这种研究方法不会过多地受到地区变化的影响。既然法律人类学可以研究地方性知识,那么,法律人类学本身就不是地方性知识。法律人类学之于区域国别研究,其功能和贡献可能主要在于方法的特殊性。相较于其他研究法律的学科,法律人类学能够对不同国家和地区的法律作出一种生动的比较和细致的呈现。

第三章　法律人类学的研究方法

　　同其他学科相比，人类学在研究方法上的自我审视与反思显得尤为自觉和深入。在早期阶段，人类学能够作为一门独立的学科崭露头角在很大程度上得益于它找到了自己独特且专属的研究领域——那些遥远而神秘的"他者社会"。人类学家通过深入那些社会，记录、描述和分析那里的文化现象，逐渐构建起人类学的知识体系。然而，随着时间的推移，特别是在第二次世界大战之后，人类学的发展不再仅仅局限于对异域文化的关注；相反，它开始更加注重研究方法的创新和完善。可以说，第二次世界大战以后，人类学这门学科安身立命的根本已经不再是单纯对"他者社会"的探索，而是其独特且富有创新性的研究方法。

　　法律人类学作为人类学的一个重要分支，其研究方法自然源自人类学。但同时，由于法律人类学的研究对象——法律——本身具有极强的规范性和实践性，所以其研究方法也在不同程度上受到了法学的影响。从整体上看，法律人类学主要采用了民族志的研究方法，通过深入实地进行参与式观察，记录和分析法律在特定社会和文化中实际运作的情况。而搭建民族志的具体技术，则经历了对"个案研究"的不断改造、完善和突破。研究者们不再满足于简单地描述个案，而是开始更加注重对个案的拓展和比较，并力求通过个案提炼出理论。此外，我们也要明白,研究方法并不是孤立存在的。它与研究旨趣、研究目的、研究立场等其他研究范畴之间存在着密切的结合关系。这一点在法律人类学的研究方法中表现得尤为明显。研究方法不仅展现了法律人类学的研究旨趣以及对法律的理解方式,还在一定程度上反映了人类学与法学之间的学科关系。

第一节 整体方法:法律民族志

一、法律民族志的起源与定义

众所周知,民族志是人类学最为经典的研究方法,是人类学研究的"独家标志"。这种方法具体是指:基于实地调查与建立在人群中第一手观察和参与之上的关于制度及其文化的描述,理解和解释这种制度和文化,并提出理论的见解。这种方法是人类学开展讨论的前提和基础。但一开始,人类学并没有使用这种方法讨论法律问题。比如,梅因曾在印度工作 7 年,摩尔根也调研过纽约州州内的印第安易洛魁部落,但是他们的研究都没有以实地调查所获得的资料为重点。所以,至少从研究方法上看,此时的人类学的法律研究或法律人类学研究与德国法学家阿尔伯特·波斯特(Albert Post)、约瑟夫·科勒(Joseph Kohler)所开展的早期比较法研究并无二致。[1]

到了 20 世纪初期,理查德·图恩瓦尔德、罗伊·富兰克

---

[1] 参见[德]茨威格特、[德]克茨:《比较法总论》,潘汉典等译,中国法制出版社 2016 年版,第 105 页。

林·巴顿等学者开始尝试根据田野调查撰写与法律相关的民族志作品。后来,马林诺夫斯基以其强烈的方法论自觉展示了法律民族志方法必须具备的三个要素,包括深入参与当地人的生活以求获得对其法律制度和文化的深度理解、长期居住从而为当地人所接纳以及掌握足以进行有效研究的当地人的语言而不依靠翻译。[1] 从此以后,所有人类学家在从事法律研究时,都必须参照马氏的标准,需要在当地生活至少1年,不能使用翻译,需要掌握当地人的语言,并以此为基础完成法律民族志。法律民族志不仅是一种方法,也是一种写作文本。有无法律民族志也是判断某项研究是否属于法律人类学研究的标准。

法律民族志或民族志研究的核心是参与式观察。那么,究竟什么是参与式观察?通过参与式观察来了解法律的实际运作又会看到什么?我们以当代的一部典型法律民族志作品《诉讼的话语——生活在美国社会底层人的法律意识》为例做一番展示。在这本书中,梅丽介绍了一个名为"吉姆和玛克斯一家的纠纷"的案例。由于这个案例很长,此处仅做一些摘录,以求大致复述。这个案件是由吉姆和玛克斯一家的争执开始的:

> 吉姆是一个15岁的男孩,有几个邻居说他欺负别人,是调皮捣蛋的孩子。而玛克斯一家总是自我感觉良好,邻居们对他们家很冷淡。玛克斯一家特别反感吉姆,但一直忍着,已经有好几年了。从吉姆家穿过一条街就到玛克斯家了。玛克斯一家给邻居们的印象就是他们总认为自

---

[1] See Elizabeth Mertz and Mark Goodale, Comparative Anthropology of Law, in David S. Clark ed., Comparative Law and Society, Edward Elgar Publishing Limited, 2012, p. 81.

己比其他邻居要好。这家的父母都是教师,两个女儿都在私立学校读书。虽然他们还想搬出去,但没有那么多钱,不高的利息和房屋价格使他们继续住在这里。冲突已经有很长时间了,邻里间的关系比较紧张,但又无法躲避。

在一个初夏的晚上,吉姆和一群十一二岁的朋友聚集在玛克斯家门前的人行道上,这是他们打完棒球回家的路上喜欢去的地方。那天晚上,他们开始有节奏地反复喊玛克斯一家的名字,还用球棒击打用链子连接的篱笆和屋前的信箱。玛克斯一家十分恼火,但还是强压住了怒火。

由于担心类似的事情会没完没了,玛克斯一家到了法院,对这5个孩子提出了起诉的申请。这家人对其中每一个孩子都提出了"骚扰和侵犯"的指控。在申请表上,他们是这样描述这件事的:"用球棒和棍子敲打我们用链子连接的栅栏。摇晃链子试图把它弄断。喊叫我们的名字并且骚扰。"

这5个孩子的家庭收到了调解机构的通知,声称给他们一个调解机会以避免法庭的进一步介入,这使他们感到很愤怒。信是用法庭固定的格式写的,如其中一位家长所说,信中包含"很多法律语言"。一位家长气愤地说玛克斯一家在申请起诉之前都没有和他们谈过。很明显,他们都把起诉看成矛盾的扩大化,有一位被指控的邻居说发生这种问题也要让法庭调解不是一个好办法,因为"你不要让政府和法庭出面管这种事,一旦你起诉了某人,他们对你就不客气了,这之后唯一的选择就是上法院打官司"。

在调解会上,调解员要求双方各自陈述。在谈论的过程中显现出了阶层差异。比如,吉姆的母亲问玛克斯夫妇:

"你知道为什么你们这些受过教育的教师会被所有的孩子讨厌吗?你们应该善于和孩子们相处,但你们一定做了什么事让他们都反感。"

在和孩子们的单独谈话中,有个孩子对玛克斯先生很不满:"他认为那个人行道是他的,我们打的那个信箱就立在人行道上。"玛克斯先生也和调解员进行了单独的谈话,他说他认为反复地喊一个人的名字特别具有侵犯性,因为他是犹太人,这使他想起了纳粹德国。他没有对其他家庭提过此事,只和调解员说了。

讨论了几个小时之后,双方同意以后互不干涉,玛克斯夫妇也同意撤销起诉。被告的家庭拒绝签什么协议。调解会后,这些孩子的家长们不再和玛克斯一家说话了。[1]

应当说,这个案例不是什么重大的矛盾或冲突,而且也没有呈递给法庭,在调解阶段就已经结束了。但是通过这个案例,梅丽揭示了法律程序背后复杂的社会动态。这起邻里纠纷案,表面上是关于财产侵犯和噪声扰民的冲突,实则暗含了社会阶层差异与微观文化的对抗。玛克斯一家作为受过高等教育的教师,自视高于邻居,长期疏离社区,最终选择诉诸法律以维护"财产边界"。而其他家庭则将此视为阶层优越感的体现,认为玛克斯夫妇"不近人情",甚至将起诉行为解读为对邻里关系的背叛。

正如案例所显示的,为了获得这些信息,梅丽使用了访谈的

---

[1] [美]萨利·安格尔·梅丽:《诉讼的话语——生活在美国社会底层人的法律意识》,郭星华、王晓蓓、王平译,北京大学出版社 2007 年版,第108—111页。

方法。我们可以知道,梅丽对玛克斯一家、被起诉的 5 个孩子的家长、包括吉姆在内的几个孩子、调解员都做了访谈,或者至少做了简短的交流。但是,笔者想强调的是,如果只有访谈或者阅读调解卷宗,肯定无法有如此深刻的洞察。这个案例中的很多细节是无法通过访谈获得的,而只能依靠人类学式的参与式观察,比如调解会上所有人的发言。如果不参与旁听肯定无法知晓。又如,梅丽提到:

> 玛克斯一家特别反感吉姆,但一直忍着,已经有好几年了。

通过访谈大致可以知道玛克斯一家不喜欢吉姆,但是在这里,梅丽使用的措辞是"特别反感"以及"一直忍着"。这种强烈的情绪只有通过对玛克斯一家的持续关注,以及努力捕捉玛克斯一家不经意间流露出的态度才能感受得到。再如:

> 从吉姆家穿过一条街就到玛克斯家了。

这句表述看似不起眼,实则非常重要。其英语原文是,"The Marks lived across the street from Jim"[1]。这里的"lived across"表示"住在对面"。"住在对面"意味着什么?是不是"抬头不见低头见"?如果研究者不亲自到现场观察,不站在玛克斯一家的门口,是无法想象出"邻里间的关系比较紧张,但又无法躲避"

---

[1] Sally Engle Merry, Getting Justice and Getting Even: Legal Consciousness among Working-Class Americans, The University of Chicago Press, 1990, p. 81.

所带来的压力、无奈与愤懑的。此外,也就能够理解这一次玛克斯一家终于忍无可忍决定诉诸法院的原因。还有:

> 调解会后,这些男孩的家长们不再和玛克斯一家说话了。

想要了解纠纷解决之后双方当事人的关系,只通过访谈也是不够的。这句判断说明,梅丽继续跟踪观察了这几户人家较长一段时间。这种跟踪观察是非常必要的。没有跟踪观察,就无法得出这种判断。而这种判断又是非常重要的,因为它展示了纠纷进入法院之后对于人际关系的影响。在美国的社区,也有类似传统中国中的"一旦打官司就等于撕破脸皮"的诉讼文化。

综上,参与式观察的价值正在于此:它能够穿透法律文本的抽象性,还原诉讼或纠纷作为"社会剧场"的本质,让研究者得以目睹法律如何被具体的人、在具体的情境中用以标记身份、划定边界,乃至重构人际关系。当然,法律民族志研究方法所要求的参与式观察不是短期的、随机的,而需要长期性。我们可以想象,对类似"吉姆和玛克斯一家的纠纷"的案例,梅丽肯定做了大量的、长期的观察和记录。由此,她才能进一步得出如下判断:"这是一个关系并不密切的居民区。"[1]

二、法律民族志的类型[2]

按照上文的介绍,我们可以为法律民族志下这样的定义:以

---

[1] [美]萨利·安格尔·梅丽:《诉讼的话语——生活在美国社会底层人的法律意识》,郭星华、王晓蓓、王平译,北京大学出版社2007年版,第106页。

[2] 本小节曾以《法律民族志写作的四种范式》为题发表于《中国社会科学报》2023年3月8日第5版。与原文相比,此处作了一定程度的改动。(转下页)

参与式观察为基础的关于某一特定对象的法律制度及其文化的描述。它既是一种倾向定性的研究方法,又是一种具有典型人类学特征的写作范式。在百年的发展过程中,这种写作范式按照行文结构的不同又可以分为四种具体类型:概览式、司法式、过程式和观念式。

第一,概览式。顾名思义,这是一种试图涵盖整个法律体系的写作范式。具言之,它按照现代部门法的体系,逐一介绍特定对象的宪法、民法、刑法、程序法等法律制度。一般认为这种类型的开山之作是本书之前提到的《伊富高法》。无独有偶,布鲁诺·古特曼的《查加人的法》也采取了这种范式,依次介绍了坦桑尼亚查加人法律的各个方面的内容。那么,这些学者为什么要采取这种大而全的写作范式呢?可能是因为20世纪50年代以前[1]的人类学或法律人类学研究带有明显的"猎奇"色彩,为了向现代社会介绍极富地方特色的部落社会习惯法,同时也为了证明这种习惯法并不"低级",所以倾向按照现代部门法体系尽可能全面地展示部落社会的法律制度。需要指出的是,由于部落社会往往没有文字,不存在成文宪法,所以概览式法律民族志中的"宪法"其实是部落社会的基本政治结构,比如酋长制

(接上页)尤其需要指出的是,对于第四种类型,笔者最早将其命名为"话语式",但总是觉得不够贴切,也缺乏概括力。所以,在这里,笔者将"话语式"更名为"观念式"。

[1] 实际上,在20世纪50年代以后,依然有零星的"概览式"作品。比如,埃文思-普里查德的弟子保罗·菲利普·豪厄尔(Paul Philip Howell)于1954年出版的《努尔法律指南》就是一部典型的"概览式"法律民族志作品。See Paul Philip Howell, A Manual of Nuer Law: Being an Account of Customary Law, Its Evolution and Development in the Courts Estabilshed by Sudan Government, Oxford University Press, 1954.

度。而这种政治制度也是政治民族志的写作内容,所以此时的法律民族志和政治民族志有重叠之处。此外,"概览式"并不需要研究纠纷解决的实际案例,各种法律部门的习惯法既可以通过长时间的观察来了解,也可以通过询问部落成员的方式来获取,因而依靠翻译也可以完成。

第二,司法式,即主要围绕司法裁判展开。这种模式的开山之作就是本书已经多次提到的《夏延人的方式》。该书通过司法裁判的案例展示了印第安人的"法律方式",包括村落组织、军事协会、凶杀、婚姻关系、财产与继承等。由此也可以看出,这部法律民族志作品也试图较为全面地呈现研究对象的法律体系。此外,沃特森·史密斯(Watson Smith)和罗伯茨(John M. Roberts)的合作作品《祖尼法:基于价值的场域研究》[1]、保罗·博安南的《提夫人的正义与审判》、波斯比西的《巴布亚卡保库人和他们的法律》同样罗列了婚姻法、继承法、刑法等多种部门法制度。但是,这种写作类型与"概览式"相比,还是有着显著的差异:其所介绍的部门法制度几乎来自对司法审判的现场观察,或者至少源于法官们的口述式回忆。换言之,司法式关于法律规则的介绍均有实际案例作为支撑,所以它的法律描写也更加生动和形象。现场观察司法审判也要求学者们必须掌握当地人的语言,不能再依靠翻译了。此外,也由于这种范式观察到了法律规则的司法适用,所以相较概览式,其在最后的结论部分往往能够作出进一步的学理探讨。而马克斯·格拉克曼在《北罗德西亚巴罗策人的司法程序》中甚至通篇围绕司法裁判

---

[1] See Watson Smith and John M. Roberts, Zuni Law: A Field of Values, Peabody Museum Press, 1954.

的学理展开讨论,具有非常明显的"法学"研究特征。由此,法律民族志与政治民族志逐渐分道扬镳,这也标志着法律人类学开始走向独立的发展之路。[1]

第三,过程式。这种写作范式依然关注纠纷解决,但与司法式的区别在于,其重点考察的是法庭之外的纠纷解决,即社会如何处理纠纷,纠纷的处理结果对个人和社会产生了哪些影响?要想讨论这些问题,学者们必须走出有着固定地点的法庭,深入社会,以纠纷发展的前因后果为线索,观察法律发挥其定分止争功能的实际过程。比如,格列弗(P. H. Gulliver)在《一个非洲社会的社会控制》中,重点描述了坦桑尼亚阿鲁沙人(Arusha)的纠纷解决程序,包括纠纷解决的场所、公共集会的程序、相互能够接受的协议、关联关系人之间的纠纷解决、非关联关系人之间的纠纷解决等问题。[2] 又如,克劳斯-弗里德里希·科赫在《贾勒莫人的战争与和平:新几内亚高地的冲突管理》中区分了三种类型的冲突与冲突管理,分别为亲属之间的冲突、邻居之间的冲突、陌生人之间的冲突[3];博温托·迪·苏萨·桑托斯(Boaventura de Sousa Santos)深入一个名为帕萨嘎达的巴西贫民窟,详细考察了其居民协会预防纠纷与解决纠纷的过程,进而

---

[1] 当然,后来法律民族志(人类学)与政治民族志(人类学)又走向了融合。参见本书第四章第二节。

[2] See P. H. Gulliver, Social Control in an African Society: A Study of the Arusha: Agricultural Masai of Northern Tanganyika, Routledge & Kegan Paul, 1963.

[3] See Klaus-Friedrich Koch, War and Peace in Jalémó: The Management of Conflict in Highland New Guinea: The Management of Conflict in Highland New Guinea, Harvard University Press, 1974.

探讨了这一特殊社会环境下的合法性建构与再生机制。[1]

由此,我们可以发现,过程式法律民族志关心的不再是法律规则的类型和内容,而是这些法律规则在纠纷解决和社会控制中发挥作用的具体方式。也正是因为这种研究不再关心法律规则的具体内容和地方特色,所以其也更容易提出一些具有普遍意义的学术观点,比如,人类学的冲突解决理论、调解的九大准则等。此外,这种范式也更便于同法律社会学等其他法律研究进路展开对话。

第四,观念式,即把法律当作一种观念意识来研究。比如,梅丽在《诉讼的话语——生活在美国社会底层人的法律意识》中提到,该书"摆脱了人类学研究中常规的社区、制度、家庭的分类。笔者组织材料的原则是人们求助法院的方式……需要建立一些情境,比如法院及其运作,求助法院的人们所居住的城镇,这些问题发生地附近的居民区,劳工阶层的社会历史,劳工阶层的文化等"[2]。此外,康利与奥巴在合作完成的《规则与关系:法律话语的民族志》《法律、语言与权力》[3]中关注的也是法律话语所体现出来的对于法律的观念和认识。伊丽莎白·默尔茨认为,这两部作品提供了一种此前三种范式都没有尝试过

---

[1] See Boaventura de Sousa Santos, The Law of the Oppressed: The Construction and Reproduction of Legality in Pasargada, Law & Society Review, Vol. 12, 1977, pp. 5–126.

[2] [美]萨利·安格尔·梅丽:《诉讼的话语——生活在美国社会底层人的法律意识》,郭星华、王晓蓓、王平译,北京大学出版社2007年版,第6—7页。

[3] 参见[美]约翰·M. 康利、[美]威廉·M. 欧巴尔:《法律、语言与权力(第二版)》,程朝阳译,法律出版社2007年版。

的研究视角,即"法律语言在社会权力实践过程中发挥作用的方式"[1]。当然,必须指出的是,他们的话语研究还是围绕着纠纷解决展开的。还有一些学者则跳出纠纷研究的束缚,比如,罗斯玛丽·J.库姆比(Rosemary J. Coombe)在1998年出版的《知识产权的文化生活:作者身份、挪用与法律》一书中,全面而深刻地探讨了知识产权的文化生活及其多维度影响。她认为,知识产权不仅仅是法律领域的概念,更是深深植根于特定文化背景中的社会现象,其创作、传播和使用均受到文化因素的深远影响。该书详细分析了法律如何塑造和影响知识产权的文化生活,同时强调了文化对法律的反作用。此外,该书还在全球化背景下探讨了知识产权的跨文化传播和使用问题,以及本土化在其中的重要作用。[2] 与探讨的主题有关,该书的目录也很有特色:

  第一章 财产的客体与政治的主体
  第二章 授权名人:产生另类身份
  第三章 侵占策略与侵占政治
  第四章 体现商标:模仿和替代
  第五章 文化属性与拥有身份的政治
  第六章 对话式民主之一:公共领域的权威与互动
  第七章 对话式民主之二:政治空间中的交替与表达

---

[1] Elizabeth Mertz, Language, Law, and Social Meanings: Linguistic/Anthropological Contributions to the Study of Law, Law & Society Review, Vol. 26, 1992, p. 440.
[2] See Rosemary J. Coombe, The Cultural Life of Intellectual Properties: Authorship, Appropriation, and the Law, Duke University Press, 1998.

这充分说明，摆脱了纠纷研究束缚的法律民族志在写作模式上也更加"自由"，可以随意地围绕研究主题来安排著作的篇章结构。至少从目录上看，我们很难一眼识别出这是一部法律人类学研究作品。从整体上看，观念式法律民族志并没有统一的篇章结构，甚至很难仅仅通过目录就将其归为某一种类型。

此外，观念式也不再突出过往人类学作品中的地方性或者单一地点特征，以至于其与法律社会学的区别也不再显著。对于罗斯玛丽·库姆比来说，其已经不能继续固定在类似特罗布里恩德群岛那样的单一田野了。因为知识产权的"文化生活"可谓无处不在，只要有商标或品牌标志的地方就是她的田野。所以，观念式的法律民族志研究从方法上讲有些接近马尔库斯所提倡的多点民族志。巧合的是，马尔库斯也在1998年出版的著作《厚薄民族志》中详细阐述了这种研究方法。[1] 而后，"梅丽在探索性别暴力问题为何在20世纪八九十年代被定义为人权问题，并在21世纪初蓬勃发展的创新性研究当中，率先尝试将多点民族志方法引入了人权研究领域"[2]。在《人权与性别暴力：将国际法转化为地方正义》一书中，梅丽对美国、斐济、中国、印度等国家和地区做了参与式观察，进而展现了规制性别暴力的人权运动的全球实践。[3]

以上四种法律民族志范式从时间上看大致具有递进关系。

---

[1] See George E. Marcus, Ethnography through Thick and Thin, Princeton University Press, 1998.

[2] 戴溪瀛：《梅丽法律人类学理论、方法与思想研究》，云南大学2023年博士学位论文，第256页。

[3] See Sally Engle Merry, Human Rights and Gender Violence: Translating International Law into Local Justice, The University of Chicago Press, 2006.

不同的范式对于研究方法、翻译与语言习得、参与式观察的频率和程度、篇章布局的想象力有着不同的要求。一方面,从概览式发展到观念式,法律民族志更加关注法律在社会生活中的运行状态和表现形式,也更加积极地试图提出带有普遍主义特征的学术观点。另一方面,四种范式也各有千秋。比如,最早出现的概览式实际上发挥了一种相对客观的记录和保存功能,而司法式则可以最大限度地彰显法律人类学的研究特征,可以规避同政治人类学或法律社会学趋同的"风险"。对于当代法律人类学研究者而言,既可以根据其研究目的或宗旨精心选择某一种范式,也可以将某几种范式结合起来,推动法律民族志的创新与发展。

第二节　内在技术:个案的扩展[1]

就研究方法而言,民族志是运用各种技术或技巧收集田野资料的整体方法。人类学不同的分支学科使用的技术或技巧也有差异。就法律民族志而言,其收集资料的技术主要围绕纠纷展开。正如上文所述,早期人类学主要研究习惯法,收集资料其实颇有难度。因为口述习惯法既不像成文法典、卷宗材料那样可供阅读,也不像政治组织、经济活动、宗教仪式那样可以直接用肉眼观察、记录。所以,为了解决这个难题,人类学借鉴法学尝试使用了"个案研究"方法。

---

[1] 本节曾以《法律人类学个案研究的历史困境与突破》为题发表于《民族研究》2017 年第 1 期。与原文相比,此处作了一定程度的改动。

从某种程度上讲,法律人类学的研究史就是个案的研究史。不过,作为一种研究方法的"个案研究"的历史比现代意义上的法律人类学还要早上一百年。有学者认为,1829年法国社会学家弗莱里克·勒·普雷(Frederic Le Play)首次将"Étude de cas"引入社会科学研究[1],翻译为英语是"Case Study",中文一般翻译为"个案研究"。这是几乎被社会科学各个学科使用的一种质性研究方法,但是法律人类学研究在使用这一方法时却出现了混淆。因为,"case"在英语中是一个多义词,既可以表示"an example of a particular situation or of something happening",也可以表示"a question or problem that will be dealt with by a law court"[2],前者表示"例子",后者意指"案例"或者"案件"。"个案研究"是否就是"案件研究"?法律人类学长期受困于此,在探索和反思的过程中依次出现了"问题个案"、"扩展个案"(Extended Case Study)、"日常个案"(Trouble-less Cases)三种个案研究方法。

一、作为个案研究的法律民族志

如前所述,马林诺夫斯基的《原始社会的犯罪与习俗》并没有提及太多的案件[3],而且均集中于"原始社会犯罪学"中的自杀案。对马氏而言,这些自杀案例并非此书讨论的重点,因

---

[1] See Sister Mary Edward Healy, C.S.J., Le Play's Contribution to Sociology: His Method, The American Catholic Sociological Review, Vol. 8, 1947, pp. 97-110.
[2] 参见朗文当代高级英语辞典在线版,http://www.ldoce-online.cn/dictionary/case,最后访问日期:2015年7月21日。
[3] 参见[英]马林诺夫斯基:《原始社会的犯罪与习俗》,原江译,云南人民出版社2002年版,第50—74页。

而他介绍得非常简单,且有不少都是陈年旧事。但是这丝毫不影响它成为法律人类学个案研究最初的范例,因为法律民族志本身就是一种个案研究。近年来一直从事方法论研究的美国学者克里斯韦尔(John W. Creswell)在《质的研究及其设计方法与选择》一书中将民族志方法与个案研究进行了对比,见图3-1:

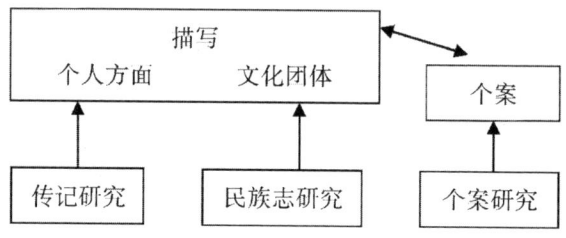

图 3-1　民族志研究与个案研究比较[1]

我们可以发现,在比较的层面上,所谓个案研究,简言之,即以一个完整的单位作为研究对象,此单位可以是一个人、一个家庭、一个社会团体、一个社会机构或者一个社区。其目标在于了解接受研究的单位,重复发生的生活事项或重要部分,进行深入探讨与分析,以解释现状或描述探索足以影响其变迁及成长诸因素的互动情形。[2] 因而,强调以某一个体单位为研究对象且同为质性研究的"民族志"与"个案研究"出现了某种程度的重合。或者说,"民族志"是人类学为"个案研究"方法开拓出的一种类型。所以《西太平洋的航海者》又被视为个案研究历史

---

[1] See John W. Creswell, Qualitative Inquiry and Research Design: Choosing among Five Traditions, Sage Publications, Inc., 1998, p. 98.
[2] 参见王文科:《教育研究法》,五南图书出版公司1999年版,第387—389页。

上的一部具有里程碑意义的著作。[1] 而它的姊妹篇,稍晚出版的《原始社会的犯罪与习俗》也毫无疑问是一部个案研究的作品,这部法律民族志在方法论上的意义在于,法律人类学的个案研究并不等于关于纠纷或冲突的案件研究,因为法律民族志本身就是一种个案方法。不过,可能马氏自己都没有意识到这一点,也难怪后人绕了一大圈,才又回到他的起点。

二、问题个案

继马林诺夫斯基,法律人类学史上承前启后的一位学者就是美国人类学家霍贝尔。他为此后数十年的法律人类学研究创立了一种标准的研究方法——"问题个案研究法"。本书前文已经多次提到这种研究方法了。这里还是再做简要介绍。所谓"问题个案",是指将一起案件(由冲突或纠纷引起)及其解决过程作为研究对象,包括对案情梗概、双方当事人诉求的记录和展示,对处于权威地位的第三方裁决的解释和分析,目的在于通过"程序法"的论述来发现"实体法"意义上与法律相关的制度规则,从而构建一个类似西方的"法律体系"。这是第二代法律人类学家所采用的最主要的研究方法。

1954年,霍贝尔出版了《原始人的法》这部更为汉语学界所熟知的作品。而之所以熟知,是因为它是改革开放之后第一本被翻译成中文的西方法律人类学著作。[2] 但是西方法律人类

---

[1] 参见卢晖临、李雪:《如何走出个案——从个案研究到扩展个案研究》,载《中国社会科学》2007年第1期。
[2] 参见[美]E.霍贝尔:《原始人的法》,严存生等译,贵州人民出版社1992年版;[美]E. A. 霍贝尔:《初民的法律——法的动态比较研究》,周勇译,中国社会科学出版社1993年版。

学界对它的评价却远没有我们想象中那么高。[1] 除了会让人联想到进化论的研究视角，《原始人的法》在西方法律人类学界评价不高的主要原因在于，其很难称得上是一部法律民族志作品。因为该书所使用的资料，除了科曼奇人问题个案，其他如阿散蒂人问题个案、凯奥瓦人问题个案都不是作者亲自调查的。换言之，皆是"二手"资料。不过，严格来讲，《夏延人的方式》中的个案材料也并非都是霍贝尔亲自收集的，而是他根据当地老年人的口述回忆所完成的，所以也被称为"记忆中的个案"。[2]

与之相比，与《原始人的法》几乎同时问世的《北罗德西亚巴罗策人的司法程序》在研究方法上却更为"进步"，它是由格拉克曼在北罗得西亚进行 27 个月的田野调查的基础上写就的法律民族志作品，包括了大量亲眼所见的"问题个案"。作为学界前辈的霍贝尔曾专门为此作了一篇书评，认为这种"关于原始法律的个案研究，在整个英美学界尚属首创"[3]。格拉克曼在书中一共展示了 59 则案例。每则案例都有标题，比如"返回花园的索赔"（案例 2）、"王子的花园"（案例 3）、"移民租赁土地"（案例 4）、"好色的丈夫"（案例 5）、"大老婆的做证"（案例 6）、"过分的鱼贩"（案例 7）、"河马猎人"（案例 8）、"无用之地"（案

---

[1] See Robert M. Hayden, Rules, Processes, and Interpretations: Geertz, Comaroff, and Roberts, American Bar Foundation Research Journal, Vol. 9, 1984, pp. 469-478; Chris Fuller, Legal Anthropology,: Legal Pluralism and Legal Thought, Anthropology Today, Vol. 10, 1994, pp. 9-12.

[2] See Laura Nader and Harry F. Todd Jr. eds., The Disputing Process: Law in Ten Societies, Columbia University Press, 1978, p. 5.

[3] E. Adamson Hoebel, Review of the Judicial Process among the Barotse of Northern Rhodesia by Max Gluckman, The University of Chicago Law Review, Vol. 23, 1956, pp. 546-549.

例9)、"喜欢惹事的教师"(案例10)[1],这些案件都是因当事人之间发生纠纷而提交到了当地土著的库塔法庭,所以都是"问题个案"。

两年之后,保罗·博安南出版的《提夫人的正义与审判》是继格拉克曼的作品之后法律人类学界中第二部以直接田野调查为基础完成的法律民族志作品。博安南在书中共罗列了73则案例,同样也都加上了编号和标题,比如"1号:Gabivaa诉Kwentse要回自己的妻子""2号:Akpalu因一头雌山羊诉WanDzenge""3号:MbaTyuna对其丈夫的离婚之诉""4号:Lankwagh诉Dagba,因为后者拐跑前者的孩子""5号:一位丈夫诉妻子的监护人索要聘礼""6号:关于一个孩子的监护纠纷""7号:已经审理完毕的吉尔(Jir)[2]但未解决的债务""8号:一位父亲重新获得了对女儿的监护权""9号:一个男人因越权行为诉他的外甥""10号:离婚程序"。[3] 我们可以发现,除了博安南喜欢在案例的标题中直接显示当事人的姓名,"个案"的性质与上述格拉克曼的书中的案例并无本质区别,所以这同样是一部由"问题个案"组成的法律民族志作品。

而随后波斯比西的作品《巴布亚卡保库人和他们的法律》

---

[1] See Max Gluckman, The Judicial Process among the Barotse of Northern Rhodesia, Manchester University Press, 1955, pp. ix-xi.

[2] "吉尔"(Jir)是博安南所调查的提夫人法律制度中的一个核心词汇。"吉尔"可以指一个法庭,也可以指一桩案子。但是由于博安南坚持文化相对主义的立场,所以并没有在英语中为这个术语寻找一个对等的翻译。参见王伟臣:《法律人类学的困境——格卢克曼与博安南之争》,商务印书馆2013年版,第96页。

[3] See Paul Bohannan, Justice and Judgment among the Tiv, Oxford University Press, 1957, p. xi.

则把"问题个案"的研究发挥到了极致。首先,在数量上,波氏一共收集了176则案例,超过了博安南和格拉克曼在书中展示的案例数之和。其次,罗列方式几乎等同于现代意义上的司法判决书。最后,他通过对这些案例进行机械化的比对,总结了"法律"的四个特征,如果缺少了其中某一个特征,那么这些个案便不被认可为"案件"。[1] 我们可以发现,这种"问题个案"的研究似乎已经带有某些量化研究的性质,这其实体现了第二代法律人类学家共同的学术追求:从大量的个案(案件)中归纳出一般性规则,为无文字社会构建一个西方意义上的"法律体系"。这或多或少也是为了满足殖民统治或国家治理的需要。所以"问题个案"就是这种研究目的之产物。不过,需要再次强调的是,这里的个案其实是美国法学院的教学意义上的"案件"。将"个案"与"案件(纠纷或冲突)"混为一谈的"问题个案"真的是法学赠送的一件礼物吗?有学者并不这样认为:"很长一段时间,法律人类学中了美国法律现实主义以及所谓问题个案方法的魔咒,变成对冲突和纠纷处理过程的专门研究。这样就使它对广义社会和文化人类学的吸引力越来越低。"[2]

三、扩展个案

1949年,格拉克曼离开了牛津大学开始自立门户,其受聘为曼彻斯特大学人类学教授,并被授权可以按照其个人意愿组

---

[1] See Leopold J. Pospisil, Kapauku Papuans and Their Law: Yale University Publications in Anthropology, Dept. of Anthropology, Yale University, 1958, p. 272.

[2] [德]弗朗兹·冯·本达-贝克曼:《驯服还是杀掉这匹人头马?——关于法律人类学身份的几点思考》,王伟臣、张译元译,载吴大华主编:《法律人类学论丛(第4辑)》,社会科学文献出版社2016年版,第7页。

建人类学系。对于格拉克曼而言,最熟悉的仍然是他在北赞比亚罗兹—利文斯顿研究院的同事及学生,如伦纳德·爱泼斯坦(Arnold Epstein)、范·韦尔森(Van Velsen)、詹姆斯·米切尔(James Mitchell)以及维克多·W. 特纳(Victor W. Turner)等。于是,作为曼彻斯特大学人类学系主任的格拉克曼将他们招至麾下,著名的曼彻斯特学派开始形成,并逐渐发展壮大。[1] 除对拉德克利夫-布朗的结构功能主义的平衡理论有所突破外[2],曼彻斯特学派在方法论上还有一些重要反思,比如格拉克曼在 1959 年发表的题为《英国社会人类学中的民族志资料》[3]的演讲中提出了所谓的"扩展个案"。所谓"扩展个案",是指在"问题个案"的基础上加入历时性的维度,除了关注纠纷或冲突的解决过程,还着重考察纠纷或冲突的前因后果、背景及其影响。这种研究在追溯这些案件的时候,"不仅考虑内在的冲突,同时把宏观的权力结构、国家、世界历史背景等因素也考虑在内"[4]。这样一来,它的研究目的较"问题个案"就发生了较大的改变,它无意构建系统化的法律规则体系,而是力求在案件的前因后果中审视法律规则影响之下的社会关系。"扩展个案"被认为是曼彻斯特学派最重要的学术贡献。

尽管格拉克曼凭借"问题个案"的方法顺利地为赞比亚的

---

[1] 参见王铭铭:《功能主义人类学的重新评估》,载《北京大学学报(哲学社会科学版)》1996 年第 2 期。

[2] 参见张晓辉、王秋俊:《论曼彻斯特学派对人类学的理论贡献》,载《思想战线》2012 年第 6 期。

[3] See Max Gluckman, Ethnographic Data in British Social Anthropology, The Sociological Review, Vol. 9, 1961, pp. 5-17.

[4] 卢晖临、李雪:《如何走出个案——从个案研究到扩展个案研究》,载《中国社会科学》2007 年第 1 期。

巴罗策人构建了一个形式上与英美法相似的宏观法律体系,但是从宏观体系回到微观案件之后,他却发现了"问题个案"本身的重大缺陷:

> 很明确,现在对我而言,尽管我使用了许多个案,而且其中一些很长,但事实上,我所列举的都是一个个被提交至法庭的孤立案件。显然,每一个案件都不是凭空出现的,它们各自都有着漫长的故事;案件的当事人可能还会在一起生活,他们以后的交往不可能不受到法庭判决的影响。[1]

因而,想要观察到案件判决对于人际关系的后续影响,只能对"问题个案"进行扩展,亦即"扩展个案"。尽管格拉克曼发明了"扩展个案"这个概念并且专门撰文做了反思,但是在英国人类学界,率先将反思付诸实践的却是同属曼彻斯特学派的詹姆斯·米切尔。米切尔在1956年出版的《姚村:关于一个马拉维部落的社会结构的研究》中首次使用了"扩展个案"方法。[2]他描述了一场巫术在长达6年的时间中对于姚村的人际以及社区关系的影响。我们可以从中了解到姚村人是怎样根据形势的不同,出于各自的利益,拉帮结派,通过不断的占卜来完成他们的目标,并且做到心安理得的。一年后,格拉克曼的学生、曼彻斯特学派的又一位主将维克多·W. 特纳出版的《一个非洲社会

---

[1] Max Gluckman, Ethnographic Data in British Social Anthropology, The Sociological Review, Vol. 9, 1961, p. 11.

[2] See James Mitchell, The Yao Village: A Study in the Social Structure of a Nyasaland Tribe, Manchester University Press, 1956.

的分裂与延续》同样运用了"扩展个案"。[1] 格拉克曼的法律民族志同米切尔、特纳的作品相隔不足两年,且后两人均深受格拉克曼的影响,那么为什么他们可以使用在方法论上更为"先进"的"扩展个案",而格拉克曼没能做到?答案还是格拉克曼关注的是以纠纷或冲突为核心的"问题个案"。这种个案有明确的处理过程和规则,研究者只须搬个椅子每天坐在法庭旁听案件,似乎没有必要前往当事人的村落社区了解案件的来龙去脉,更没有必要在法庭作出判决之后追踪当事人的境遇。而米切尔和特纳关注的则是宗教、巫术以及象征,没有固定的场域(比如"法庭")和规则(诉讼程序),所以要求他们扩展事件的前因后果。

范·韦尔森在论文《扩展个案方法与情境分析》中从共时性与历时性的角度对过往社会人类学的研究作品做了回顾。他认为,格拉克曼与博安南在法律人类学的研究中所使用的"个案方法"仍然处于拉德克利夫-布朗与马氏所开创的结构功能主义体系中,是一种不考虑发展变化的共时性研究。而米切尔与特纳则将历史视角引入人类学的田野调查,这种历时性的"扩展个案"也可被称为"情境分析"(Situational Analysis)[2]。格拉克曼接受了这一批评,在 1967 年《北罗德西亚巴罗策人的司法程序》第二版的前言中,他表示,希望可以重返巴罗策,回访该书所记录的那些案件中的当事人,考察曾经的判决对他们的个人

---

[1] See Victor W. Turner, Schism and Continuity in an African Society: A Study of Ndembu Village Life, Manchester University Press, 1957.
[2] See J. Van Velsen, The Extended-case Method and Situational Analysis, in A. L. Epstein ed., The Craft of Social Anthropology, Tavistock, 1967, p. 141.

境遇以及人际关系究竟有没有以及造成了何种影响。[1] 但是此时已经独立的赞比亚不再欢迎类似的研究了。所以,格拉克曼对于未能将"扩展个案"方法用于他自己的法律人类学研究感到非常遗憾。

格列弗的《一个非洲社会的社会控制》则将其付诸实践。格列弗的田野调查有着明确的任务。坦桑尼亚梅鲁山(Mount Meru)地区的阿鲁沙人一直向政府抗议,因为土地严重短缺,数百个家庭没有任何土地,而这在农村地区意味着人们几乎无法生存。阿鲁沙人认为这都是政府过去的政策造成的,现在很多土地不是被森林覆盖,就是被外国农场主占领。于是殖民政府要求格列弗前往该地调查经济滞后和耕地短缺给阿鲁沙人带来的经济、社会问题。更为重要的是需要了解阿鲁沙人的真实想法和态度,以及与其社会生活和传统的关联,并在此基础上提出具有可操作性的建议。[2] 格列弗进入田野之后很快发现,当地很多的纠纷和冲突的确是因土地问题而起,比如边界的划定,土地的所有权、继承以及买卖。由于当地没有文字以及成文法,所以格列弗仍然需要像格拉克曼一样收集、分析这些纠纷。不过,与格拉克曼调查过的巴罗策人不同的是,阿鲁沙人不仅没有政治领袖,而且在国家自上而下建立的土著法庭中也没有明确的法官,且土著法庭很少处理案件。因为当地人主要通过一种非官方的、非正式的协商解决机制来处理纠纷。这样一来,格列弗就不能再像格拉

---

[1] See Max Gluckman, The Judicial Process among the Barotse of Northern Rhodesia, Manchester University Press, 1967, pp. 371-372.

[2] See P. H. Gulliver, Social Control in an African Society: A Study of the Arusha: Agricultural Masai of Northern Tanganyika, Routledge & Kegan Paul, 1963, p. ix.

克曼一样固定在法庭中旁听案件了,他必须深入当事人的社区,观察法庭之外的解决方法。双方当事人一旦意识到,仅凭私人之间的沟通已经无法平息纠纷,就会充分利用人际关系,尽可能多地召集双方亲属参与案件。而后双方会约定时间和场地进行公开辩论,决定辩论结果的往往并不是案情的是非对错,而是参与辩论的人数以及辩手的口才。根据格列弗的后续观察,一般情况下,"败诉"的一方会接受失败的结果,而"胜诉"的一方也会尽量地修复与败诉方之间已经破裂的人际关系。[1]

需要指出的是,在格列弗的"扩展个案"的研究视角之下,我们的确能够看到比格拉克曼展示得更为深入的社会关系:看到当事人在"怨恨阶段"的行为方式,看到当事人对于沟通渠道以及解决途径的选择,看到当事人对于权力的掌控和利用,看到案件处理结果对当事人后续的影响。但是,这种研究都是围绕着纠纷和冲突展开的,它对于社会关系的切入视角仍然是纠纷和冲突。难道只有纠纷和冲突才是法律问题吗?法律人类学除了纠纷和冲突就没有其他研究对象了吗?根据前一章的研究,显然不是这样。

四、日常个案

1973年第7期的《法律与社会评论》作为"霍贝尔荣休纪念特刊",邀请到了当时该领域几乎所有知名学者对霍贝尔的学术研究乃至整个法律人类学做了回顾和展望。格拉克曼提交的论

---

[1] See P. H. Gulliver, Social Control in an African Society: A Study of the Arusha: Agricultural Masai of Northern Tanganyika, Routledge & Kegan Paul, 1963, pp. 299-300.

文《部落法律研究中"案例研究法"的缺陷》仍然徘徊于"扩展个案"的探讨,无甚新意。[1] 倒是荷兰学者、阿达特法学派(Adat-law)第三代的领军人物约翰·霍勒曼对英美法律人类学曾经痴迷的"问题个案"展开了釜底抽薪式的反思,提出了更为关注社会惯常状态的"日常个案"。[2] 所谓"日常个案",较"问题个案"与"扩展个案"而言,有了根本性突破,它不再以纠纷或冲突,亦即"法律案件"为关注的重点,而是以某社区、某机构、某行业以及其他个案单位中与法律相关的制度规则的日常实践为研究对象。这种研究方法极大地扩展了法律人类学的研究范围,使人类学家有能力关注到所有的法律部门。它试图在具体的生活中考察法律的特征,在更广泛的意义上反思作为一种制度规则的法律。霍勒曼在他所提交的《习惯法与法律改革研究中的问题个案与日常个案》一文中指出:

> 显然,问题个案能够提供丰富而全面的实践材料,不仅能为研究者进一步进行分类研究提供基础,而且它也常常能为观察者在提出那些假设的案件时提供一些他们很可能想不到的线索。但问题在于,一旦观察者在一个社区生活了很长一段时间,就足以使其对该社区的日常状态与生活习惯有一个清晰而感性的了解,那么,他就不需要再通过问题个案来了解该地区的法律规则了。从根本上讲,人们的

---

[1] See Max Gluckman, Limitations of the Case-Method in the Study of Tribal Law, Law & Society Review, Vol. 7, 1973, pp. 611-642.

[2] See Johan Frederik Holleman, Trouble-cases and Trouble-less Cases in the Study of Customary Law and Legal Reform, Law & Society Review, Vol. 7, 1973, pp. 585-609.

绝大多数行为是在争名逐利,但是也都会本分行事以免吃到官司。[1]

也许是"旁观者清"的缘故,作为荷兰人的霍勒曼一语戳中"问题个案"的要害:只要田野调查的时间足够长,就了解该地的法律制度这一目的而言,就根本无须研究冲突和纠纷。而"扩展个案"仍然处于"问题个案"的框架之内,这两种个案研究方法都是为了急于求成而走的捷径,而且也不一定能走到成功之处。霍勒曼还进一步指出,许多更为重要的法律行为,比如缔结婚姻、置换土地或者其他贵重的动产转移、履行义务(比如代养牲畜)往往都是在地方权威或者家族首领的主持下完成的,不会涉及冲突和纠纷。要研究与这些法律行为相关的制度规则,只能采用"日常个案"的研究方法。

"问题个案"以及"扩展个案"与"日常个案"的分歧不仅是一个方法论问题,更是一个认识论问题,即人类学对于人类社会的法律现象/制度是如何认识和理解的。1978年,西蒙·罗伯茨对当时该领域的研究范式和方法做了反思。他指出:

> 尽管在任何社会中都存在着一些为社会所公认的行为规范,但是我们自身的法律规则所带有的那些特性却难以复制到其他社会。不同的机构可能有着相同的争端解决方法。在很多社会中,对话都被认为是一种有效的处理纠纷的方法,第三方也经常会以某种形式加入这个纠纷。但是

---

[1] Johan Frederik Holleman, Trouble-cases and Trouble-less Cases in the Study of Customary Law and Legal Reform, Law & Society Review, Vol. 7, 1973, p. 593.

你会发现,由第三方作为最终裁断者的那种模式其实并不多见。在我们所处的政府国家中,纠纷往往通过第三方的处理解决,但是我们这种模式在世界范围内却属于少数,而且我们的法院也并没有多少特殊之处。司法活动和行政行为并无典型的区别,在同一地点,遵循同一程序处理纠纷,完全可以视为政府在行政行为之外的另一项业务。因而,即使语言、概念和制度都能同时具备,但在人类学家历来所研究的社会中,从未有人发现存在着自觉可辨的制度可以被明确地标识为"法律"。[1]

在罗伯茨之后,弗朗兹·冯·本达-贝克曼更加明确地指出,该领域的学者"把法律人类学控制在对社会中法律的'问题个案'研究,回顾经典时代法律人类学的两种范式,规则中心范式和过程中心范式都是关于纠纷的研究"[2]。将曼彻斯特学派发明的"扩展个案"用于法律人类学研究时,所表现出来的仍然是扩展的"问题个案"。

正如上文所提到的,自20世纪90年代以来,法律人类学越来越多地采取了"日常个案"的研究方法。比如,万安黎的《担保论:全球金融市场中的法律推理》堪称21世纪以来法律人类学发展史上又一部里程碑式的作品。由于万安黎所阅读的法律

---

[1] [美]西蒙·罗伯茨:《我们是否需要法律人类学?》,王伟臣译,载吴大华主编:《法律人类学论丛(第3辑)》,社会科学文献出版社2015年版,第6页。

[2] [德]弗朗兹·冯·本达-贝克曼:《驯服还是杀掉这匹人头马?——关于法律人类学身份的几点思考》,王伟臣、张译元译,载吴大华主编:《法律人类学论丛(第4辑)》,社会科学文献出版社2016年版,第9页。对于法律人类学两种研究范式的讨论,还可以参见王伟臣:《法律人类学的困境——格卢克曼与博安南之争》,商务印书馆2013年版,第217—227页。

人类学的经典作品皆运用"问题个案"或者"扩展个案"方法,所以当她最初涉及担保问题时,也试图从争端着手,但随即发现该领域并没有典型的纠纷冲突可供研究。因为附加了担保的掉期交易市场是一个几乎没有纠纷和冲突的世界。"担保性知识在掉期交易市场中发挥的并不是解决纠纷的作用,而是使法律纠纷根本就不会出现。"[1]由此,她所熟知的前辈们曾反复使用的"案例研究法"(亦即"问题个案"或"扩展个案")已经派不上用场了。于是她转而对"秘书工作室、法学教授的教室、同学间的晚餐聚会以及电子邮件"展开研究,从民族志研究的视角考察市场中的日常实践。

这一转变从研究方法上带来了革命性后果:人类学就此摆脱了"美国法律现实主义以及所谓问题个案方法的魔咒",回归人类学更为擅长的以田野调查为基础的"个案研究",亦即霍勒曼所谓的"日常个案"。"日常个案"视野下的"国际私法是一种常规化高度部门化的知识实践体系"。从实证的角度来说,法律的技术特征是作为实践的法律的核心。这个特征将法律和政治或哲学区分开来。法律技术是中立的,它仅仅是一个工具,可以被任何人在任何地方用于任何目的。[2] 在这里,万安黎并没有像其他国际法学家一样去描绘公法与私法的边界,而是对作为规则世界的国际私法做了反思。由此她实现了过往法律人类学家梦寐以求的学术目标:为理解人类社会的法律制度提供了一把人类学的钥匙。万安黎在不经意间已经完成了人类学对于

---

[1] 於兴中:《译后记》,载[美]万安黎:《担保论:全球金融市场中的法律推理》,江照信等译,中国民主法制出版社2013年版,第285—286页。

[2] 参见[美]万安黎:《担保论:全球金融市场中的法律推理》,江照信等译,中国民主法制出版社2013年版,第31—62页。

法学垄断的最终突破。总而言之,只有摆脱纠纷和冲突的束缚,人类学的法律研究才能真正作出智识上的贡献。

五、反思和总结

正如上文所展示的,法律人类学自诞生以来,在"个案研究"方法上经过了一个由"问题个案"到"扩展个案"再到"日常个案"的演进。这种方法的扩展反映了这门学科在认识论上的转变。为什么法律人类学会出现并纠结于"问题个案",这涉及对法律的理解。什么是法律?在法学看来,尽管简单社会没有成文法典,但是纠纷的解决规则却具有法律的性质。因而纠纷研究就是法律研究。所以作为一种个案研究方法的法律民族志因无法有效地涉足"法律"问题,便在田野实践中借鉴美国法学院的"案例教学法",创造了所谓的"问题个案"。由此,法律人类学对于"个案研究"的理解出现了混淆,将"个案"与"案件(纠纷)"混为一谈。可是广义社会科学意义上的"Case Study"中的"Case"并非仅限于纠纷,它还包括一个人、一个家庭、一个社会团体、一个社会机构或者一个社区所发生的各种各样的生活事件和场景。因而,就此看来,专注纠纷问题的"案件研究"更多的是在强调研究内容,而非研究方法。

此外,与对法律的理解相关的还包括法学和人类学的分工问题。有趣的是,法律人类学对于"个案研究"的混淆,也是经济人类学、政治人类学等其他人类学分支不曾遇到的问题,因为"case"本身就是法学和法律中的一个高频词汇。不过,法律人类学受困于此并不能简单地归结于英语单词的一词多义。人类学作为一个"外行"或后来者,在涉足法律问题时难免心孤意怯,自然会选择最为保险的方式,同时也能被作为"专家"的法学理解的方式,即"法律即纠纷和冲突"。这样做的结果是,人类学继续"外行",法学继续"专家"。所以,这种把"个案研究"与"问题个案"混同的研究方法对于人类学和法学而言都是一种遗憾。这种遗憾无疑要引起中国法律人类学足够的警惕和反思。如果继续专注纠纷研究(司法研究),尽管表面看起来像是一种跨学科的研究方法,似乎可以推进法学与人类学之间的对话与合作,可是由此完成的研究成果能够对法学理解法律带来什么样的启发呢?

第四章　法律人类学与周边学科的范式对比

不论法律人类学是被视为分支学科,还是交叉学科,独特的学科定位使其自然而然地坐落于学科空间的边缘地带。这一位置特性,使法律人类学不可避免地与同样处于边缘或交叉领域的其他二级学科,如法律社会学、政治人类学等,产生千丝万缕的联系。为了准确提炼出法律人类学的研究范式,我们有必要深入剖析它与这些相关学科之间的内在联系和区别。

本章的前两节从多个维度对法律人类学与法律社会学、政治人类学在范式上的异同进行细致的梳理。得出的结论是:法律人类学与法律社会学的范式边界已经消失;法律人类学与政治人类学的关系已经无比紧密,甚至趋向融合。这一结论可能会让我们感到惊讶,但这可能也是打破学科壁垒、回归研究初心的必然趋势。

此外,受研究对象的影响,法律人类学至今仍保留着鲜明的比较法特征。它不仅仅关注单一法律体系内的法律现象,更侧重跨文化、跨地域的法律比较。因此,在第三节中,我们将从比较法的视角出发,重新审视和理解法律人类学的研究范式,探讨其在比较法研究中的独特价值和意义。

第一节　法律人类学与法律社会学的边界[1]

一、对象的边界

法律社会学和法律人类学兴起于何时？有人认为，法律社会学的渊源可以追溯至孟德斯鸠或萨维尼或耶林或贝卡里亚或边沁或马克思[2]，而法律人类学的源头似乎比较明确，就是梅因[3]。这些观点从知识传统的角度来讲确有启发，但是从严格意义上的学科史或知识社会学的立场来看，"所有这一切都还不完全符合今日所理解的社会科学概念，并且在这些学者中间，还没有哪一个人自认为是在后来所说的独立学科的框架内从事研究的"[4]。所以，法律社会学和法律人类学的出现肯定是19世

---

[1] 本节曾以《法律社会学与法律人类学的边界》为题发表于《思想战线》2016年第2期。与原文相比，此处作了些许改动。

[2] 参见田成有：《法律社会学的学理与运用》，中国检察出版社2002年版，第35—36页；周尚君：《论法律社会学的知识传统——以关键人物为线索》，载《金陵法律评论（2010年春季卷）》，法律出版社2010年版，第3—4页；[德]托马斯·莱塞尔：《法社会学导论（第6版）》，高旭军等译，上海人民出版社2014年版，第25页；[美]马修·戴弗雷姆：《法社会学讲义：学术脉络与理论体系》，郭星华、邢朝国、梁坤译，北京大学出版社2010年版，第18—23页。

[3] 参见Simon Roberts, Law and the Study of Social Control in Small-Scale Societies, The Modern Law Review, Vol. 39, 1976, p. 663；[英]弗朗西斯·G.斯奈德：《人类学、纠纷过程和法律：一篇学术导读》，王伟臣、薛寒啸译，载《现代法治研究》2020年第3期；[美]约翰·M.康利、[美]威廉·M.奥巴：《法律人类学回归故里：法律民族志简史》，王伟臣、冯艳琴译，载吴大华主编：《法律人类学论丛（第8卷）》，中央民族大学出版社2022年版，第334页。

[4] [美]华勒斯坦等：《开放社会科学：重建社会科学报告书》，刘锋译，生活·读书·新知三联书店1997年版，第14—15页。

纪末社会科学诞生之后的事情。换言之,如果没有近代学科意义上的社会学和人类学的出现,也就没有法律社会学和法律人类学。

尽管从1839年奥古斯特·孔德发明"社会学"这一概念开始,介于自然科学与人文科学之间的一项以探寻人类社会普遍规律为宗旨的社会科学就开始酝酿,但是直到1870年前后,专业化、学科化的社会科学才整体地被"构化"(Project)出来。[1]按照华勒斯坦等人的观察,此时的社会科学主要包括六大学科:历史学、经济学、政治学、社会学、人类学以及东方学。在最初的阶段,这些学科之间的区别主要在于研究对象的不同。这里比较模糊的是社会学。因为社会学里的"社会"已经排除了经济和政治,这是经济学和政治学的领地。那么,作为"剩余的社会现象"的"法律"便理所当然地成了社会学在初期相当重要的研究对象。因而社会学的成立也就意味着法律社会学的诞生。

作为社会学家的涂尔干(Durkheim)和马克斯·韦伯创作了大量以法律为研究对象的作品,这些研究不管是实证主义的,还是非实证主义的,其理解"法律"这一人类社会基本制度的方式对有着两千多年历史的法学产生了强大的冲击。于是,埃利希、莱翁·狄骥(Leon Duguit)、霍姆斯、莱昂·彼特拉日茨基(Leon Petrazycki)等德国、法国、美国、东欧的法学学者纷纷作出回应[2],这也让归属于社会学分支的法律社会学具有转变为社会

---

[1] 参见[美]西奥多·M.波特、[美]多萝西·罗斯主编:《剑桥科学史 第七卷 现代社会科学》,第七卷翻译委员会译,大象出版社2008年版,第175—176页。

[2] 参见[德]托马斯·莱塞尔:《法社会学导论(第6版)》,高旭军等译,上海人民出版社2014年版,第29—38页。

学与法学交叉学科的可能性。而庞德提出的建立"社会学法学"（sociological jurisprudence）以及汉斯·凯尔森（Hans Kelsen）的纯粹法学[1]其实都映衬出社会学对法律这一现象的研究取得了阶段性成功。

与法律社会学的势如破竹、星光熠熠相比，法律人类学则黯淡了许多。初始的六门社会科学（历史学、经济学、政治学、社会学、人类学以及东方学）可以分为两大类，即"对现代、文明世界的研究（历史学再加上三门以探寻普遍规律为宗旨的社会科学）与对非现代世界的研究（人类学加上东方学）之间存在着一条分界线"[2]。其中，人类学和东方学也有分工，后者关注东亚和中东的文明社会，前者研究无文字的部落社会。这样一来，人类学和东方学就变成了微型的社会科学，因为它们不仅要研究非现代世界的政治和经济，还要研究它们的社会和历史。所以人类学内部再次进行了资源切割。与其他几个人类学的分支相比，法律人类学的起步相当艰难。因为在20世纪初的西方社会科学看来，政治、经济、宗教不论发展水平和现状，都是一种普适性存在。但是法律是高级社会特有

---

[1] 关于凯尔森倡导纯粹法学的诉求背景，林端曾有精彩的分析："凯尔森的立场，在当年为何如此的强烈？其实并非偶然。这是有其时代背景的，因为当时法学家极其担心社会学的研究方法，会对法学的研究方法的独立自主产生一定的威胁，法律的社会背景、法律外的意识形态等非法律因素，会入侵到法学研究的领域，而导致法学研究的对象的模糊化，而过度将法学当成'经验的社会科学'，会使法学失去其强调法律逻辑的'规范的法律科学'的独特性。"参见林端：《法律社会学的定位问题：Max Weber 与 Hans Kelsen 的比较》，载《现代法学》2007年第4期。

[2] [美]华勒斯坦等：《开放社会科学：重建社会科学报告书》，刘锋译，生活·读书·新知三联书店1997年版，第39页。

的一种制度,很难想象无文字的"野蛮社会"也存在法律。直到出版了基于实地田野调查的法律民族志,人类学才摆脱了法学、社会学对于法律的定义,正式开始涉足法律领域,这也"标志着现代法律人类学的诞生"。

所以,通过对法律社会学和法律人类学兴起的简要对比,我们可以发现,它们最主要的区别就在于研究对象的不同:前者研究西方社会的法律,后者关注非西方社会的法律。二者的边界就此形成。这种边界造成了两个结果:

第一,规模的差异。对于法律社会学而言,因为它研究的仍然是西方的法律,可是西方法学在这一问题上居于强大的霸主地位,那么法律社会学为了取得话语权就必须创造出崭新的研究范式。这在让法学感受到压力的同时,也获得了法学的认可,所以吸引了很多法学家的参与。与之相比,法律人类学则轻松了许多,因为没有任何研究、学科会和它们竞争这一领域,所以这也导致它们怠于创新,直接临摹西方法学的研究方法(案例研究)。因而法律人类学在很长一段时间里都是在模仿法学。同时也受到了其母学科——人类学的轻视。所以在研究规模上,同法律社会学相比,法律人类学难以望其项背。

第二,身份的不同。与第一个结果必然相关的是,正是因为法律人类学的研究对象是无文字部落社会的法律问题,而且没有任何创新性的研究方法,所以自然也没有引起法学的关注。因而在很长一段时间内(至少在 20 世纪 90 年代以前)都没有和法学实现交叉。与之相比,尽管法律社会学的身份定位仍有争议，即存在社会学分支说[1]、法学分支说[2]、社会学与法学交叉说[3]等不同的观点，但是这些争议本身就说明法律社会学已经实现了社会学和法学之间的沟通与交流。

尽管法律社会学与法律人类学的边界对于二者此后的发展造成了基础性影响，但是第二次世界大战之后，这一边界本身却在逐渐消失。由于法律人类学传统研究对象（殖民地国家）纷纷宣布独立，这项研究自20世纪60年代起开始扩展至西方世界。由于国家法是法学和法律社会学的研究领域，所以，法律人类学介入西方社会以后，就另辟蹊径，主要关注本国的非国家法领域，比如基层司法、公众正义、替代性机制等问题。而这也自然引起了正在进行"法律与发展运动"的法律社会学的注意，所以，20世纪70年代兴起的"法律多元研究"是法学、法律社会学和法律人类学共同参与的结果，尽管后者的贡献微乎其微。与此同时，法律人类学原有的独占领地也在逐渐受到法律社会学的入侵。根据华勒斯坦等人的观察：

> 1945年以后最引人注目的学术创新便是出现了一个成为地区研究的领域，它是一个新的制度性范畴，用于把多方面的学术工作集合在一起……某些在过去仅仅研究西方世界的学科现在侵入非西方世界……这似乎意味着，历史

---

[1] 参见[美]马修·戴弗雷姆：《法社会学讲义：学术脉络与理论体系》，郭星华、邢朝国、梁坤译，北京大学出版社2010年版，第3页。
[2] 参见[德]托马斯·莱塞尔：《法社会学导论（第6版）》，高旭军等译，上海人民出版社2014年版，第10页。
[3] See Reza Banakar, Merging Law and Sociology: Beyond the Dichotomies of Socio-Legal Research, Galda and Wilch Publishing, 2003.

学和以探寻普遍规律为宗旨的社会科学的方法及模型不仅适用于研究欧洲和北美洲,而且适用于研究西方以外的地区。[1]

所以,法律人类学开始本土化,法律社会学却在国际化,过去所谓的"田野"和"家园"、"自我"和"他者"之间的对立正愈发难以区分。这样一来,法律人类学已经没有专属的研究领域了,二者在研究对象上的边界实际上已经消失。

二、身份的边界

20世纪70年代之后,法律人类学和法律社会学在研究对象上已经趋同。那么,这两项研究是否还存在其他边界呢?或者对于相关的研究者而言,其所从事的这项研究的专业性或特殊性又在哪里呢?其实,他们的身份可能就是一道边界。

法律社会学在20世纪70年代最重要的事件应该就是唐纳德·布莱克(Donald Black)与伯克利学派的代表人物菲利浦·诺内特(Philippe Nonet)之间关于法社会学的范围与方法论的论战。[2] 当然,本节无意介绍这场争论的内容,而只是想分析这两位学者的身份。那么,如何来判断一位学者的身份?通过什么来断定其是法学家、社会学家还是人类学家?根据曾供职于法律系、人类学系、一所农业大学以及研究所的弗朗兹·冯·本

---

[1] [美]华勒斯坦等:《开放社会科学:重建社会科学报告书》,刘锋译,生活·读书·新知三联书店1997年版,第40—42页。

[2] 参见[美]马修·戴弗雷姆:《法社会学讲义:学术脉络与理论体系》,郭星华、邢朝国、梁坤译,北京大学出版社2010年版,第120—125页;张文显:《西方法社会学的发展、基调、范围和方法》,载《社会学研究》1988年第3期。

达-贝克曼的观察,学者的身份是通过"标记"(Label)来判断的:

> 标记常常由集体认同来完成,也就是这些学者所工作的院系身份。如果在人类学系工作,就是人类学家;如果在法律系工作,就是法学家;如果在社会学系工作,就是社会学家;如果在政治系工作,那就是政治学家,所以,学者的身份并不取决于其取得了什么学位或者写了什么。[1]

按照这一判断,我们来分析一下布莱克和诺内特的身份。尽管布莱克的博士学位是社会学,最后也退休于弗吉尼亚大学社会学系,但是在参与论战的黄金时代,即1970—1985年,他同时供职于社会学系和法学院,不论是在耶鲁大学还是后来的哈佛大学。与布莱克相比,诺内特的社会学训练倒是有些"半路出家"的味道。他在比利时取得法学博士学位之后,进入菲利普·塞尔兹尼克(Philip Selznick)所在的加州大学伯克利分校社会学系任教,后者与其算是亦师亦友的关系。1977年,两人又同时进入加州大学伯克利分校法学院。所以布莱克和诺内特均可以既被视为社会学家,也被当成法学家。因而,就法律社会学的研究而言,不管供职于法学院,还是社会学系,亦即不论是法学家,还是社会学家,均可以自由参与。

在这一时期,法律人类学的研究领域也逐渐对外开放。巧合的是,20世纪70年代,法律人类学的中心也在伯克利。纳德

---

[1] [德]弗朗兹·冯·本达-贝克曼:《驯服还是杀掉这匹人头马?——关于法律人类学身份的几点思考》,王伟臣、张译元译,载吴大华主编:《法律人类学论丛(第4辑)》,社会科学文献出版社2016年版,第13页。

虽然一直归属于加州大学伯克利分校的人类学系,但是她经常在该校法学院教授人类学课程。她的博士生,在土耳其做法律民族志研究的琼·斯塔尔也实现了"跨界"。在20世纪80年代,凭借着《土耳其乡村的纠纷与处理:一个法律民族志》一书,琼·斯塔尔已经成为较为知名的法律人类学家。但是为了更好地从事法律研究,到了20世纪90年代,她又以学生的身份进入法学院攻读法律学位。琼·斯塔尔分别于1990年获得耶鲁大学法律研究硕士学位、于1992年获得斯坦福大学法律博士学位。而后,又以法学研究者的身份获聘印第安纳大学法学院副教授。其实,在斯塔尔之前,劳伦斯·罗森早就实现了"跨界"。在20世纪70年代末,作为人类学家的罗森被哥伦比亚大学法学院聘为兼职教授。

当然,就人类学与法学的跨界而言,影响力最大的当数萨利·福尔克·穆尔。"1978年的秋季学期,穆尔到哈佛大学做访问教授,一半时间在法学院,一半时间在人类学系……1981年,穆尔接受了哈佛大学的教授任命,余下的岁月都在哈佛大学人类学系。"[1]到了哈佛大学人类学系之后,她依然往返于人类学系与法学院,且长期在法学院教授法律人类学课程。这门课程也成为法学院最受学生欢迎的课程之一。比如,穆尔曾提到:"我所教的学生中反而是法律专业的学生对人类学最感兴趣。我在哈佛大学法学院教授人类学。实际上,一个学生告诉我,大约20年前,美国现任奥巴马总统也是我班上的一个学生。"[2]

---

[1] 李婉琳:《社会变迁中的法律——穆尔法人类学思想研究》,中国人民公安大学出版社2011年版,第19页。
[2] 张冠梓主编:《多向度的法:与当代法律人类学家对话》,法律出版社2011年版,第177页。

后来,穆尔还把这门课的讲义和阅读材料汇编整理,以《法律人类学:一个读本》[1]为名公开出版。

在罗森、穆尔之后,法学院和社会学系中也逐渐有了越来越多的人类学家的身影,比如小威廉·科南(William Kenan Jr.)、万安黎、萨利·安格尔·梅丽、苏珊·赫希以及科马罗夫夫妇(Jean Comaroff and John Comaroff)。因而,人类学系的研究者可以从事法律人类学的研究,法学院和社会学系的研究者也可以开展法律人类学研究。这样一来,法律人类学又失去了专属的职业背景,它与法律社会学在研究者身份上的边界已经消失了。

三、方法的边界

没有了对象和身份边界,社会学系的研究者关于法律的研究与人类学系的研究者关于法律的研究究竟还有着怎样的区别?或者说,20世纪90年代之后,作为一项研究的法律人类学的专有标志又是什么?有学者认为,答案可能是人类学所发明的田野调查的研究方法:

> "田野"使人类学研究有别于诸如历史学、社会学、政治科学、文学和文学批评、宗教研究,尤其是文化研究等与人类学相关的学科。人类学与上述学科的区别与其说在于研究的主题(实际上在很大程度上是重叠的)还不如说在于人类学家所使用的独特方法,即基于参与观察的田野调

---

[1] See Sally Falk Moore ed., Law and Anthropology: A Reader, Blackwell Publishing, 2004.该书的中译本参见[美]萨丽·摩尔编:《法律与人类学手册》,侯猛等译,商务印书馆2022年版。

查方法。[1]

就法律人类学而言,它与田野调查的关系几乎是密不可分的。法律人类学的研究过程就是通过亲身参与观察的田野调查并最终完成关于调查对象的法律民族志。这就是为什么在西方学界看来,作为法律人类学家的霍贝尔的代表作并不是《原始人的法》而是《夏延人的方式》。

自《夏延人的方式》之后,不论是20世纪50年代的《北罗德西亚巴罗策人的司法程序》,还是20世纪60年代的《一个非洲社会的社会控制》,抑或20世纪70年代的《纠纷过程——十个社会中的法》,再或者是20世纪80年代的《规则和过程:非洲语境中纠纷的文化逻辑》以及20世纪90年代的《知识产权的文化生活》、21世纪之后的《担保论:全球金融市场中的法律推理》,无一不是在田野调查的基础上完成的法律民族志作品。

进一步讲,对照其他社会科学,法律人类学的田野调查方法除了坚持整体论的视角,还带有极强的主观色彩。我们还是以万安黎的《担保论:全球金融市场中的法律推理》为例。在书中,她这样写道:

> 跟我关系最近的其中的一个信息提供人,我称他为佐藤。佐藤是一位四十来岁的秃顶男人,少言寡语,身材结实。当我们见面时,他通常穿着一套蓝色的涤纶西服,那是日本工薪阶层多年来的标准制服,那时候很多雇员已经鄙

---

[1] [美]古塔、[美]弗格森编著:《人类学定位:田野科学的界限与基础》,骆建建、袁同凯、郭立新等译,华夏出版社2005年版,第3页。

视并抛弃了这种制服转向更为时尚和个性化的着装。他那皱巴巴的领带表明他长时间待在办公桌边……佐藤经常满怀嫉妒地向我大量讲述他耳闻的在纳帕山谷的品酒会和欧洲的高尔夫之行。但这要求他会讲流利的英语,他一直很勤奋地在上下班的路上练习英语,但是因为他的英语知识主要来自法律文本的阅读,这使他的英语带有特别的法律措辞的特征。[1]

在一部法律作品中描述被调查人的穿着、表达对被调查人带有某种审美性的判断和猜测,除了法律人类学,其他关涉法律的社会科学一般是很少采用的。因而田野调查的研究方法仍然是法律人类学的一项重要的身份标识。但是我们也要注意,人类学其实早就已经意识到,所谓的田野调查其实只是更为广阔的时空维度中的一个片段,一位优秀的人类学家需要从其他材料和文献中汲取养料。[2] 现在越来越多的人类学家同样也在使用问卷统计和书面采访,而其他学科的研究者也在进行长时间的深入调查。[3]

其实,社会学学者使用民族志的方法进行研究已经有好几十年的历史了。早在20世纪70年代初,芝加哥社会学家赫伯特·布鲁默(Herbert Blumer)就主张建立一种主观主义的社会

---

[1] [美]万安黎:《担保论:全球金融市场中的法律推理》,江照信等译,中国民主法制出版社2013年版,第35页。

[2] See Sally Falk Moore, The Ethnography of the Present and the Analysis of Process, Recht der Werkelijkheid, Vol. 2, 1993, pp. 117-134.

[3] 参见[德]弗朗兹·冯·本达-贝克曼:《驯服还是杀掉这匹人头马?——关于法律人类学身份的几点思考》,王伟臣、张译元译,载吴大华主编:《法律人类学论丛(第4辑)》,社会科学文献出版社2016年版,第18页。

学路径,亦即所谓的"符号互动主义"。要求通过定性调查技术,比如参与式观察以及深度访谈,来揭示人们赋予自身行动的动机和目的。该理论对于犯罪社会学的影响甚为深远。[1] 20世纪90年代之后,两位美国女性学者尤伊克(Patricia Ewick)与苏珊·S.西尔贝(Susan S. Silbey)所开展的法律意识研究同样基于深度访谈,以此来探析人们所理解的法律。[2] 在此基础上,她们合作出版了著名的《日常生活与法律》。[3] 需要强调的是,尤伊克是克拉克大学社会学系教授,而苏珊·西尔贝供职于麻省理工学院人类学系,所以很难辨别她们的研究作品究竟属于法律社会学还是法律人类学。此外,这两位学者和梅丽都是安赫斯特学派(Amherst School)的代表人物。这个学派作为美国法律与社会运动的产物和标志,本身就跨越了法学、社会学、人类学等学科。这表明,我们已经不能简单地用田野调查方法来区分法律人类学与法律社会学。

---

[1] 参见[美]马修·戴弗雷姆:《法社会学讲义:学术脉络与理论体系》,郭星华、邢朝国、梁坤译,北京大学出版社2010年版,第126—127页;Arthur Brittan, The Symbolic Dimension of Law and Social Control, in A. Podgórecki and C. J. Whelan ed., Sociological Approaches to Law, St. Martin's Press, 1981, pp. 167-185; Max Travers, Symbolic Interactionism and Law, in R. Banakar and M. Travers eds., An Introduction to Law and Social Theory, Hart Publishing, 2002, pp. 209-226。

[2] 参见[美]马修·戴弗雷姆:《法社会学讲义:学术脉络与理论体系》,郭星华、邢朝国、梁坤译,北京大学出版社2010年版,第126—127页;Patricia Ewick and Susan S. Silbey, Subversive Stories and Hegemonic Tales: Toward a Sociology of Narrative, Law & Society Review, Vol. 29, 1995, pp. 197-226。

[3] See Patricia Ewick and Susan S. Silbey, The Common Place of Law: Stories from Everyday Life, The University of Chicago Press, 1998.该书中译本参见[美]帕特里夏·尤伊克、[美]苏珊·S.西尔贝:《日常生活与法律》,陆益龙译,商务印书馆2015年版。

四、开放的边界

本节从研究对象、研究者的身份以及研究方法3个方面对法律社会学与法律人类学的边界做了检视。应当说,这些边界特征都是100多年前社会科学诞生之初各学科之间争夺与切割资源的结果。社会学专注西方社会,人类学探索非西方社会,所以法律社会学和法律人类学这两项法学之外的社会科学的法律研究就此诞生,也就此分立。不过,伴随着第二次世界大战之后社会学的跨国研究以及人类学扩展至本土,法律社会学与法律人类学在研究对象上实现了重合。同时,关于"各门社会科学之间的区分是否有效"的讨论也加速了学者们在大学体制内不同院系之间的流动,所以,研究者的身份也变得不再重要。最后,在研究方法上,必须承认田野调查的确是人类学对于整个社会科学最大的贡献,但是其他学科也都已经在不同程度上借鉴并使用了这一方法。当我们已经不能再用定量研究和定性研究的方法来区分法律社会学和法律人类学的时候,这两项研究的边界其实已经消失了。

当然,以上都是从实然的角度回顾这两项研究的边界消失的过程,其实从应然的角度来看,它们的边界也不应该存在。弗朗兹·冯·本达-贝克曼曾精辟地论述:

> 作为社会学和人类学以及法学的分支,法律社会学和法律人类学的命运在很大程度上取决于它们所属的兄弟学科之间的关系以及这些大型学科在一所大学,或者一个更大的学术团体、职业协会中的地位……从事主流社会学、人类学或者法学研究的学者在大多数的时间里

可以过着一种相对平静的学术生活。当因谁"拥有"什么范围内的社会现象以及附属何种资源等问题而出现竞争时,这些单一学科(法学、经济学、社会学、政治科学)之间的关系会趋于紧张。对于这些由两个学科名称组合命名的分支学科,比如法律社会学或法律人类学,由于其理论上可以归属或认同于两个学科,它们的处境会更加艰难。"归属"常常是一个比较委婉的说法,现在更要紧的是最好找到一个恰当的安身之处。对法律系来说,法律社会学(在20世纪70年代的全盛期后)是可以被接受的,但是对法律人类学来说,想找到合适的地方则难得多。法律社会学和法律人类学都在为了认同和生存而努力。而它们在母学科(人类学、社会学和法学)当中,又常常处于孤立和边缘化的地位。在这些情况下,法律社会学和法律人类学在很大程度上是在非常不平等的权力关系的条件下为了认同和生存进行斗争。因为它们的弱势地位,以及要不断与"它们在做什么以及它们需要做什么"这些老生常谈的质疑进行对抗,它们花费了大量的时间来讨论和坚守其专业领域"法律"的特殊性。[1]

在笔者看来,这种"对抗"无疑是极大的浪费。其实关键在于,不管是法律社会学,还是法律人类学,其存在的意义都是要在传统的法学研究之外增进我们对于法律这种人类社会基本制度的了解,所以根本就没有必要再去强调什么是法律社会学,什

---

[1] [德]弗朗兹·冯·本达-贝克曼:《驯服还是杀掉这匹人头马?——关于法律人类学身份的几点思考》,王伟臣、张译元译,载吴大华主编:《法律人类学论丛(第4辑)》,社会科学文献出版社2016年版,第15—16页。

么是法律人类学。它们之间的边界不能仅仅是被动地消失,而必须是主动地开放。

第二节 法律人类学与政治人类学的对比

在人类学的学术研究中,政治人类学与法律人类学是两个重要的分支领域。两者虽各有侧重,但随着学科的深入发展,其界限日益模糊,关联愈发紧密。本节旨在从研究对象、研究方法及学科发展三个角度,对政治人类学与法律人类学之间的关系展开梳理,探讨两者在学术研究中的相互借鉴与融合,以期更好地理解和把握法律人类学的学术范式。

一、研究对象

在政治人类学与法律人类学广阔的学术领域中,两者的研究对象起初虽紧密相连,但随着学科不断演进和深化,各自逐渐展现出独特的面貌。然而,在全球化的浪潮下,两者又呈现出一种融合的趋势,共同探索人类社会政治与法律现象中的基础议题与复杂现象。

(一)政治人类学的研究对象

政治人类学的起源同样可以追溯至19世纪后半叶。因为不管是梅因还是摩尔根,都在讨论社会组织的复杂过程,而"社会组织"的复杂过程肯定是个政治过程。因而在文化人类学的初创阶段,人类学就已经开始关注"政治"问题了。换言之,政治人类学作为文化人类学的分支学科,与作为母学科的文化人类学是一同出现的。

　　如果说政治人类学在萌芽初期关注的是政治制度的演化,那么进入20世纪以后,依靠田野调查而开展的研究所关注的重点已经变成了政治制度的分类。目前学界一般认为,迈耶·福蒂斯(Meyer Fortes)和埃文思-普里查德(E. E. Evans-Pritchard)于1940年出版的《非洲的政治制度》[1]标志着政治人类学作为一门新学科的诞生。之所以有此评价,是因为"它把国家和政府产生之前的社会组织也视为政治制度的一种,并从政治的层面加以考察,从而拓宽了政治研究的视野。也正是这一点把政治人类学与传统政治学区分开来,成为一个特殊的研究领域"[2]。该书分别介绍了南非的祖鲁王国、贝专纳保护地(今博茨瓦纳)、罗得西亚东北部的本巴部落(今赞比亚)、乌干达的安科勒王国、尼日利亚北部的克德、肯尼亚西端的班图人、黄金海岸北部地区(今几内亚)的塔伦西人以及南苏丹的努尔人8个非洲部落社会的政治生活。两位编者把这8个社会分成了两组,第一组"拥有中央集权、行政机器和司法制度……为原始国家(primitive states)";第二组"缺乏中央集权、行政机器和司法制度,为无国家社会(stateless societies)"[3]。按照这种分类,我们可以大致了解现代意义上政治人类学的研究对象(内容),具体包括三个方面:一是考察并判断有没有中央集权;二是

---

[1] See M. Fortes and E. E. Evans-Pritchard, African Political Systems, Oxford University Press, 1940.该书中译本参见[英]M. 福蒂斯、[英]E. E. 埃文思-普里查德编:《非洲的政治制度》,刘真译,商务印书馆2017年版。

[2] 董建辉:《西方政治人类学60年的演进》,载《国外社会科学》2002年第2期。

[3] 参见[英]M. 福蒂斯、[英]E. E. 埃文思-普里查德编:《非洲的政治制度》,刘真译,商务印书馆2017年版,第18页。

考察并判断有没有行政机器;三是考察并判断有没有司法制度。围绕这三个方面,该书提出了一系列颇为有趣的问题,比如,部落社会在何种意义上是"政治社会"?又如,政治结构与整个社会结构的关系是什么?不过,实事求是地讲,该书并没有提供经过深入思考的答案。但需要强调的是,此前,政治学领域并没有专门研究过非洲的政治问题。由此可见,政治人类学的出现是因为其找到了一个专属的研究领域:非洲以及广大亚非拉地区"他者社会"的政治现象。独特的研究对象塑造了一门学科的诞生。

必须强调的是,以《非洲的政治制度》《努尔人》为代表的20世纪中叶的政治人类学研究基本采用的是结构功能主义范式。这种范式是一种静态的研究,无法从历时性角度解释社会变迁的动因和过程。因此,利奇、格拉克曼以及维克多·W. 特纳在20世纪50—60年代试图加以修正。利奇于1954年出版的《缅甸高地诸政治体系》[1]讨论了"政治结构"的变迁过程。他描述了克钦社会中不同政治单位(如村落、部落、联盟)之间的关系,以及这些政治单位如何随着时间的推移而演变。格拉克曼在《非洲部落的秩序与反抗》[2]《部落社会中的政治、法律与仪式》[3]等系列作品中论证了"冲突"与"平衡"的关系。格拉克

---

[1] See E. R. Leach, Political Systems of Highland Burma: A Study of Kachin Social Structure, G. Bell & Son Ltd., 1954.该书中译本参见[英]埃德蒙·R. 利奇:《缅甸高地诸政治体系——对克钦社会结构的一项研究》,杨春宇、周歆红译,商务印书馆2012年版。

[2] See Max Gluckman, Order and Rebellion in Tribal Africa, The Free Press, 1963.

[3] See Max Gluckman, Politics, Law and Ritual in Tribal Society, Basil Blackwell, 1965.对该书的中文解读参见夏希原:《马克斯·格拉克曼的社会人类学》,中央民族大学2010年硕士学位论文,第56—64页;赵旭东:《部落社会中的政治、法律与仪式》,载《民俗研究》1999年第4期。

曼认为，冲突与平衡是社会中普遍存在的现象，它们相互依存、相互转化。冲突是社会变革的动力，而平衡是社会稳定的基础。在他的理论中，冲突并非完全负面，而具有积极的功能。冲突可以揭示社会中的矛盾和问题，促使社会进行调整和变革，从而达到新的平衡状态。作为格拉克曼的弟子，维克多·W. 特纳对结构功能主义的修正可能更加彻底。他在1957年出版的《一个非洲社会的分裂与延续》[1]一书中，以一对舅甥的两场"戏剧"展示了仪式的政治整合功能。这种视角非常微观，它展示了个体如何调动各种元素以期实现特定的政治目的。

20世纪60年代以后，随着众多国家陆续获得独立，政治人类学的关注焦点逐渐聚焦这些前殖民地国家及发展中国家的政治整合与分化现象，深入探索在现代国家的框架下部落社群与国家政府间的复杂互动。在此过程中，人类学家慢慢发现，虽然发展中国家实现了独立，但实际上并未彻底摆脱西方国家的控制和影响。所以，他们开始从殖民与后殖民话语的视角审视资本主义如何渗透到第三世界，进而开始关注一系列全球性议题。比如，埃里克·沃尔夫（Eric Wolf）的《欧洲与没有历史的人民》[2]、迈克尔·陶西格（Michael Taussig）的《南美洲的恶魔和商品拜物教》[3]等。这些研究虽然没有特别强调政治人类学属

---

[1] See V. W. Turner, Schism and Continuity in an African Society: A Study of Ndembu Village Life, Manchester University Press, 1957.

[2] See Eric R. Wolf, Europe and the People Without History, The University of California Press, 1982. 该书中译本参见[美]埃里克·沃尔夫：《欧洲与没有历史的人民》，赵丙祥、刘传珠、杨玉静译，上海人民出版社2006年版。

[3] See Michael T. Taussig, The Devil and Commodity Fetishism in South America, University of North Carolina Press, 1980. 该书中译本参见[澳]迈克尔·陶西格：《南美洲的恶魔和商品拜物教》，马晨译，商务印书馆2023年版。

性,但其问题意识和理论反思都以权力、霸权等概念为中心。进入20世纪90年代,政治人类学对全球化的关注又扩展到跨国移民、气候变化、网络安全等议题,探讨这些问题对政治体系和权力关系的影响。

另外,也是因为第三世界国家纷纷走向独立,曾经的"他者社会"变得不再那么容易接近。因此,20世纪80年代以后,关注政治问题的人类学家们开始把研究视野扩展至西方社会。比如,威瑟福德(J. McIver Weatherford)在《高地上的部落》[1]一书中将美国国会文化与非洲部落文化进行比较,发现了它们的相似之处。他认为,"控制"美国国会的家族也会结成忠诚的"氏族成员"联盟,并以此为基础建立权力基地,进而攫取更多权力。这种研究较传统的政治学研究显然有趣了许多。但与此同时,由于人类学开始涉足西方社会自身,其与政治学的边界开始变得模糊。为了彰显其研究的特殊性,此后的政治人类学不断寻找着"特殊"的研究对象,比如,妇女、农民、城市贫民等不同程度上的弱势群体或边缘群体,探讨他们在政治体系中的地位、作用以及与主流群体的互动关系。

(二)政治人类学与法律人类学的对比

纵观政治人类学在研究对象上的演进,我们可以发现,其脉络和法律人类学具有惊人的一致性。政治人类学作为文化人类学的一个分支,其研究起点是对非西方社会政治制度的关注。在早期,政治人类学家主要关注那些没有国家机器的部落社会的政治组织和社会结构,试图揭示其独特性和运作机制;同样,早期的法律人类学也在关注部落社会的法律及其法律机

---

[1] See J. McIver Weatherford, Tribes on the Hill, Rawson, Wade, 1981.

构。后来,20世纪50年代以后,政治人类学开始关注动态的政治过程;法律人类学也在关注动态的法律(纠纷解决)过程。再往后,这两个学科都开始反思全球化背景下的殖民主义制度,并都在同一时期将西方社会自身纳入研究视野。

政治人类学与法律人类学在研究对象上的联系并不仅仅表现在这种脉络上的"平行共生",它们还互相关注彼此的议题。一方面,在关注政治问题的过程中,政治人类学也在涉足法律问题。比如,在上述《非洲的政治制度》一书中,诸项研究都着重分析了部落社会的法律和司法制度。而拉德克利夫-布朗在为该书撰写的前言中更是极力强调了法律的政治功能,包括作为集体性行动的社区裁决、各种仪式或超自然制裁,以及如何通过强大的公众情绪来解决纠纷、恢复秩序。又如,利奇通过对马林诺夫斯基与拉德克利夫-布朗的法律人类学作品进行对比式解读,深刻批判和反思了恐怖主义的暴力行动。[1] 另一方面,法律人类学同样关注政治议题。比如,据琼·维森特(Joan Vincent)观察,20世纪70年代的诸部法律民族志都讨论了地方精英如何操控法律以求获得特定的政治利益和身份。[2] 此外,必须强调的是,20世纪90年代以来,法律人类学开始全面关注人权与权力的议题,这一议题甚至已经成为整个学科关注的重点。而权力关系始终是政治人类学的一个核心议题。因此,这两个学科正呈现出不断融合的趋势。

---

[1] See Edmund Ronald Leach, Custom, Law, and Terrorist Violence, Edinburgh University Press, 1977.

[2] See Joan Vincent, Political Anthropology: Manipulative Strategies, Annual Review of Anthropology, Vol. 7, 1978, p. 181.

二、研究方法

政治人类学和法律人类学作为人类学的两大分支,在研究方法上都坚持民族志研究,也都强调整体论视角。但与此同时,它们各自在研究方法上展现出独特的路径和特点。这些方法论上的差异,不仅深刻反映了两个学科的研究兴趣和焦点,更在一定程度上塑造了它们对各自研究领域内的现象的理解和解释。

(一)政治人类学的研究方法

若将《非洲的政治制度》视为政治人类学兴起的标志,那么对此标志的认定无疑蕴含了方法论层面的考量。不论是该书的两位编者迈耶·福蒂斯与埃文思-普里查德,还是书中各位作者,均采用了一种以参与式观察为核心的田野调查方法,即民族志研究法。民族志研究法要求研究者长期驻留田野现场,通过亲身参与和细致观察,来获取对研究对象的全面且深入的理解。不过,只讨论民族志方法不足以呈现出政治人类学在研究方法上的独特性。因为文化人类学的所有分支学科都使用民族志的研究方法。如本书第三章所展示的,民族志方法确实如同所有人类学研究的"骨架"一样,它为研究提供了基本的框架和支撑。然而,仅仅有"骨架"是不够的,如果想让研究更加丰满、立体,就需要在这个"骨架"的基础上,通过一些"技术"来填充和丰富。

就政治人类学而言,这些"技术"可以进一步分为若干类型。比如,法国学者乔治·巴朗迪埃(George Balandier)提出,政治人类学有 6 种具体的研究方法,分别是:起源分析法(genetic approach)、功能分析法(functionalist approach)、类型分析法(typological approach)、术语分析法(terminological approach)、结构分析法(structuralist approach)和过程分析法(dynamist approach)。[1] 我认为,这些方法并不是同时并置的,它们之间具有革新关系。比如,《非洲的政治制度》所采用的技术可以称为"功能分析法"或"类型分析法"。之所以是"功能分析法",是因为该书讨论了政治制度的结构及其在社会体系中的功能和作用;之所以是"类型分析法",是因为它也是一种比较式的研究方法,比较不同社会的政治制度在结构和功能上的差异。不过,无论如何,这两种方法都是静态的研究方法。

  动态的研究始于对结构功能主义的修正和摒弃。其中,格拉克曼及其创立的曼彻斯特学派作出了重要贡献。首先,格拉克曼对于此前的人类学研究方法做了总结。他认为,马林诺夫斯基所创立的民族志研究方法是一种"举例法"。所谓"举例法",是指研究者在论证过程中,会根据特定要点来选择合适的田野材料作为"论据"。受法学和精神分析学的影响,格拉克曼提倡一种"案例法"。"案例法"不同于"举例法",它强调应该以"案例"为中心,围绕田野案例本身来展开讨论,通过对案例的细致分析得出某种结论,而不是把田野案例当作一个个分散的"论据"来支持某种论断。[2] 不过,格拉克曼也认为,"案例法"可能还是一种结构功能主义式的静态方法。因此,他提倡要把"案例法"延伸或扩展开来,发展出一种"扩展个案"方法。当

---

[1] 参见汤夺先、李静:《回顾与反思:政治人类学研究述评》,载《民族研究》2012年第4期。

[2] 参见[英]马泰·坎迪亚主编:《剑桥大学人类学十五讲:人类学理论的流派与风格》,王晴锋译,金城出版社2024年版,第242页。

然,格拉克曼自己率先作出了尝试。比如,他在 1940 年发表的一篇名为《桥文》(又名《现代祖鲁兰的社会情境分析》)[1]的论文中记录了一场具有政治意味的社会事件。格拉克曼细致入微地介绍了在大桥开通的过程中,白人与黑人、白人与白人、黑人与黑人之间的关系是如何不断变化的,展现出敏锐的洞察力。尽管他的这项研究具有方法论上的示范意义,但此项研究"并不符合(扩展个案的标准),因为它仅仅聚焦于那些主要人物在一天之内经历的事件"[2]。

真正将扩展个案分析应用至学术实践的还是曼彻斯特学派的其他成员。这里还是要提到特纳的《一个非洲社会的分裂与延续》。在这本书中,特纳记录了桑多姆布(Sandombu)从被控"施以魔法"到"被除名"再到"回归"的完整过程,这个过程还展示出生活史研究与扩展个案方面之间的亲和性,这项研究被他的老师格拉克曼誉为扩展个案方法的"最佳效果"。[3] 不仅如此,特纳还具有强烈的方法论自觉。1966 年,他与斯沃兹(Marc J. Swartz)和阿瑟·图登(Arthur Tuden)共同主编了《政治人类学》[4]一书。该书在前言中明确提到,其倡导一种关注政治过程的研究。该书也被认为是政治人类学过程论的宣言之作。简言之,该书反对就政治体系作静态的结构功能分析,主张对政治

---

[1] See Max Gluckman, Analysis of a Social Situation in Modern Zululand, Bantu Studies, Vol. 14, 1940, pp. 1-30.

[2] [英]马泰·坎迪亚主编:《剑桥大学人类学十五讲:人类学理论的流派与风格》,王晴锋译,金城出版社 2024 年版,第 243 页。

[3] 参见[英]马泰·坎迪亚主编:《剑桥大学人类学十五讲:人类学理论的流派与风格》,王晴锋译,金城出版社 2024 年版,第 243 页。

[4] See Marc J. Swartz, Victor W. Turner and Arthur Tuden eds., Political Anthropology, Aldine Publishing Co., 1966.

活动的过程,包括对政治行为、政治活动和政治策略等作动态的历时性分析。这种历时性分析实际上就是扩展个案方法。

如今,人类学家在分析政治制度和现象时会根据具体的研究对象的特殊性选择使用其中一种或若干种技术。而涵摄这些技术的则是一种整体观的研究视角,从社会、文化等综合的角度来审视人类社会的政治现象。

(二)政治人类学与法律人类学对比

与研究对象一样,政治人类学在研究方法上与法律人类学同样具有惊人的一致性。在早期阶段,不管是结构功能分析,还是比较分析方法,在马林诺夫斯基的《原始社会的犯罪与习俗》与霍贝尔的《原始人的法》中均有所体现。到了 20 世纪 60 年代,菲利普·格列弗的《一个非洲社会的社会控制》同样实践了扩展个案研究方法。与此同时,美国的"纳德学派"在关于纠纷解决的研究中更是普遍实践着过程论的研究方法。

此外,还须澄清的问题是扩展个案的学科起源与归属。有些学者认为,这种研究方法来自法律人类学。比如,马尔库斯认为,扩展个案方法是法律人类学领域的一项成熟的技术。[1] 这仿佛说,只有法律人类学才会使用扩展个案方法。实际上,以格拉克曼为代表的曼彻斯特学派在创造扩展个案研究方法时并没有狭隘地从某一分支学科的角度出发,他们试图回应或解决的是,寻找一种动态的研究方法以替代结构功能主义的静态分析。[2] 为此,曼彻斯特学派尝试使用这一方法去研究冲突与争

---

[1] See George E. Marcus, Ethnography through Thick and Thin, Princeton University Press, 1998, p. 95.

[2] 参见[英]马泰·坎迪亚主编:《剑桥大学人类学十五讲:人类学理论的流派与风格》,王晴锋译,金城出版社 2024 年版,第 248 页。

端,而"冲突与争端"本身也是法律人类学和政治人类学都会关注的领域。所以,这两门学科都是培育这一"著名"研究方法的"试验田"。

三、学科发展

在探讨政治人类学与法律人类学的关系时,学科发展与定位无疑是一个至关重要的考量点。这两个学科尽管在研究对象和研究方法上各有侧重,但它们的学科发展路径和在学术界的地位却呈现出一种相互交织、互为补充的复杂关系。

(一)政治人类学的学科发展

其实,不管是政治人类学,还是法律人类学,在本质上都是根据研究对象对作为母学科的社会文化人类学的切割。在马林诺夫斯基那里,这种"资源切割"是不可行的。他认为,研究任何问题,都需要从社会整体来把握。但是,埃文思-普里查德提出了不同意见,他认为,"把每件事都考虑在内实非必要"[1]。比如,在讨论巫术与魔法时,没有必要考虑经济问题。这种观念就为人类学分支的学科化奠定了基础。只有通过这种切割,政治人类学和法律人类学才能从研究领域"升级"成一个学科。

尽管政治人类学的代表作《非洲的政治制度》比法律人类学的代表作《原始社会的犯罪与习俗》晚出版14年,前者却率先完成了学科化,并成为文化、社会人类学内部的一门主要分支学科。据亚当·库珀的观察,这显然与第二次世界大战之后英国人类学的主流范式有关。这一范式的主要著作均出版于1940

---

[1] [英]亚当·库珀:《人类学与人类学家:二十世纪的英国学派》,沈沉译,商务印书馆2021年版,第100页。

年:拉德克利夫-布朗"论社会结构"的讲座、福蒂斯和埃文思-普里查德的《非洲的政治制度》,以及埃文思-普里查德的《努尔人》。[1] 其中,《非洲的政治制度》自不必说,另外一本《努尔人》也是政治人类学作品,该书以政治制度为主题,分析了努尔人如何通过裂变制(segmentary lineage system)实现社会整合与秩序维持。而拉德克利夫-布朗虽然涉足多个领域,但他对于政治人类学研究范式的塑造也具有决定性作用:为《非洲的政治制度》一书撰写了"前言",并系统阐述了关于政治制度与结构的比较分析范式。[2]

院系建制方面似乎也是政治人类学的天下。比如,雷蒙德·弗斯(Raymond Firth)、迈耶·福蒂斯、埃文思-普里查德、马克斯·格拉克曼等被亚当·库珀称为"先驱一代"的学者在"第二次世界大战结束的短短几年内迅速晋升了教授职位"[3]。根据库珀的介绍,1944 年,弗斯接任了马林诺夫斯基腾出来的伦敦政治经济学院讲席教授席位;1946 年,埃文思-普里查德继任了拉德克利夫-布朗在牛津的人类学讲席教授的位置;1949 年,格拉克曼离开牛津去往曼彻斯特大学建立一个全新的人类学系;1950 年,迈耶·福蒂斯被任命为剑桥的"威廉·怀斯"教授(William Wyse Professor)。在上述学者里面,弗斯虽然没有专门从事政治人类学研究,但其与利奇是好友兼盟友的关系。

---

[1] 参见[英]亚当·库珀:《人类学与人类学家:二十世纪的英国学派》,沈沉译,商务印书馆2021年版,第177—178页。

[2] 参见[英]A. R. 拉德克利夫-布朗:"前言",载[英]M. 福蒂斯、[英]E. E. 埃文思-普里查德编:《非洲的政治制度》,刘真译,商务印书馆2016年版,第3—13页。

[3] [英]亚当·库珀:《人类学与人类学家:二十世纪的英国学派》,沈沉译,商务印书馆2021年版,第173页。

如前所述,后者于1954年出版了著名的政治人类学代表作《缅甸高地诸政治体系》。在伦敦政治经济学院之外,牛津大学和剑桥大学都是当时英国人类学的重镇,除了开展学术研究,还承担着培养人类学博士的重任。而这两所大学的人类学"掌门人"恰好是创建了政治人类学这门学科的迈耶·福蒂斯与埃文思-普里查德。所以,我们可以想象,这两所大学在人类学的学科发展与人才培养方面一定会向政治人类学倾斜。

而格拉克曼在曼彻斯特大学创建的曼彻斯特学派更是对政治人类学产生了深远影响。格拉克曼作为曼彻斯特学派的奠基人,其研究主要集中在非洲的政治、法律与社会结构方面,强调政治、法律与社会文化环境的紧密联系。除了格拉克曼,曼彻斯特学派的其他重要代表,比如维克多·W. 特纳、约翰·巴恩斯(John Barnes)、米切尔、爱波斯坦也都致力于从社会文化这一较深的层次去理解政治和社会现象。正是在"先驱一代"英国人类学家及其弟子的推动下,政治人类学的发展才可谓气势恢宏。而这一段时间,也被称为政治人类学的"黄金时代"。

20世纪60年代,随着特纳移居美国,政治人类学的重心也逐渐转移至美国。特纳到美国之后,随即与两位美国人类学学者联合主编了上文提到的《政治人类学》。该书是整个英美世界出版的第一部具有重要影响力的教科书式的作品。这种作品的出版对学科发展具有重要的奠基性作用。后来,李维仁(Ted C. Lewellen)、琼·维森特也都各自出版了名为《政治人类学》的教科书作品。[1] 此外,如前所述,进入20世纪70年代,美国人

---

[1] See Ted C. Lewellen, Political Anthropology: An Introduction, Bergin & Garvey, 1983; Joan Vincent, Anthropology and Politics: Visions, Traditions, and Trends, The University of Arizona Press, 1990.

类学家开始关注拉丁美洲殖民地的经济和政治问题。在世界体系理论和依附理论的影响下,加之社会文化人类学自第二次世界大战后所产生的转向,政治人类学产生了一个不同于英国学派的全新范式,即所谓的政治经济学范式。中国学者范可认为,这个范式或概念的出现,甚至标志着"政治人类学作为一个专有名词的淡出,因为从那时候起,几乎所有的人类学出版物都与政治脱离不了瓜葛"[1]。而发展到了今天,我们实际上已经很难将政治人类学同文化人类学、社会人类学的次级领域区分开来了。

(二)政治人类学与法律人类学对比

与政治人类学相比,法律人类学的学科化进程并不顺利。虽然法律人类学的典型研究诞生于英国,但是英国人类学并没有实现法律人类学的学科化。在曼彻斯特学派内部,除了创始人格拉克曼,弟子辈的学者里面似乎只有爱泼斯坦专门从事法律研究。所以,我们也可以推测,格拉克曼很可能并没有刻意要求弟子们从事法律人类学研究。在美国,纳德于20世纪60年代试图通过"伯克利乡村比较法律"项目来推进法律人类学的学科化。其的确培养了一批博士,出版了多部具有影响力的法律民族志作品。但是,在另一位美国学者克利尔看来,美国的法律人类学的学科化似乎并没有成功。她坦言,"法律人类学直到20世纪60年代中期才被提出来,大多数从事这门专业的学生直到20世纪70年代才取得学位,而此时人类学的就业大门早已

---

[1] 范可:《政治人类学今昔》,载《广西民族大学学报(哲学社会科学版)》2008年第2期。

关闭,结果那些取得学位的人再没有机会从事相应的研究"[1]。

在这种情况下,美国的法律人类学与政治人类学走向合并。1977年,美国"政治与法律人类学学会"宣告成立。该学会直接隶属于美国人类学学会。学会还创立了专属刊物《政治与法律人类学评论》。在欧洲的同一时间,格莱特·范·登·斯廷霍芬(Geert van den Steenhoven)等荷兰学者发起创立了"民间法与法律多元研究会"。2012年,德国马克斯·普朗克社会人类学研究所成立了法律人类学系。经过十余年的发展,该系已经发展成世界范围内规模最大的法律人类学研究团队。从该团队于2022年出版的《牛津法律人类学手册》的内容来看,法律人类学与政治人类学的确已经呈现出逐渐融合的态势。[2]

第三节 作为比较法的法律人类学[3]

一、从比较法的角度来理解法律人类学

按照著名比较法学家茨威格特(Zweigert)和克茨(Kotz)在《比较法总论》中所下的定义,"比较法首先是世界各种不同的

---

[1] [美]克利尔:《北美社会人类学分支学科的兴起与衰落》,载[美]古塔、[美]弗格森编著:《人类学定位:田野科学的界限与基础》,骆建建、袁同凯、郭立新等译,华夏出版社2005年版,第121页。

[2] See Marie-Claire Foblets, Mark Goodale, Maria Sapignoli and Olaf Zenker eds., The Oxford Handbook of Law and Anthropology, Oxford University Press, 2022.

[3] 本节曾以《人类学范式的比较法研究:特点与启示》为题发表于《世界社会科学》2023年第3期。与原文相比,此处作了一定程度的改动。

法律秩序的相互比较"[1]。参照这个定义，霍贝尔的代表作《原始人的法》肯定是一部典型的比较法作品。因为霍贝尔对北极圈附近的因纽特人、菲律宾北吕宋岛的伊富高人、北美洲的印第安人、巴布亚新几内亚的特罗布里恩德人以及加纳南部的阿散蒂人的"原始法"进行了系统比较。[2] 其他绝大多数人类学家并没有类似的作品，因为人类学家更擅长的是对单一社会、对象的描述和分析。不过，当人类学家描述他者社会的法律现象时，需要将研究对象的语言与社会文化背景转化为自身的语言与社会文化背景，因而也不可避免地进行了比较。[3] 所以，作为社会文化人类学分支的法律人类学在本质上就是一种比较法研究。[4] 早在1900年比较法巴黎会议召开以前[5]，人类学的比较法研究就已经初具规模了。100多年来，人类学在比较法领域形成了一套特定的研究范式，相关作品不胜枚举，对于理解人类社会的法律现象作出了卓越贡献，所以意大利比较法学家罗道尔夫·萨科（Rodolfo Sacco）在其代表作

---

[1] [德]茨威格特、[德]克茨：《比较法总论》，潘汉典等译，中国法制出版社2016年版，第3页。

[2] 参见[美]E. 埃德蒙斯·霍贝尔：《原始人的法——法律的动态比较研究（修订译本）》，严存生等译，法律出版社2012年版，第53—202页。

[3] See Franz von Benda-Beckmann, Anthropology and Comparative Law, in Keebet von Benda-Beckmann and Fons Strijbosch eds., Anthropology of Law in the Netherlands: Essays on Legal Pluralism, Foris Publications, 1986, p. 90.

[4] See Elizabeth Mertz and Mark Goodale, Comparative Anthropology of Law, in David S. Clark ed., Comparative Law and Society, Edward Elgar Publishing, 2012, p. 77.

[5] 参见李秀清等：《20世纪比较法学》，商务印书馆2006年版，第39页。

《比较法导论》中指出,"比较法的实践需要法律人类学的经验"[1]。比利时比较法学家马克·范·胡克(Mark Van Hoecke)更是直截了当地表示:"需要大量借助于法人类学的视角。"[2]

虽然马林诺夫斯基、霍贝尔、格拉克曼、克利福德·格尔茨、梅丽、格林豪斯等人类学家的作品曾被比较法学家参考[3],人类学家劳伦斯·罗森甚至作为"十五位当代世界最有影响力的比较法学者之一"受邀参加了2000年6月于剑桥大学举行的比较法研讨会[4],但从整体上看,时至今日,对于人类学的比较法研究,传统比较法学并没有给予足够的重视,法学与人类学在比

---

[1] [意]罗道尔夫·萨科:《比较法导论》,费安玲、刘家安、贾婉婷译,商务印书馆2014年版,第32页。

[2] [比]马克·范·胡克、[比]马克·沃林顿:《法律文化、法律范式与法律学说——迈向一种新的比较法研究模式》,载[比]马克·范·胡克主编:《比较法的认识论与方法论》,魏磊杰、朱志昊译,法律出版社2012年版,第108页。

[3] 参见[英]罗杰·科特雷尔:《法律文化的概念》,载[意]D.奈尔肯编:《比较法律文化论》,高鸿钧等译,清华大学出版社2003年版,第42页;[美]埃里克·A.菲尔德曼:《患者权、市民运动与日本法律文化》,载[意]D.奈尔肯编:《比较法律文化论》,高鸿钧等译,清华大学出版社2003年版,第311页;[美]H. W.埃尔曼:《比较法律文化》,贺卫方、高鸿钧译,清华大学出版社2002年版,第18页;[法]勒内·达维德:《当代主要法律体系》,漆竹生译,上海译文出版社1984年版,第516页;[比]马克·范·胡克主编:《比较法的认识论与方法论》,魏磊杰、朱志昊译,法律出版社2012年版,第15页;[意]戴维·奈尔肯:《法律文化概念的界定与使用》,鲁楠译,载[英]埃辛·奥赫绪、[意]戴维·奈尔肯编:《比较法新论》,马剑银等译,清华大学出版社2012年版,第127—128页。

[4] 参见[法]皮埃尔·勒格朗、[英]罗德里克·芒迪主编:《比较法研究:传统与转型》,李晓辉译,北京大学出版社2011年版,第481页。

较法领域没有太多正式的交流和对话[1]。比如,"玛蒂亚斯·莱曼(Mathias Reimann)与莱茵哈德·齐默尔曼(Reinhard Zimmermann)主编的《牛津比较法手册》以近乎全景式的考察,展现了世界比较法学的最前沿成果……代表了自20世纪90年代以来新兴比较法范式的总体面貌"[2]。该手册的第二编"比较法的方法"以四章的篇幅专门讨论了"比较法与法律史""比较法与社会法学""比较法与批判法学""比较法与法律的经济分析",但是对于专注比较法研究的法律人类学,却十分吝啬地仅仅给予一节的空间,并将其置于第十九章"比较法与非洲习惯法"的名下。[3] 可是正如上文所介绍的,法律人类学的研究对象绝不仅限于非洲习惯法。这种篇章安排典型地体现了比较法学界对法律人类学的研究成果可能不够了解。

同样,在中文学界,法律人类学时至今日仍然仅仅被当作一种"关于法律的社会科学研究"或"关于法律的实证研究",被当成面向国内法律现象的"社科法学"的一员,似乎与比较法没有直接的关联。可是在当下的中国,法律人类学的意义和作用绝不仅限于关于少数民族习惯法、民间法或者乡土法的研究,它在构建法律文明多样性、研究共建"一带一路"国家的法律文化等领域大有用武之地。有鉴于此,本节将从历时性和共时性两个维度对人类学涉足比较法的原因、对象与立场做一番梳理,并

---

[1] 参见王伟臣:《法律人类学的身份困境——英美与荷兰两条路径的对比》,载《法学家》2013年第5期。
[2] 鲁楠:《非西方法文化在比较法教学研究中的地位和作用》,载《政法论坛》2018年第4期。
[3] See Mathias Reimann and Reinhard Zimmermann ed., The Oxford Handbook of Comparative Law, Oxford University Press, 2006, pp. 641-865.

以此论证人类学范式的比较法研究重要而独特的理论价值与实践意义。

二、人类学为何要研究比较法

由学科分立所致,作为"综合学科"的人类学在创立伊始便涉足法律现象,此后一百多年,致力于探索文化多样性的人类学也始终对比较法抱有浓厚的研究兴趣。

(一)"综合研究"的学科属性

由于人类学这门学科诞生于欧洲,所以早期人类学家对非洲、大洋洲、南美洲的民族或群体习惯法的研究就具有了典型的比较法特征。换言之,"法律人类学"或"人类学的法律研究"在本质上就是一种比较法研究。用人类学家玛莎·芒迪(Martha Mundy)的话来讲,法律人类学就是"比较法的孩子"[1]。

此外,需要强调的是,尽管如今法律人类学的影响力可能不及法律社会学、法律经济学等法律交叉学科,但实际上,在19世纪,人类学是社会科学当中与法学最为亲密的一门学科。当时,许多著名的人类学家都有律师、法学家(lawyer)的背景。[2] 比如,瑞士的巴霍芬(Bachofen)、英格兰的梅因、苏格兰的麦克伦南(Mclennan)以及美国的摩尔根。正是因为他们对不同社会的法律规范进行了开创式的比较研究,所以这四位法学家又被称为"元法律人类学家"(Proto-legal anthropo-

---

[1] Martha Mundy and Tobias Kelly, Introduction, in Martha Mundy ed., Law and Anthropology, Ashagate, 2002, p. xv.

[2] See Laura Nader, Whose Comparative Law? A Global Perspective, in James A.R. Nafziger ed., Comparative Law and Anthropology, Edward Elgar Publishing, 2017, p. 28.

logist)。[1] 纵观整个 19 世纪,法学与人类学是如此亲密,以至于大法官霍姆斯在著名演讲中表示,"如果你的专业是法律,那么自然会通向人类学",因而"应当把法律当成一份伟大的人类学文本进行研究"[2]。霍姆斯的意思是说,不应孤立地研究法律,而是需要把法律置于整个社会之中加以考察。这与作为一门"综合学科"的人类学涉足法律的原因有着异曲同工之妙。

(二)探索法律的多样性

学科属性在某种程度上只能解释人类学最初涉足比较法的原因。一百多年来,人类学之所以一直从事比较法研究,更多的是因为这门学科对探索人类社会法律的多样性始终抱有强烈兴趣。进入 20 世纪,法律人类学开始越来越多地从书斋走向田野。而田野带来的现场感让人类学家更加好奇"他者社会"的法律及其文化。自 20 世纪 30 年代起,对"他者社会"的法律秉持着好奇心的人类学家各自完成了对非洲诸地法律的考察。虽然这些研究大多应殖民政府的赞助与要求所做,但这些学者都在试图比较部落社会的"法律"与西方法律的区别。到了 20 世纪 60 年代,人类学关于法律的研究开始聚焦不同地区的法律运行状态。当然,自 20 世纪 80 年代中期起,人类学比较法研究的动机逐渐趋向多元,但学者们依然试图寻找不同的法律规范之间的统一性或差异性的规律。

---

[1] See Elizabeth Mertz and Mark Goodale, Comparative Anthropology of Law, in David S. Clark ed., Comparative Law and Society, Edward Elgar Publishing, 2012, p. 78.

[2] Oliver Wendell Holmes, The Path of the Law, Harvard Law Review, Vol. 10, 1897, p. 443.

总而言之,人类学的比较法研究,有的是为了探索法律的差异性,有的是为了构建法律进化论,有的是为了讨论法律的形式和定义,有的是为了洞察法律的运行状态,不同的时代,动机不同,但不变的是对法律多样性的关注和探索。

三、人类学比较法研究的对象

同比较法学相比,人类学比较法研究的对象有其自身的特点,且呈现出阶段性特征,从早期侧重非西方法和不成文法,到20世纪70年代以后扩展至全球法律多元。

(一)区域:从非西方法到全球法

"传统上,大多数比较法学家因袭西方法学传统。他们主要对普通法系和大陆法系之间的比较、扩大这两种法律传统的影响和仅仅在这种语境中考虑'完全的他者'感兴趣。"[1]在比较法学的视野中,"完全的他者"一般仅限于中国、日本、印度以及伊斯兰地区,由此也导致"对大多数西方学者而言,博斯普鲁斯海峡和直布罗陀海峡以外的法律,以及美墨边境以外的法律,依然显得陌生"[2]。而这些地区的法律恰好是人类学的研究对象。从区域的角度来看,早期人类学的比较法研究主要集中于非洲、亚洲、大洋洲以及拉丁美洲。其中又以非洲为主要代表,相关研究视野遍及北非、东非、西非、中非等非洲大陆的几乎

---

[1] [土耳其]埃辛·厄吕居:《比较法学家与特区》,载[法]皮埃尔·勒格朗、[英]罗德里克·芒迪主编:《比较法研究:传统与转型》,李晓辉译,北京大学出版社2011年版,第424页。

[2] [英]沃纳·蒙斯基:《欧洲之外》,赖骏楠译,载[英]埃辛·奥赫绪、[意]戴维·奈尔肯编:《比较法新论》,马剑银等译,清华大学出版社2012年版,第214页。

全部区域。相关研究成果是如此丰富，以至于有的非洲国家或社会甚至成了人类学比较法研究的"圣地"，相关研究传统几十年来从未中断。比如，伊恩·哈姆内特（Ian Hamnett）和塞巴斯蒂安·保尔特（Sebastian Poulter）连续对莱索托王国的法律进行了考察[1]；沙佩拉、西蒙·罗伯茨、约翰·L.科马罗夫以及安妮·格里菲斯（Anne Griffiths）等几代人类学家一直关注博茨瓦纳的法律变迁[2]。除了非洲，亚洲与大洋洲交界处的印度尼西亚和巴布亚新几内亚也是人类学家重点关注的区域，不断有新的作品问世。自20世纪70年代开始，法律人类学的研究视野开始慢慢扩展到欧美社会以及传统比较法学所关注的区域。比如，本书第二章第一节提到，《法律多元和非官方法律杂志》的前身为《非洲法律研究》。1981年更名之后的首期一共刊载了9篇文章（含书评），其中，关于非洲的研究仅有2篇，而关于马来西亚、印度尼西亚以及巴布亚新几内亚等亚太区域的研究却多达5篇。而到了1986年，这份刊物所刊载的12篇文章涉及的区域已经包括意大利、芬兰、法国、荷兰等西方国家。此后，这种局面渐趋常态。如今，这份刊物已经发展成世界范围内最具影响力的专门致力于讨论法律人类学的学术杂志。通过这份刊物的变化我们完全可以看出，当代人类学比较法研究的视

---

[1] See Ian Hamnett, Chieftainship and Legitimacy: An Anthropological Study of Executive Law in Lesotho, Routledge & K. Paul, 1975; Sebastian Poulter, Family Law and Litigation in Basotho Society, Clarendon Press, 1976.

[2] See Isaac Schapera, A Handbook of Tswana Law and Custom, Oxford University Press, 1938; John L. Comaroff and Simon Roberts, Rules and Processes: The Cultural Logic of Dispute in an African Context, The University of Chicago Press, 1981; Anne M. O. Griffiths, In the Shadow of Marriage: Gender and Justice in an African Community, The University of Chicago Press, 1997.

野已经从亚非拉地区扩展至全球。

(二)领域:从习惯法到法律多元

从法律的类型与领域上看,传统比较法学的关注点一般局限于由有权机构颁布的法律规范[1],而人类学则侧重民间自发形成的具有浓厚地域性特征的习惯法。这里的"习惯法"又可以称为"非国家法""民间法",或比较法学家帕特里克·格伦所谓的"原生法"(Chthonic law)。[2] 人类学之所以关注习惯法或原生法也与前述研究区域有关。因为早期的人类学主要耕耘于亚非拉部落社会,而这类社会往往没有以文字为依托的成文法,所以只能聚焦习惯法。可以说,在20世纪50年代以前,很少有人类学家研究过成文法。

第二次世界大战之后,非洲各殖民地纷纷宣告独立,随即便试图通过法律移植的方式建立与西方相似的法律体系。在推进所谓的"法制现代化"的进程中,源于西方的国家法、成文法与本土习惯法不可避免地产生了强烈冲突。这两套法律系统之间究竟有着怎样的关系也引起了人类学家的关注。由此,人类学的比较法研究也开始逐渐涉足国家法、成文法领域。与此同时,随着人类学研究的区域从亚非拉扩展至欧美社会,其关注的法律类型也逐渐趋向多样化。一方面,它依然没有放弃习惯法研究,这表现在有不少学者十分关心欧美国家的少数民族群体或乡村、小城镇地区的法律规范,比如关于意大利撒丁岛牧民的

---

[1] 参见[意]罗道尔夫·萨科:《比较法导论》,费安玲、刘家安、贾婉婷译,商务印书馆2014年版,第21页。

[2] 参见[加拿大]帕特里克·格伦:《世界法律传统:法律的持续多样性》,李立红、黄英亮、姚玲译,北京大学出版社2009年版,第65页。

习惯法研究[1]、关于夏威夷小镇后殖民时代的法律文化的研究[2]等。另一方面,人类学家也毫不犹豫地投身对欧美国家成文法体系的考察,并逐渐构建出一个著名的研究领域——"法律多元"。作为"法律人类学最闪亮的一个概念标识"[3],"法律多元"不仅仅是法律渊源的问题,它还代表着一种研究视野。时至今日,人类学视野下的法律多元是一个极为开放的研究领域,它不仅包括习惯法、乡村法、社区习惯法,还包括一国之内各级有权实体颁布的法律、法规,甚至还包括国际法。[4] 自20世纪90年代以来,人类学的比较法研究早已渗透到知识产权、伊斯兰金融、金融担保法、欧洲公民权、国际贸易法等部门法和国际法领域。[5]

---

[1] See Julio L. Ruffini, Alternative Systems of Conflict Management in Sardinia, Unpublished doctoral dissertation, University of California, Berkeley, 1974.

[2] See Sally Engle Merry, Colonizing Hawai'i: The Cultural Power of Law, Princeton University Press, 2000.

[3] [德]弗朗兹·冯·本达-贝克曼:《驯服还是杀掉这匹人头马?——关于法律人类学身份的几点思考》,王伟臣、张译元译,载吴大华主编:《法律人类学论丛(第4辑)》,社会科学文献出版社2016年版,第17页。

[4] See James A.R. Nafziger, Introduction to Comparative Law and Anthropology, in James A.R. Nafziger ed., Comparative Law and Anthropology, Edward Elgar Publishing, 2017, p. 10.

[5] See Bill Maurer, Mutual Life, Limited: Islamic Banking, Alternative Currencies, Lateral Reason, Princeton University Press, 2005; Cris Shore, The Euro Crisis and European Citizenship: The Euro 2001-2012-Celebration or Commemoration?, Anthropology Today, Vol. 28, 2012, pp. 5-9; Francis Snyder, Governing Economic Globalization: Global Legal Pluralism and European Law, European Law Journal, Vol. 5, 1999, pp. 334-374.

四、人类学比较法研究的立场

"很少有学科像人类学这样,因为接触到不同文化而产生对于自己文化的反省,乃至于对已有知识背后文化偏见的挑战,特别是对于一般性原则的理论知识背后所隐含的西欧文化的民俗模式或资本主义文化的假定。"[1] 人类学家在从事比较法研究的过程中,对于如何理解和评价外国法均坚持了这种反思和挑战的立场。而这又与法律民族志的研究方法有着密切的关联。

（一）怎样理解外国法:主位视角

法律民族志的研究方法决定了人类学倾向以主位视角来理解外国法。主位视角来自语言学上的主位(emic)概念,与客位(etic)视角形成对照。[2] 这种研究视角强调从文化内部看文化,旨在理解、呈现特定文化所包含的特殊意义。为了写作法律民族志,人类学家需要亲自走进研究对象的世界。所以,首先从物质层面,与当地人生活在一起的人类学家就已经获得了接近主位视角的渠道。但是如要获得真正的主位视角,还须进一步走进研究对象的内部世界,即精神世界或文化世界。而这又需要掌握当地人的语言,这就是马林诺夫斯基所强调的民族志方法须掌握当地人语言的意义。与马氏的立场一脉相承的人类学家博安南进一步指出,在法律民族志的书写过程中,既然人类学家已经掌握研究对象的语言,那么就应当坚持主位视角,要尽可能地排除人类学家自身的范畴和预设,深入理解当地人的思维

---

[1] 黄应贵:《反景入深林:人类学的观照、理论与实践》,商务印书馆2010年版,第23页。

[2] See Kenneth L. Pike, Language in Relation to a Unified Theory of the Structure of Human Behaviour, Part I, Summer Institute of Linguistics, 1954, p. 42.

模式和文化背景,以便更加准确地描绘出其调查对象的生活经验。[1] 为此,他区分了"民俗体系"(Folk System)与"分析体系"(Analytical System):源于西方社会的法律体系其实也是一种具有地方色彩的"民俗体系",不能不加辨别地直接用来分析他者社会的法律现象。博安南的立场对此后人类学的比较法研究产生了深远影响。就连没有撰写过法律民族志的象征人类学家格尔茨都以此为基础提出了所谓的"法律深描"。

由此可见,主位视角显然有利于更加精确地表达外国法。表达或书写外国法涉及对外国法的翻译,这是比较法上的一个关键问题,传统比较法学也意识到了这个问题。比如著名比较法学家勒内·达维德(Rene David)曾指出:"用我们的词汇来说明非洲或马达加斯加的制度极为不易。如果要在这些制度中找到我们的法的范畴和运用我们的法的方法,那只会导致完全曲解习惯的观念。"[2] 需要强调的是,在比较法的研究中,由于研究者和研究对象往往出自不同的文化背景,所以想要达到完全意义上的理解是不可能的。但为了尽可能地避免曲解他者的观念,人类学强调从他者的法律范畴出发来寻找相似性或差异性,而不是反过来从人类学家自身的语言,比如英语的范畴来探索他者法律的独特之处。

坚持主位视角的人类学家能够尽可能地深入观察甚至参与到当地人的生活之中。因而他们观察到的法律现象都是动态

---

[1] See Elizabeth Mertz and Mark Goodale, Comparative Anthropology of Law, in David S. Clark ed., Comparative Law and Society, Edward Elgar Publishing, 2012, p. 77.

[2] [法]勒内·达维德:《当代主要法律体系》,漆竹生译,上海译文出版社1984年版,第517页。

的、鲜活的。实际上,不管是早期关于部落社会习惯法的研究,还是后来的过程视角分析,乃至如今对全球法律多元的观察,人类学始终坚持从动态的角度来理解外国法,关注在社会生活中发挥实际作用的法律规范以及与更为广阔的社会语境不可分离的法律观念与实践。正是在这一意义上,比利时法学家马克·范·胡克曾将(传统)比较法学与人类学区分为"作为规则之法"与"作为文化之法"。[1]

(二)怎样评价外国法:相对主义

怎样评价外国法是一个认识论的问题,是在理解的基础上作出判断。如果理解得不够深入,很可能得出错误的判断。比如,"法律人类学研究在开始的时候……从人的统一的心理结构出发,认为人类在世界上到处并且在一切地域,也不论什么种族,归根结底都经历过同样的发展阶段。基于这种信念,他们专一地考察所谓的'原始社会的法'"[2]。在这种法律进化论的范式之下,人类学认为他者的法律是原始野蛮的,是马克斯·韦伯所谓的"形式非理性法"[3],与"形式理性"的西方法律相比是一种不太高级的"法律"。只有对他者的法律给予"不高级"的评价,才能将其置于法律进化论的底端。同样,与法律民族志的研究方法有关,人类学一旦进入田野就立刻抛弃了曾经的价

---

[1] 参见[比]马克·范·胡克、[比]马克·沃林顿:《法律文化、法律范式与法律学说——迈向一种新的比较法研究模式》,载[比]马克·范·胡克主编:《比较法的认识论与方法论》,魏磊杰、朱志昊译,法律出版社2012年版,第101页。

[2] [德]茨威格特、[德]克茨:《比较法总论》,潘汉典等译,中国法制出版社2016年版,第16页。

[3] 参见林端:《儒家伦理与法律文化:社会学观点的探索》,中国政法大学出版社2002年版,第48—50页。

值判断。比如，格拉克曼认为，非洲部落社会的习惯法不仅不低级，而且不论在实质上还是形式上同西方法律相比都具有较多的相似性。

20世纪60年代，法律人类学的重心由英国转移到了美国。自博阿斯创设哥伦比亚大学人类学系开始，美国人类学就秉持文化相对主义的传统。劳拉·纳德、哈里·托德（Harry Todd）、萨利·福尔克·穆尔等专注法律研究的美国人类学家都是这一观念的信奉者。他们认为，格拉克曼的事实判断在逻辑上存在重大缺陷，强调他者与西方的平等性并不需要刻意寻找二者的相似性。他者有没有西方意义上的法律其实只是一个定义问题，人类学家需要关心的是，他者与西方在法律的实际运作上是否存在差异。于是在他们的研究中，便已经超越了"低级与高级""发达与落后""传统与现代"的简单比较。这种观念也成为此后人类学家在从事比较法研究时所共享的一个基本的理论预设。套用劳拉·纳德的话，"当今人类学家对各种习惯法、地方法以及国家法的比较，并没有作出'不发达'或者需要'发达'的判断"[1]。

五、超越西方中心主义的比较法研究

通过上文可以看出，相较于传统比较法学，人类学关于比较法研究的目的、对象及立场均有着鲜明的特点，我们有理由认为人类学在比较法研究的过程中已经形成了一种范式，这种范式可被命名为"人类学范式的比较法研究"。这种研究范式对于

---

[1] Laura Nader, Whose Comparative Law? A Global Perspective, in James A.R. Nafziger ed., Comparative Law and Anthropology, Edward Elgar Publishing, 2017, p. 33.

传统比较法学有着重要的补充、借鉴和启示意义。传统上它以亚非拉等地区的习惯法为研究对象,20世纪70年代以后扩展至全球法律多元;它秉持相对主义的认识论,以主位视角体悟式地表达外国法律文化的实践过程。尽管诸如田野调查、扩展个案等研究方法已经溢出了人类学的边界而为其他学科所采用,但是使用这些方法系统地进行比较法律研究的仍然以人类学为代表。总而言之,只有借助人类学的研究成果,才能构建一个完整的人类社会的比较法版图。所以,茨威格特和克茨直截了当地表示"法律人类学当今在很大程度上已经成为现代比较法的一个部门"[1]。但是正如本节开篇所指出的,现代比较法学的其他部门同这个"人类学的部门"并没有太多有效的沟通和交流。那么,这种局面是如何造成的呢?我认为,这可能与以下两点因素有关:

首先,法学家和人类学家有着不同的研究旨趣。法学家凭借比较法的视野去凸显法律制度的可对比性,为法律改革和修订提供方案;而人类学家则希望理解规则和程序的起源和演变,人们为何以及怎样坚守或放弃自己的传统并分别导致了何种后果。[2] 或者用劳拉·纳德的话来讲,"(当代)人类学的兴

---

[1] [德]茨威格特、[德]克茨:《比较法总论》,潘汉典等译,中国法制出版社2016年版,第18页。需要指出的是,仅就《比较法总论》这部作品而言,茨威格特和克茨并没有对人类学的比较法研究给予足够的重视。

[2] See James A.R. Nafziger, Introduction to Comparative Law and Anthropology, in James A.R. Nafziger ed., Comparative Law and Anthropology, Edward Elgar Publishing, 2017, p. 2.

趣在于寻找差异性,它们对于创造一个统一的法律秩序不感兴趣"[1]。而统一法律秩序,寻找法律之间的相似性,正是比较法学的初衷。其次,英美法律人类学与欧陆比较法学各有所长。在法律人类学领域,英美学界有着悠久的传统,不论是英国人类学家马林诺夫斯基、格拉克曼还是美国人类学家霍贝尔、纳德都对这一领域作出了卓越贡献。与之相比,20世纪90年代以前,除了荷兰学派,以法国、德国为代表的欧陆法律人类学相对而言乏善可陈。[2] 但是在比较法学领域,情况恰好相反,因为孤立主义和"向内看"的取向,英美比较法学无论在规模还是影响力上均不及法国和德国的比较法学。[3] 于是,相对而言,英美擅长法律人类学,但拙于比较法学;欧陆擅长比较法学,却拙于法律人类学,由此也造成并加深了法律人类学与比较法学的隔膜。

如此一来,隔离了人类学传统的比较法学便带有浓厚的西方中心主义特征。"在西方主导世界的时代,比较文化和法律的主要范式是中—西、印—西、伊—西和俄—西等比较。"[4]在这种比较法学的范式内,对于我们中国自身法律文化的理解也可

---

[1] Laura Nader, Whose Comparative Law? A Global Perspective, in James A.R. Nafziger ed., Comparative Law and Anthropology, Edward Elgar Publishing, 2017, p. 30.

[2] 参见[德]弗朗兹·冯·本达-贝克曼:《驯服还是杀掉这匹人头马?——关于法律人类学身份的几点思考》,王伟臣、张译元译,载吴大华主编:《法律人类学论丛(第4辑)》,社会科学文献出版社2016年版,第8—12页;See Christoph Eberhard, Challenges and Prospects for the Anthropology of Law. A Francophone Perspective, Newsletter of the Commission on Folk Law and Legal Pluralism, No. XXXV, 2002, pp. 47-68.

[3] 参见李秀清等:《20世纪比较法学》,商务印书馆2006年版,第24—318页。

[4] 高鸿钧:《改革开放与中国比较法学的成长》,载《法学》2018年第8期。

能是片面的。比如,中国法制史学界长期认为,典权是中国及中华法系特有的法律制度。但根据法律民族志的研究,至少印度尼西亚的米南加保人也有这种典权制度。[1] 又如,我们之所以认为"无讼"思想是中国传统法律文化中的重要内容,其实只是源于对中国与西方的简单对比。但是人类学研究发现,"无讼"或"息讼"的观念并非中国、日本等深受儒家文化影响的东亚国家的特例,在中东地区和非洲腹地都广泛存在着这种现象。[2] 因而,作为中国传统法律文化一大特征的"无讼"在某种程度上其实是西方中心主义比较法学的产物。

当然,比较法学也意识到了这个问题,早在 1985 年,德国比较法学家根特·弗兰肯伯格(Günter Frankenberg)就呼吁比较法学要从种族中心论迈入自我批判。[3] 但是法学家只参考格尔茨的象征人类学是远远不够的,上文已经证明了人类学对于比较法研究的贡献绝不仅仅是提出了"地方性知识"的概念,它对于超越"传统与现代"的西方中心主义的法律进化叙事、丰富人类法律文明图景、保持法律文明和文化的多样性、促进世界各个法律文明之间的平等对话与自由交流均有着突出的价值。正如罗道尔夫·萨科所言,"对于比较法学者而言,人类学的经验仍然具有无可比拟的价值,因为这种经验向比较法学者传授了无

---

[1] See Franz von Benda-Beckmann, Property in Social Continuity: Continuity and Change in the Maintenance of Property Relationships through Time in Minangkabau, West Sumatra, Martinus Nijhoff, 1979.

[2] See Cathie J. Witty, Mediation and Society: Conflict Management in Lebanon, Academic Press, 1980.

[3] 参见[德]根特·弗兰肯伯格:《批判性比较:重新思考比较法》,贺卫方、王文娟译,载梁治平编:《法律的文化解释》,生活·读书·新知三联书店 1994 年版,第 207 页。

数的背景事实,而且,更重要的是,它能够使他们避免陷入那些危险的错误和偏见之中"[1]。

对于当代中国比较法学乃至人类学、民族学而言,人类学范式的比较法研究无疑有着十分重要的理论价值和实践意义。树立平等、互鉴、对话、包容的文明观一直是中国所倡导的构建人类命运共同体思想的基础。在人类发展史上,不同国家和地区各自创造出富有地域特色的法律思想、法律制度和法律实践,形成了包括中华法系在内的多元并立的法系图景。但是近代化以来,随着西方文明对外的扩张,"包括中华法文明、伊斯兰法文明、印度、拉美、非洲、大洋洲法文明在内的非西方法律文明彻底沦为了边缘法律文明,法律文化的多样性被压制在西方法律文明的伞盖之下"[2]。传统上以"英美法系与大陆法系"为研究主题的比较法学也带有浓厚的西方中心主义的特征。自20世纪初,以非西方国家为主要研究对象的现代法律人类学对这种西方中心主义的法律文明观给予了强烈批评。百余年来,几代法律人类学家在对亚非拉等非西方国家法律文明进行研究的过程中,始终坚持文明无高低优劣之分,强调不同法律及文化的独特价值,通过法律民族志的实例展现了一幅丰富多彩的人类法律文明的多元图景。

---

[1] [意]罗道尔夫·萨科:《比较法导论》,费安玲、刘家安、贾婉婷译,商务印书馆2014年版,第33页。
[2] 李晓辉:《法律文明互鉴的新思维:以习近平文明观为中心的考察》,载《中国政法大学学报》2018年第3期。

第五章 法律人类学的中国范式

中国的法律人类学研究肇始于民国时期。比如,严景耀的著作《中国的犯罪问题与社会变迁的关系》(1986年)、王同惠的著作《花篮瑶社会组织》(1936年)、徐益棠的论文《广西象平间瑶民之法律》(1941年)、杨懋春的著作《一个中国村庄:山东台头》(1945年)、林耀华的著作《金翼:中国家族制度的社会学研究》(1944年)、瞿同祖的著作《中国法律与中国社会》(1947年)或是使用了田野调查的方法,或是关注了习惯法的运行和纠纷的社会控制,或是讨论了礼法、宗教、经济的关系。[1] 需要指出的是,这些学者基本有着留学背景,他们采用的也是当时英美或欧洲人类学或法律社会学所流行的研究模式。此外,詹姆士·弗雷泽(James Frazer)、马林诺夫斯基、拉德克利夫-布朗等知名学者的涉及法律的部分作品也被译

---

[1] 参见严景耀:《中国的犯罪问题与社会变迁的关系》,吴桢译,北京大学出版社1986年版;王同惠:《花篮瑶社会组织》,商务印书馆1936年版;徐益棠:《广西象平间瑶民之法律》,载《边政公论》1941年第1期;杨懋春:《一个中国村庄:山东台头》,张雄、沈炜、秦美珠译,江苏人民出版社2001年版;林耀华:《金翼:中国家族制度的社会学研究》,庄孔韶、林余成译,生活·读书·新知三联书店1989年版;瞿同祖:《中国法律与中国社会》,商务印书馆1947年版。

成中文。[1]

　　新中国成立之后,原有的英美或欧洲模式的法律人类学研究随即宣告中断。不过,1956—1964年,全国人民代表大会民族委员会领导、发起了一项规模空前的中国少数民族社会历史大调查,其中就包括关于少数民族社会固有法的调查和记录。虽然这些调查和记录具有"规范式"的法律民族志的研究特征[2],但其与典型的法律人类学研究相比,还是有着显著的差异。到了"文化大革命"时期,这种关于少数民族固有法的研究也宣告终结。改革开放以后,中国法律人类学研究重新起步。四十多年来,其在各个方面取得了长足的进展,已经初步形成了具有中国本土特色的法律人类学研究范式。尤其是2020年以来,在"法律人类学云端读书会"等富有活力的学术团队的大力推动下,法律人类学的影响力正与日俱增。但必须承认,时至今日,无论从研究规模还是从研究深度上看,当代中国的法律人类学尚不能比肩法律社会学、法律经济学等"传统"的交叉学科/社科法学。[3] 我认为,这可能与这门学科的研究范式较难习得和实践有关。当然,这也是一个非常复杂的知识社会学问题。为

---

[1] 相关介绍参见徐哲:《民国时期法律人类学传播史研究》,载吴大华主编:《法律人类学论丛(第8卷)》,中央民族大学出版社2022年版,第39—44页。

[2] 参见周勇:《法律民族志的方法和问题——1956—1964中国少数民族社会历史调查对少数民族固有法的记录评述》,载王筑生主编:《人类学与西南民族》,云南大学出版社1998年版,第309—335页。

[3] 比如,侯猛发表过如下判断:"社科法学已经形成规模的有三种研究进路:法律社会学、法律经济学和法律认知科学。所谓形成规模,主要指的是形成了较为稳定的研究群体,具有一定数量的知识产出。"参见侯猛编:《法学研究的格局流变》,法律出版社2017年版,第3页。虽然侯猛的这番判断发表于2017年,但放在2025年,似乎依然成立。这主要是因为当代中国法律人类学依然缺少法律民族志作品。

此,本章拟分别从两条线索入手,考查此项研究的学科处境与发展现状。这两条线索其实是彼此交织在一起的:一条是国外法律人类学知识在中国的译介与传播;另一条是中国法律人类学对外来知识的转化与自主探索。

第一节 法律人类学在中国的译介与传播[1]

本节拟对法律人类学在中国的译介与传播进行一番梳理,并尽可能地将译介作品及其理论观点放在国外的学术谱系中进行定位,同时着重考察不同译介作品在传播过程中的相承关系,以期能够解释此项研究在中国的发展现状。按照目的和规模,这一过程大致可分为三个阶段。

一、第一阶段:碎片化地引入

同法律社会学一样[2],法律人类学向中国的知识传播肇始于民国时期,代表作当属瞿同祖最终于1947年完成的《中国法律与中国社会》。这本书一般被归类为"中国法制史"[3]"法律

---

[1] 本节曾以《从边缘到边缘:法律人类学在中国的译介与传播》为题发表于《法治现代化研究》2019年第1期。与原文相比,此处作了一定程度的改动。
[2] 关于法律社会学在中国的早期传播,参见何勤华:《中国法学史》(第三卷),法律出版社2006年版,第158页。
[3] 参见周会蕾:《20世纪上半叶中国法制史学史》,华东政法大学2012年博士学位论文,第49页;孙国东:《功能主义"法律史解释"及其限度——评瞿同祖〈中国法律与中国社会〉》,载《河北法学》2008年第11期。

社会史"[1]或者"中国法律思想史"[2]等领域。但是从研究范式与参考文献上看,《中国法律与中国社会》显然还受到了法律人类学的诸多影响,而这又与瞿同祖的求学经历与学术传承有着密切的关系。瞿同祖曾回忆:"在燕京大学,我主要上社会学系和历史方面的课。对我影响最大的就是吴文藻……"[3]几年后,他又在吴文藻的指导下,获得了硕士学位。作为人类学中国化的奠基人,吴文藻在人类学研究方面最著名的学术观点或贡献就是借用英国功能主义人类学的理论与方法推进中国的社区研究。[4] 此外,吴文藻在哥伦比亚大学留学期间还曾旁听"美国人类学之父"弗朗茨·博阿斯及其弟子露丝·本尼迪克特的课程,所以他对于美国人类学的文化相对论也并不陌生。

受此影响,作为吴门嫡系弟子的瞿同祖在求学期间就已经接触了人类学的经典作品,而后又追随导师的足迹于1944年前往哥伦比亚大学交流访学。所以《中国法律与中国社会》所引用的为数不多的十余篇外文文献大都与人类学有关,包括芬兰人类学家韦斯特马克(E. Westermarck)的《道德

---

[1] 参见杜月:《社会结构与儒家理想:瞿同祖法律与社会研究中的断裂》,载《社会》2012年第4期。

[2] 参见王志强:《二十世纪的中国法律思想史学——以研究对象和方法为线索》,载《中外法学》1999年第5期;苏力:《在学术史中重读瞿同祖先生》,载《法学》2008年第12期。

[3] 王健:《瞿同祖与法律社会史研究——瞿同祖先生访谈录》,载《中外法学》1998年第4期。

[4] 参见祁庆富:《论吴文藻先生引进西方文化理论的贡献》,载《中央民族大学学报》2002年第4期。

观念的起源与发展》[1]、英国民俗学家哈特兰(E. S. Hartland)的《原始法律》[2]、美国人类学家罗维的《初民社会》[3]、马林诺夫斯基的《原始社会的犯罪与习俗》以及霍贝尔的《科曼奇印第安人的政治组织与法律方式》[4]等。而其中,最后两部典型的法律人类学作品更是意义非凡。那么,瞿同祖是如何接触到这两部作品的呢?据其回忆,其于1939年"去了云南大学,开了一门课讲中国法制史……又读了人类学家写的书,有马凌诺斯基的《蛮族社会之犯罪与习俗》……"[5]这里特别值得注意的是,瞿同祖把马氏称为"马凌诺斯基",这说明,他参考的并非1930年由上海华通书局出版、林振镛翻译的版本[6]。因而,瞿同祖阅读的应该是英语原版。这意味着,在1940年左右,英文版的《原始社会的犯罪与习俗》就已经传入中国了。

霍贝尔的博士学位论文《科曼奇印第安人的政治组织与法律方式》虽然完成于1934年,但是有理由推测,瞿同祖应该是在1944年前往美国后在哥伦比亚大学图书馆看到的。其实,在1944年的哥伦比亚大学图书馆中,还有一部作品对

---

[1] See E. Westermarck, The Origin and Development of the Moral Ideas, Macmillan, 1912.
[2] See E. S. Hartland, Primitive Law, Methuen, 1924.
[3] See R. H. Lowie, Primitive Society, Boni & Liveright, 1920.
[4] See E. Adamson Hoebel, The Political Organization and Law-ways of the Comanche Indians, American Anthropological Association, No. 54, 1940.
[5] 王健:《瞿同祖与法律社会史研究——瞿同祖先生访谈录》,载《中外法学》1998年第4期。
[6] 参见[英]马林诺夫斯基:《蛮族社会之犯罪与风俗》,林振镛译,上海华通书局1930年版。

法律人类学产生的影响远远超过了这部博士论文,那就是1941年出版的《夏延人的方式》。但遗憾的是,《中国法律与中国社会》并没有引用这部作品。[1] 毕竟对瞿同祖而言,参考法律人类学的研究成果只是为其论文第一章第四节"亲属复仇"和第五章"巫术与宗教"提供案例支撑。不过,马林诺夫斯基、霍贝尔等人的作品能够出现在《中国法律与中国社会》的脚注中本身就极具意义,它们标志着法律人类学向中国传播的开端。

我目前能够找到的第一篇专门介绍法律人类学研究的汉语作品是夏晓兰所翻译的《人类学与法律》,收录于李亦园主编的于1974年出版的《文化人类学选读》。[2] 原作者为保罗·博安南。原文收录于美国人类学家索尔·塔克斯(Sol Tax)于1964年主编的论文集《人类学的视野》。[3]

进入20世纪80年代,学界开始大规模译介西方社会科学文献。西方法学的各个流派以及涉及法学的交叉研究几乎都参与其中。比如,据刘思达观察,对西方法律社会学文献的翻译和研讨,"从对庞德、埃利希、韦伯、霍姆斯等经典理论家的介绍,到对布莱克(Donald Black)、塞尔兹尼克(Philip Selznick)、科特雷尔(Roger Cotterrell)、卢曼(Niklas Luhmann)等同时代的国际知名法律社会学家的关注,我国法律社会学的理论基础在20世

---

[1] 需要补充说明的是,1947年版的《中国法律与中国社会》甚至把霍贝尔的英文名错写成"Hobel"。参见瞿同祖:《中国法律与中国社会》,商务印书馆1947年版,第50页。

[2] 参见夏晓兰:《人类学与法律》,载李亦园编:《文化人类学选读》,食货出版社1974年版,第161—167页。

[3] See Paul Bohannan, Anthropology and the Law, in Sol Tax ed., Horizons of Anthropology, Aldine Publishing Company, 1964.

80年代末期基本上'全盘西化'了"[1]。正是在此基础上,赵震江、季卫东、齐海滨发表于《社会学研究》1988年第3期的《论法律社会学的意义与研究框架》才能够全面地回顾国外法律社会学的发展史和主要流派。大概是因为对法律社会学的介绍已经比较丰富,就在这一时期,有些学者开始另辟蹊径,推出了几篇关于法律人类学的译介文章。

第一篇是发表于《国外社会科学》1987年第11期的《法律人类学评介》。文章译自澳大利亚法学家马丁·克雷齐尔(Martin Krygier)所撰写的《人类学方法》,译者傅再明将题目翻译为《法律人类学评介》。这篇文章最初收录于1980年澳大利亚哲学家尤金·卡门卡(Eugene Kamenk)及其夫人爱丽丝·泰合编的论文集《法律与社会控制》。[2] 克雷齐尔的这篇文章并非简述整个法律人类学的发展史,而只是简要地介绍了该领域关于纠纷和争议的各种理论。为此,他介绍了马林诺夫斯基、格拉克曼、博安南、波斯比西和哈姆内特等法律人类学家的相关研究,并重点强调了《夏延人的方式》的历史地位。此外,克雷齐尔还提到了拉德克利夫-布朗、维克多·W.特纳等并未专门从事法律研究的人类学家,毕竟原文名称中的"Anthropological Approaches"本身强调的就是人类学的方法。换言之,克雷齐尔已经暗示了法律人类学的学科性质——人类学的一项分支研究,而非人类学和法学的交叉学科。但是,不知是不是节译的缘

---

[1] 刘思达:《中国法律社会学的历史与反思》,载苏力主编:《法律和社会科学(第7卷)》,法律出版社2010年版,第32页。

[2] See Martin Krygier, Anthropological Approaches, in Eugene Kamenka and Alice Erh-Soon Tay eds., Law and Social Control: Ideas and Ideologies, E. Arnold, 1980, pp. 27–59.

故,这篇译文遗漏了20世纪60年代以来纳德、穆尔等学者的研究成果。此外,可能是版面的原因,这篇译文只保留并翻译了两篇引注文献,一篇为格拉克曼的《北罗德西亚巴罗策人的司法程序》[1],另一篇为霍贝尔的《原始人的法》。这是《原始人的法》首次出现在汉语文献中。

几乎与此同时,1987年第6期的《世界民族》杂志发表了由杨周云翻译的人类学家科赫的论文《法律与人类学》,原文曾收录于美国人类学家哈蒙德(Peter B. Hammond)主编的论文集《文化和社会人类学:民族学的入门读物》。[2] 1965年左右,科赫曾与老师纳德一道对1964年以前的法律民族志作品(以英语作品为主,也包括一小部分德语、法语、荷兰语作品)进行了系统的检索和整理。[3] 所以科赫对于法律人类学历史的了解远在克雷齐尔之上。他的这篇文章不仅提到了经典作品,而且着重介绍了第二次世界大战以来人类学扩展至欧美社会之后"对当代社会的法律研究"。在科赫看来,法律人类学绝不同于对原始、野蛮法律的研究,"人类学家为法律界人士提供了有价值的从经验主义的分析中得到的实据"。因而,科赫也对霍贝尔的

---

[1] 克雷齐尔引用的是此书1967年版。

[2] See Klaus Friedrich Koch, Law and Anthropology: Notes on Interdisciplinary Research, in Peter B. Hammond eds., Cultural and Social Anthropology: Introductory Readings in Ethnology, Collier Macmillan Publisher, 1975.这篇文章最早发表于 *Law & Society Review*。See Klaus-Friedrich Koch, Law and Anthropology: Notes on Interdisciplinary Research, Law & Society Review, Vol. 4, 1969, pp. 11-27.

[3] 他们于1966年在 *Current Anthropolog* 第7期上发表了相应成果——《法律的民族志:一个文献学回顾》。See Laura Nader, Klaus Koch and Bruce Cox, The Ethnography of Law: A Bibliographic Survey, Current Anthropology, Vol. 7, 1966, pp. 267-294.

《原始人的法》提出了批评,认为该书试图对法律体系进行的全面分析"在很大程度上是失败的"。

一年后,林端在《中国论坛》1988年第298期及第299期上发表了论文《法律人类学简介》[1],后收录于1994年出版的论文集《儒家伦理与法律文化:社会学观点的探索》。虽然在发表时间上稍晚于上述两篇译文,但是无论是从篇幅与字数[2],还是从理论深度上看,这篇论文都堪称汉语学界关于西方法律人类学最早的,最为全面、系统的引介性文献。或者说,此文早已超出了"引介"的层次,其对于西方法律人类学的细致观察与真知灼见,时至今日都不过时。文章围绕着"法律是动态的文化现象""与所谓高阶文化中法律体系的区别""术语问题——两难""何谓'法律'""法律的基础——相互性""民风、风俗与法律""法律的社会功能——法律人类学的出路"以及"法律多元主义与法律人类学任务"等问题依此展开讨论。在我看来,林端的《法律人类学的简介》的最大贡献在于,它首次向国内读者介绍了"术语问题——两难",即20世纪中叶格拉克曼与博安南关于西方法律与部落社会法律共性与差异的分歧、西方法律范畴能否以及怎样研究前工业社会法律的争论。这场争论是20世纪法律人类学最为重要的学术事件,不仅反映了此项研究在认识论、方法论上的困境,而且引发了研究范式的变革。更重要的是,术语的翻译及使用具有普遍性意义,是社会科学本土化绕不开的问题。

但是林端的这篇论文依然存在些许不足之处。虽然在参考

---

[1] 参见林端:《法律人类学简介》,载《中国论坛》1988年第298期、第299期。
[2] 从字数上看,《法律与人类学》约7500字,《法律人类学评介》约8000字,而林端的《法律人类学简介》约17000字,比两篇译文的总和还要多。

文献中,林端列明了博安南、纳德、波斯比西、罗伯茨等英美学者的论著,但在正文的讨论中他只参考了两份德文资料:乌韦·韦塞尔(Uwe Wesel)1985年的专著《国家社会之前的早期法律形式》[1]以及绍特(R. Schott)1983年的论文《法律民族学》[2]。作为德国海德堡大学的社会学博士,林端具有德国民族学的学术背景,参考德国学者的研究资料对法律人类学进行介绍也理所当然。但是,直到20世纪90年代,在国际法律人类学界,德国都还处于边缘地位。[3] 与之相关的,德国法律民族学不仅难与英美法律人类学分庭抗礼[4],甚至在欧陆也远远落后于荷兰学派。此外,1988年的林端正于德国哥廷根大学撰写社会学硕士学位论文从而为来年的答辩做准备。那么,他为何要在学业、生活的双重压力之下耗费心力地去撰写一篇并不能代表德国学术传统的引介性文章?[5] 我认为,答案就在于其1989年完成的硕士学位论文的题目,即《韦伯的社会学式的法律概念:一个

---

[1] Vgl. Uwe Wesel, Frühformen des Rechts in Vorstaatlichen Gesellschaften, Suhrkamp, 1985.

[2] Vgl. R. Schott, Rechtsethnologie, in Hans Fischer (hg.), Ethnologie: Eine Einführung, Dietrich Reimer Verlag, 1983, ss.181-203.

[3] 参见[挪威]费雷德里克·巴特、[奥]安德烈·金格里希、[英]罗伯特·帕金、[美]西德尔·西尔弗曼:《人类学的四大传统——英国、德国、法国和美国的人类学》,高丙中等译,商务印书馆2008年版,第179页。

[4] See Peter Hanser, New Perspective for the Anthropology of Law: A Short Report on the First German-French Symposium, Journal of Legal Pluralism and Unofficial Law, Vol. 28, 1989, p. 187.

[5] 根据林端夫人吕爱华女士的说法,"一边摇着他的第一个儿子,一边写作论文,完成了他的硕士学位"。参见吕爱华:《林端先生生平事略》,http://www.rujiazg.com/article/3154,最后访问日期:2025年7月9日。

法律人类学观点的分析》[1]。《法律人类学简介》与其硕士学位论文有着高度的关联性,简言之,林端试图通过法律人类学的视角来解读韦伯。6年后,他在博士学位论文中对韦伯学说的批判同样引用了法律人类学的观点。[2] 这充分说明,当代中国学界关于国外法律人类学知识的引入具有强烈的问题意识导向。

与此同时,张乃根在《法律科学(西北政法学院学报)》1989年第2期上发表了关于法律人类学的第一篇专题论文——《当代人类学法哲学评述》。文章开篇就阐明了写作目的:"新中国建立后,文化人类学曾长期遭禁锢,人类学法哲学更是鲜为人知。本文尝试对人类学法哲学的产生和发展,当代英美人类学法哲学的研究领域及其启示作初步的评述。"不过,限于前期研究不够充分,这篇文章无论是从广度还是深度上看,都远远不及林端的梳理。但是有一点作者倒是非常明确:"英美人类学家运用文化人类学研究法律……法人类学是文化人类学的分支。"这一论断要比后来很多介绍性论文动辄声称"法律人类学是法学与人类学的交叉学科"严谨得多。两年后,《比较法研究》1991年第2期刊登了么志龙的论文《通向文化之路——从历史法学派到法律人类学》。这篇文章的视角非常独特,试图寻找历史法学派和法律人类学之间的理论勾连,可是萨维尼和马林诺夫斯

---

[1] See Duan Lin, Der soziologische rechtsbegriff Max Webers: Eine analyse aus rechtsethnologischer sicht, MA Arbeit, Uni Gottingen, 1989. (unpublished manuscript, on file with author)

[2] 关于法律人类学对林端的意义的详细内容,参见王伟臣:《法律人类学的启蒙——评林端〈法律人类学简介〉》,载苏力主编:《法律书评(11)》,北京大学出版社2015年版,第88—97页。

基之间并没有明显的学术传承或对话关系。此外,文章还分析了法律社会学和法律人类学的差异,并尝试阐明马林诺夫斯基、霍贝尔学说的理论前提,这种叙述视角较张乃根的介绍有所进步,但碍于资料有限,讨论得不够深入。

1992年8月,贵州人民出版社出版了严存生等人翻译的霍贝尔的"名著"——《原始人的法》。1年后,中国社会科学出版社出版了该书的另外一个译本——由周勇翻译的《初民的法律——法的动态比较研究》。为什么在整个20世纪80年代没有一部西方法律人类学的译著,但是到了20世纪90年代初突然于一年之内出现了一本书的两个译本?这可能是因为,《原始人的法》似乎可以回应当时法学界的一场争论。严存生版的"译者前言"开篇就提到:

> 原始社会有没有法律?一百多年来,这个很有魅力的问题一直在吸引着许多历史学、人类学、民族学、社会学和法学等学科的研究者。的确,这个问题的解决对以上各个学科都有着重大意义。就法学而言,它涉及法律的起源、本质、作用等一系列法理学上的重大问题。前几年里,我国法学界围绕着法律的本质和基本属性而展开的讨论,也涉及这个问题。应该说至今人们对这个问题的认识还很不统一,可以说各人有各人的回答。《原始人的法》这本书就是著名法人类学家埃德蒙斯·霍贝尔对此问题的一种回答。[1]

---

[1] [美]E.霍贝尔:《原始人的法》,严存生等译,贵州人民出版社1992年版,译者前言第1页。

原始社会有没有法律？霍贝尔的书名已经给出了肯定的回答。这可能就是严存生等人早在 1986 年就完成译稿的原因。[1] 可能是为了进一步强调"原始法"的意义，他们还删去了原书的副标题"法律的动态比较研究"。[2] 但是霍贝尔笔下的特布罗利恩德人、科曼奇人等"原始人"并非几万年前原始社会的人，而是与霍贝尔、马林诺夫斯基处于同一时代（20 世纪）的人。这些人所生活的社会虽然经济、科技不够发达，但是同样有着漫长的历史、复杂的政治组织与婚姻系统。可是在 19 世纪后半叶社会进化论思潮的影响下，第一代人类学家将他们称为"原始人"或"野蛮人"。进入 20 世纪，进化论对人类学的影响逐步减弱。20 世纪 40 年代，莱斯利·怀特（Leslie White）、朱利安·斯图尔德（Julian Steward）以文化生态学为基础提出了"新进化论"，但是霍贝尔的《原始人的法》与此毫无关系。从这个角度来讲，《原始人的法》从书名到内容再到研究范式实实在在是一部"过时"的作品。中译本《原始人的法》的影响也是多方面的。它是改革开放之后，西方法律人类学传入中国的第一部译著，在影响力上远远超过此前所有的节译短文和介绍性文章，并很快成为汉语学界法律人类学的"经典名著"。尽管在西方法

---

[1] 参见［美］E. 霍贝尔：《原始人的法》，严存生等译，贵州人民出版社 1992 年版，第 11 页。巧合的是，《原始人的法》也在同一时期进入日本。1984 年，千叶正士和中村美孚两位译者将该书易名为《法人类学的基础理论》。参见罗致平："校者前言"，载［美］E. A. 霍贝尔：《初民的法律——法的动态比较研究》，周勇译，中国社会科学出版社 1993 年版，第 1 页。

[2] 有趣的是，在 2012 年版中，《原始人的法》终于加上了副标题——法律的动态比较研究。大概是因为在 2012 年，中国法学界早就不再关心原始社会究竟有无法律的问题了。参见［美］E. 埃德蒙斯·霍贝尔：《原始人的法——法律的动态比较研究（修订译本）》，严存生等译，法律出版社 2012 年版。

律人类学的发展脉络中,此书不够新颖,但这本书毕竟视野宏大地对5个不同民族的习惯法进行了较为系统的比较。在周勇版的"校者前言"中,我国民族法学的奠基人罗致平认为,此书对于中国的民族法学有着现实的借鉴意义。[1] 这大概可以部分解释周勇翻译此书以及保留副标题的初衷。《原始人的法》与《初民的法律——法的动态比较研究》本想抛砖引玉,但是没有立刻获得回应,此后多年不见新译著的出现。此外,书名中"原始"与"初民"的字眼共同制造了一个误解:法律人类学被当成"原始法"或少数民族习惯法的代名词。

1993年,梁治平在《中国社会科学季刊》(香港)第4卷上发表了一篇在中国当代法学史上颇具影响力的论文——《法律的文化解释》,1年后,全文收录于其主编的同名论文集中。文章开篇阐明宗旨:"本文要提出的是所谓的文化的解释。由这个标题,人们可能首先联想到人类学和解释学。的确,以下的讨论借重于人类学和解释学之处甚多……语言就组织同时也限定了人们对于实在本身的理解。"为此他颇有洞察力地分析了格拉克曼与博安南的分歧,将其表述为"关于'概念'和'语言'的争论"[2]。从引文来看,他主要参考的是纳德根据1966年法律人类学会议编纂的论文集《文化和社会中的法律》。[3] 除了法律人类学的研究成果,梁治平还参考了本尼迪克特与格尔茨等并未专门从事过法律研究的文化人类学家

---

[1] 参见[美]E. A. 霍贝尔:《初民的法律——法的动态比较研究》,周勇译,中国社会科学出版社1993年版,校者前言第10页。

[2] 梁治平:《法律的文化解释》,载梁治平编:《法律的文化解释》,生活·读书·新知三联书店1994年版,第1、20—27页。

[3] See Laura Nader ed., Law in Culture and Society, Aldine Publish, 1969.

的学说。但是,在梁治平关于"法的概念"的讨论中,象征人类学家格尔茨却在法律人类学的语境中出现,因为他有一句名言——"法律乃是一种'地方性知识'"。

正如前文所提到的,格尔茨的这篇演讲论文并非其代表作,也不是法律人类学的经典。在格尔茨2部论文集的23篇论文中,这篇文章并非出类拔萃之作。梁治平也敏锐地觉察到了些许异样,却解释为"与其以往精细入微的个案分析不同,吉尔兹在这篇文章里引人注目地采取了宏观研究策略"[1]。所以在《法律的文化解释》这一同名论文集中,特别收录了由邓正来翻译的《地方性知识:事实与法律的比较透视》(以下简称《地方性知识》)。这篇译文对中国法学产生了极大影响。1996年,苏力在其代表作《法治及其本土资源》中"运用吉尔兹关于任何法律都是一种地方性知识的观点"[2],于格尔茨的"地方性知识"与"本土资源"之间建立勾连并使两者一同成为反对法律移植的两大论据。[3] 而后由于苏力理论学说的广泛流行,格尔茨及其"地方性知识"在中国法学界也迅速走红,成为一种时髦的标签。

通过上文的梳理和分析,我们可以发现,不管是瞿同祖研究中国古代巫术与宗教,还是林端解读与批判韦伯,或者严存生回应法律起源与本质的争论,抑或梁治平阐述法律的文化解释,法

---

[1] 梁治平编:《法律的文化解释》,生活·读书·新知三联书店1994年版,第9页。

[2] 赵晓力:"序",载苏力:《法治及其本土资源》,中国政法大学出版社1996年版,第Ⅱ页。不过,后来苏力曾解释道:"我所使用的地方性知识受到吉尔兹的启发,但是有重大的不同。"参见苏力:《送法下乡:中国基层司法制度研究》,中国政法大学出版社2000年版,第45页。

[3] 参见何勤华等:《法律移植论》,北京大学出版社2008年版,第272页。

律人类学与象征人类学都可以为他们提供案例或理论支撑,所以他们自觉或不自觉地以碎片化的形式引入了法律人类学的"只言片语"。

二、第二阶段:填补空白式的介绍

1997年,中国政法大学出版社出版了由强世功等人翻译的日本著名法学家千叶正士的代表作《法律多元——从日本法律文化迈向一般理论》。虽说此书是一部论文集,但是贯穿了一个统一的主题。作者以非西方学者的身份自觉地从非西方立场对法律文化和法律多元进行理论建构,并且对流行的西方法理学进行批判,力图将其法律多元理论建立在本民族的经验之上[1],自从该书被译成中文,其思想和观点,尤其是所谓的"多元法律的三重二分法"对中国法学界一直有着较大影响。不过,学界似乎忽略了此书的法律人类学背景。据其弟子汤浅道男、小池正行、大塚滋的说法,千叶正士早年主要研究祭祀问题,但是,"1965—1966年在霍贝尔、劳斯两教授所在的明尼苏达大学留学后,改变了方向。其问题就等于从世纪看亚洲的日本,其方法被法人类学采用"[2]。值得一提的是,梁治平在《清代习惯法:社会与国家》一书中根据千叶正士的理论提出了"民间法"的概念[3],而这个概念在进入21世纪后,成为一个重要

---

[1] 参见[日]千叶正士:《法律多元——从日本法律文化迈向一般理论》,强世功等译,中国政法大学出版社1997年版,致谢和说明第Ⅰ页。
[2] [日]汤浅道男、[日]小池正行、[日]大仲滋:《法人类学基础》,徐晓光、周相卿译,华夏文化艺术出版社2001年版,第3页。
[3] 参见梁治平:《清代习惯法:社会与国家》,中国政法大学出版社1996年版,第34页。

的学术阵地和刊物的标识。

4年后,汤浅道男等人为了庆祝千叶正士七十寿辰而出版的论文集——《法人类学基础》由徐晓光、周相卿翻译出版。该论文集分为"法人类学的成立与展开""作为基础法学的法人类学""固有法文化的各种样态""多元法体制下的法文化"4个部分。每一部分都由数篇论文组成,比如"作为基础法学的法人类学",包括《法思想史与法律人类学》《法史学与法人类学》《比较法学与法人类学》《法社会学与法人类学》《法符号学与法人类学》《法人类学与法哲学》。这些论文每篇都短小精悍,以4000字左右的篇幅从不同侧面展示法律人类学的发展脉络、理论方法以及重要的学术成果。此书对于我们了解西方法律人类学在日本的传播有着重要的参考价值。从法律人类学传播的角度来讲,它比千叶正士的《法律多元——从日本法律文化迈向一般理论》更有意义。2006年,该书的译者徐晓光还专门发表了论文《日本法人类学及民族法学研究的历史与现状》,对日本法律人类学以及民族法学的发展过程及研究水平作了较为系统的介绍。可能是因为在香港特区出版,《法人类学基础》在内地学界的影响很小。[1] 与之相比,1年后由云南人民出版社出版的《原始社会的犯罪与习俗》却极大地促进了法律人类学在中国的传播。

---

[1] 据我的梳理,似乎只有以下四篇文章引用过这本译著:张冠梓的《法人类学的理论、方法及其流变》,载《国外社会科学》2003年第5期;张永和的《法人类学作为独立学科的诞生及其他》,载《现代法学》2005年第1期;吴大华的《论法人类学的起源与发展》,载《广西民族大学学报(哲学社会科学版)》2006年第6期;张文山的《关于法人类学若干问题的思考》,载《广西民族大学学报(哲学社会科学版)》2006年第6期。

其实在 2000 年左右，作为"法律人类学爱好者"的体制外学者——原江就已经译完了《原始社会的犯罪与习俗》。这本书虽然在民国时期就已经有了译本，但自瞿同祖于 1947 年首次引述后，过了整整半个世纪才又被译成中文。由于在前期的译介作品中已经积累了足够的"人气"，所以 2002 年《原始社会的犯罪与习俗》的出版所产生的效果甚至超过了 10 年前的《原始人的法》，仿佛宣告了一项全新的研究领域开始进入中国。在之后的几年时间里，出现了数十篇关于西方法律人类学的介绍性论文。

2003 年，张冠梓在其发表于《国外社会科学》上的论文《法人类学的理论方法及其流变》中开宗明义地指出，"近年来，无论是法哲学、法理学等理论法学，还是部门法研究，都对法人类学表现出越来越浓厚的兴趣。而与之不相适应的是，许多人对这门学科缺乏足够而准确的了解"，为了"向传统法学展示一个陌生的世界"，文章从法律人类学的研究对象、学科内涵、学术发展、研究特点等方面逐一进行了介绍。在关于法律人类学史的梳理中，文章不仅把此项研究追溯至以孟德斯鸠为代表的自然法学派和以梅因为代表的古典进化论者，而且尽其所能地展示了 20 世纪以来法律人类学的发展脉络。除了马林诺夫斯基、霍贝尔(特别强调了《夏延人的方式》的重要意义)、博安南、波斯比西、穆尔、纳德这些前述译介作品中提到的人物，文章还列举了格列弗、克利尔、梅丽[1]、格林豪斯等更为年轻的法律人类学家的学术观点。文章还介绍了法律多元主义、田野调查方法、案

---

[1] 据我的阅读，国内第一次引用梅丽的作品的学者应该是苏力。参见苏力:《法律规避和法律多元》，载《中外法学》1993 年第 6 期。

例研究法、跨文化的法律语言分析等具有学科特色的研究方法和理论视野。

从理论上讲,此后的研究都应该以此为基础从而更进一步,但可惜的是,这一时期不少学者关于法律人类学的梳理都在这篇文章的叙述"范式"之中。[1] 这些文章主要参考的是"四大文献":林端的《法律人类学简介》、纳德的论文集《文化和社会中的法律》(最早由梁治平引介)以及当时仅有的两部译著——《原始人的法》与《原始社会的犯罪与习俗》。

2006年还出现了三篇专注西方法律人类学研究的学位论文,分别是李小妍的《霍贝尔的法人类学思想研论》、陈梦的《论马林诺夫斯基的人类学研究对法学的贡献》以及刘青山的《克里福德·格尔茨对法人类学的贡献》。这三位硕士研究生之所以会关注霍贝尔、马林诺夫斯基与格尔茨,主要原因可能在于,当时只有这三位人类学家研究法律的著作(且格尔茨的《地方性知识》不能被归为法律人类学研究)被译为中文。与其说是关于法律人类学思想的研究,倒不如说是关于《原始人的

---

[1] 比如,杨方泉:《法律人类学研究述评》,载《学术研究》2003年第2期;徐亚文、孙国东:《为法治找寻沃土——法律人类学的历史、主题与启示》,载《求索》2004年第3期;张永和:《法人类学作为独立学科的诞生及其他》,载《现代法学》2005年第1期;乔丽荣、仲崇建:《功能主义人类学派法律观的流变及其启示》,载《理论月刊》2005年第5期;乔丽荣、仲崇建:《从博弈到认同——法人类学关于纠纷研究的旨趣、路径及其理论建构》,载《黑龙江民族丛刊》2005年第6期;吴大华:《论法人类学的起源与发展》,载《广西民族大学学报(哲学社会科学版)》2006年第6期;张文山:《关于法人类学若干问题的思考》,载《广西民族大学学报(哲学社会科学版)》2006年第6期;罗洪洋:《法人类学论纲——兼与法社会学比较》,载《法商研究》2007年第2期;董建辉、徐雅芬:《西方法律人类学的产生、发展及演变》,载《国外社会科学》2007年第6期。

法》、《原始社会的犯罪与习俗》以及《地方性知识》的读书报告,对于三位人类学家研究法律的背景、动机、渊源、传承、学术地位没有太多的涉及。不过,这三篇硕士学位论文代表了当时学界对于法律人类学经典作品的基本认知。在很长一段时间里,霍贝尔、马林诺夫斯基与格尔茨也成为汉语世界最著名的法律人类学家。

此外,还有一些似乎与"人类学"有关的法学论文,但从内容上看,只是借用了"人类学"的名称而已。[1]

当然,在这一时期,还是诞生了几篇可圈可点之作。也许是2002年以后法律人类学突然成为一门"显学"的缘故,《中国社会科学》也试图"填补空白",于2005年发表了自创刊以来的第一篇关于法律人类学的论文——高丙中、章邵增所著的《以法律多元为基础的民族志研究》。在我看来,此文主要有三点贡献。第一,它以2000余字的篇幅着重介绍了霍贝尔的代表作《夏延人的方式》的诞生背景与学术地位,强调此书"所开创的纠纷处理的研究范式成为20世纪中期法律人类学研究的主流"。第二,它从当代法律人类学的研究对象和兴趣的转移入手,首次讨论了判断"人类学的法律研究"的标准,即必须基于"长期的民族志田野工作"。第三,也是最重要的一点,文章依据罗伯茨的观察首次向国内学界展示了法律人类学的范式危机,尽管只是一笔带过,却具有釜底抽薪的意义,它在某种程度上改变了此项研究在过去的汉语文献中所展现出的"生机勃勃、意气风发"的形象。之所以能作出这些贡献,是因为此文参考了丰富的外文

---

[1] 参见陈云生:《"宪法人类学"的创意与构想》,载《华东政法学院学报》2007年第1期;曹全来:《法律变革的文化阐释:人类学的法律理论》,载《比较法研究》2005年第2期。

原始文献。就此而言，它还阐明了一个最基本的学术生产逻辑，即只有基于原始文献，才可能在实质意义上推动国外社会科学的传播，才能进一步推进中外学术界的对话。

同年，赵旭东在《环球法律评论》上发表了其梳理西方法律人类学的代表作《秩序、过程与文化——西方法律人类学的发展及其问题》。这篇文章同样依靠丰富的外文文献，试图为20世纪法律人类学不同的发展阶段寻找不同的主题——"秩序与原始法律""规则与过程""历史与权力""文化、法律与现代性"，最后以"法律民族志"为题讨论了法律人类学的研究方法。值得一提的是，赵旭东是费孝通的弟子中为数不多的系统从事法律研究的人类学家。就这一点来看，他在中国法律人类学界的角色与美国的霍贝尔有些类似。后者的导师博阿斯是美国人类学的奠基人，在博阿斯的一干弟子中，也只有霍贝尔专注法律研究。无论是霍贝尔还是赵旭东，均在学术生涯的初期敏锐地发现了本国人类学关于法律研究的不足。20世纪90年代以来，赵旭东阅读了大量的外文原始文献，发表了近十篇（部）与法律人类学相关的研究成果。[1]

2007年，《中国社会科学》再次刊登了一篇法律人类学的作品——朱晓阳的《"语言混乱"与法律人类学的整体论进路》。

---

[1] 赵旭东讨论法律人类学的部分作品：《部落社会中的政治、法律与仪式》(《民俗研究》1999年第4期)、《习俗、权威与纠纷解决的场域——河北一村落的法律人类学考察》(《社会学研究》2001年第2期)、《法律与文化：法律人类学研究与中国经验》(北京大学出版社2011年版)、《启蒙、秩序与发展综合症：法律人类学的中国思考》[《广西民族大学学报（哲学社会科学版）》2016年第1期]、《作为文化的法律与法律人类学的问题回归》(《甘肃政法学院学报》2017年第2期)，以及赵旭东和张洁的《从异域到本土：中国法律人类学本土研究的现状与发展》(《江苏社会科学》2017年第2期)。

截至2025年年初,在中国知网搜索到的以"法律人类学"为主题的论文(期刊、学位)中,这篇论文的下载次数已经超过4000次,比前述高丙中、章邵增于2015年发表的论文的下载数多出了近1倍。同样都是《中国社会科学》刊登的关于法律人类学的论文,为何朱晓阳的论文在下载次数上超出2005年的文章近1倍?是不是因为朱晓阳的论文对西方法律人类学的梳理更加全面、深入呢?恰恰相反,朱晓阳的论述完全跳出了由张冠梓所创立的"马林诺夫斯基与霍贝尔(原始法)—格拉克曼与博安南争论(规则与过程)—纳德、穆尔(法律多元主义)"的叙述"范式",甚至和法律人类学的学术脉络没有太多的交集。当然,朱晓阳所谓的"语言混乱"和格拉克曼与博安南争论关切的都是社会科学知识的普遍性与特殊性的问题:"'语言混乱'一直困扰着费孝通先生式的知识分子。这种困扰是因为舶来'实证科学'教条与'在地'的信念和知识之间无法'视野融合'引起的。"这种"语言混乱"不仅仅是中国才有的独特性问题,也是全世界所有非西方文明的共同遭遇,比如格尔茨所讲述的"雷格瑞的麻烦"。于是,朱晓阳便从格尔茨的"整体论"入手,探索如何将其"注入'法'的实践和法律构建"。从这个角度来讲,朱晓阳在梁治平"法律的文化解释"与苏力"法治及本土资源"之间建立了联络。这篇论文的目的并非传播法律人类学的知识理论,而在于试图与之对话并回应中国的本土问题。

2007年,梅丽的 Getting Justice and Getting Even: Legal Consciousness among Working-Class Americans 被翻译成中文出版。三位译者郭星华、王晓蓓、王平将主标题"获得正义与公平"(Getting Justice and Getting Even)更名为"诉讼的话语",理由在于,作者考察的是美国马萨诸塞州波士顿管辖下的塞伦和剑桥两个城镇及其初等法院的"法律话语、道德话语、治疗性话语以及三种话语的转换"。[1] 所以此书不仅是国内出版的第五部法律人类学的译著,也是继马林诺夫斯基的《原始社会的犯罪与习俗》之后第二部被译介到国内的完全基于田野调查完成的法律民族志作品。但是如果翻开作者为中译本所作的"中文版序言"会发现,通篇的关键词却是"法律社会学"。比如,"我认为,本书的中文译本将会对中国法社会学的发展有所贡献"、"我期望本书的翻译将会促进法社会学中比较研究和跨国研究的发展"。[2] 梅丽的这种表述,似乎回应并验证了本书第四章第一节所讨论的法律人类学与法律社会学的融合趋势。当然,也可能是因为3位译者主要从事法律社会学研究。

另外,曾令健于2009年完成的讨论纠纷解决仪式的硕士学位论文是一部被低估的作品。这篇学位论文是作者在2008年发表于《社会学研究》的《纠纷解决仪式的象征之维——评维克多·特纳的〈象征之林〉》的延续。象征人类学家特纳虽然为格拉克曼的弟子,但是没有像老师一样继续借助霍贝尔发明的"问题个案研究法"来研究纠纷,而是去关注作为基本社会冲突(纠纷)调节手段的仪式。受此启发,曾令健尝试用"象征人类学的方法对审判仪式以及乡土社会中的纠纷解决仪式进行文化层面的阐释"[3]。文章的第五部分"结语:迈向象征主义的法人类

---

[1] 参见[美]萨利·安格尔·梅丽:《诉讼的话语——生活在美国社会底层人的法律意识》,郭星华、王晓蓓、王平译,北京大学出版社2007年版,译后记第291页。

[2] [美]萨利·安格尔·梅丽:《诉讼的话语——生活在美国社会底层人的法律意识》,郭星华、王晓蓓、王平译,北京大学出版社2007年版,第3—5页。

[3] 曾令健:《法人类学视野中的纠纷解决仪式:一个象征主义的分析》,西南政法大学2009年硕士学位论文,第48—49页。

学"甚至针对法律人类学的研究危机(可能作者也未能意识到)作出了富有创造性的回应。但可惜的是,作者后来并没有继续象征和仪式研究。

2000年以后,近十年的"填补空白"式的传播不仅展现了西方法律人类学一个模糊的轮廓,还揭示了法律人类学的范式危机,以及扩展至复杂社会之后与法律社会学的重合问题。但从整体上看,依然存在3个缺陷。首先,这段时期的译介作品鱼目混杂、良莠不齐,有着大量的重复。其次,对法律人类学历史的梳理仍停留于列举人物、作品、观点的阶段,未能展示出不同学者、不同作品、不同观点之间的发展脉络与逻辑关系。比如,很多文章都提到了从"规则中心"到"过程中心"的变化,但没有人分析过为什么出现这种变化。最后,缺乏对某位代表学者或者某种学术观点的深入分析和研究。正如严存生在解释为什么《原始人的法》能够被两个出版社3次刊印时所说的,"(法律人类学)这一学派对我国的法学来说,还是比较陌生的"[1]。

三、第三阶段:专题式研究

2011年,山东人民出版社出版了张冠梓主编的《法律人类学:名家与名著》。此书的宗旨是,"通过甄选、介绍、评价世界学术史上的著名法律人类学家及其代表性著作,从一个独特的视角反映法律人类学的形成与发展脉络,试图揭示法律人类学理论和方法的全貌,目的是为国内读者提供一本较为详尽、系统地了解国内外法律人类学的学者与著作的工具书,可望弥补目

---

[1] [美]E.埃德蒙斯·霍贝尔:《原始人的法——法律的动态比较研究(修订译本)》,严存生等译,法律出版社2012年版,再版译者序第1页。

前国内缺乏相关著作的遗憾"[1]。所以在挑选作品时,编者把握了"宜粗不宜细的原则",共收录了30部经典著作。远至1748年孟德斯鸠的《论法的精神》,近至1996年苏力的《法治及其本土资源》,凡是稍微涉及原始法律、法律与文化的作品都囊括在内。其实,韦伯的《论经济与社会中的法律》、费孝通的《乡土中国》这类作品被列入这本选集是相当牵强的。而其中,标准意义上的法律人类学作品似乎仅有马林诺夫斯基的《原始社会的犯罪与习俗》、霍贝尔的《原始人的法》、格拉克曼的《部落社会的政治、法律与仪式》、穆尔的《准自治领域的社会控制》和梅丽的《法律多元主义》。之所以如此,是因为这部选集的甄选范围主要是被翻译成中文的作品。而截至2011年,被翻译成中文的法律人类学著作只有上文提到的寥寥几部。因此,这部《法律人类学:名家与名著》对于西方法律人类学史上的绝大多数经典作品都没有涉及。

为了弥补这个遗憾,张冠梓于第二年推出了姊妹篇——《多向度的法:与当代法律人类学家对话》。如果说前一部作品基本上是本土化的,那么这部作品则完全是国际化的。此书主要是由编者在"2008年8月至2009年8月赴美访学期间采访一些著名法律人类学家的稿件组成的,另有少量稿件则系学友帮助"[2]。他们共采访了16位学者,其中除了瞿同祖、千叶正士等6位中日学者,其余的10位都是欧美学界著名法律人类学家,包括:与格拉克曼、博安南齐名的第二代法律人类学家——

---

[1] 张冠梓主编:《法律人类学:名家与名著》,山东人民出版社2011年版,第428页。
[2] 张冠梓主编:《多向度的法:与当代法律人类学家对话》,法律出版社2011年版,第387页。

波斯比西(受访时85岁,下同),第三代法律人类学的领军人物、学界双姝——穆尔(84岁)与纳德(78岁),第四代法律人类学家的中坚力量——劳伦斯·罗森(67岁)、梅丽(64岁)、约翰·L.科马罗夫(63岁)、简·科马罗夫(62岁)、安妮·格里菲斯(55岁),第五代法律人类学的代表人物万安黎(42岁)以及弗朗兹·冯·本达-贝克曼(67岁)。如果把他们的学术作品、研究旨趣以及理论观点按照年龄进行排列,基本上可以呈现出自20世纪中叶以来欧美法律人类学的发展路径。此外,和以往的译介作品不同的是,《多向度的法:与当代法律人类学家对话》采用对话的方式,由作者先提问题,然后分别给出回答。尽管这种方式可能没有达到中西方法律人类学对话的程度,但是对于中国学界深入了解法律人类学家研究问题的渊源以及他们的学术生涯有着重要的参考价值。此外,这种提问的方式,巧妙地"引导"国外法律人类学家围绕各自的研究和观点在同一逻辑层面进行阐述,胜似一次法律人类学研究的"国际学术研讨会"。[1] 此书的封底介绍中提到,"究竟何为法律人类学？这门学科的主要关注点是什么？方法上有何独到之处？最新研究的进展又怎样？等等,迄今为止国内学界的介绍和研究或略显陈旧,或语焉不详,或支离破碎"。我认为,针对这些问题,此书给出了截至当时最为深刻的回答。

就在此书出版的同时,三部法律人类学的译著相继问世。

第一部是2011就由彭艳崇翻译的劳伦斯·罗森所著的《法律与文化:一位法律人类学家的邀请》。根据罗森自己的说

---

[1] 参见侯波波:《提供多元视角的法律人类学研究》,载《中国社会科学报》2012年12月17日,第B02版。

法,这部作品是为了展示"法律是文化不可或缺的组成部分,而文化同样是法律不可或缺的构成要素……二者都形成了我们在普通原理基础上认识世界的范畴"[1]。我们知道,罗森曾长期在北非和中东地区研究阿拉伯人的社会生活和伊斯兰法,曾出版多部法律民族志作品。从这个角度来讲,《法律与文化:一位法律人类学家的邀请》之于罗森似乎相当于《原始人的法》之于霍贝尔,是一部"功成名就"之后的总结和反思之作。在我看来,没有翻译罗森的法律民族志作品,有点可惜。

第二部是由沈伟、张铮翻译的西蒙·罗伯茨所著的《秩序与争议——法律人类学导论》[2]。沈伟的研究方向主要是国际投资法、公司治理、金融规制以及国际商事仲裁,而不是法律人类学。据他本人表示,之所以会翻译这本书,是因为其导师正是西蒙·罗伯茨。罗伯茨除了从事非洲法的田野研究,还长期关注国际金融市场领域的纠纷解决。同罗森的《法律与文化》一样,《秩序与争议——法律人类学导论》也不属于法律民族志,而是根据二手民族志材料所作的理论分析,非常类似《原始人的法》的创作模式。我发现,罗伯茨写作此书的目的并非反思和总结,而是为他与约翰·L.科马罗夫合作的《规则和过程:非洲语境中纠纷的文化逻辑》撰写一份详细的学术综述。所以《秩序与争议——法律人类学导论》的最后一章并没有像《原始人的法》一样提出所谓的法律发展的历史规律,而是代之以学术综述——"文献中的主要理论和研究兴趣"。罗伯茨对于法律

---

[1] 张冠梓主编:《多向度的法:与当代法律人类学家对话》,法律出版社2011年版,第322页。

[2] 参见[英]西蒙·罗伯茨:《秩序与争议——法律人类学导论》,沈伟、张铮译,上海交通大学出版社2012年版。

人类学最大的学术贡献在于,最早对马林诺夫斯基以来的法律人类学研究成果进行系统梳理。几年后,沈伟又与费梦恬合作翻译了《规则和过程:非洲语境中争议的文化逻辑》。他们把"dispute"翻译为"争议"。前文已述,这本书是关于"规则中心范式"与"过程主义范式"的讨论与反思的集大成之作。这本书连同之前的《秩序与争议——法律人类学导论》一同被收入由季卫东主编的"法社会学文库"丛书中,是该文库中比较"稀缺"的法律人类学译著。

第三部译著是由江照信等人翻译、万安黎所著的《担保论:全球金融市场中的法律推理》。这本译著对于中国法律人类学的意义,可能远远超过了作者和译者的预料与想象。关于这本书的重要意义,此处不再赘述。[1]

除了上述选集、译著,这一时期还出现了关于某位法律人类学家或者某个事件、学说的专门研究。2011年,李婉琳出版了专著《社会变迁中的法律——穆尔法人类学思想研究》。该书是中文世界第一本关于某位法律人类学家学术思想的研究的专著。按照书中序言的说法,作者选择穆尔作为研究对象并不是随意之举。在其"读博"期间所修读的"法律人类学课程中,有三篇穆尔的文章被指定为必须阅读的材料,同时,在课堂讨论中,穆尔的'半自治社会领域理论'往往是同学们关注的理论热点"[2]。纵观第二次世界大战之后的法律人类学研究历程,穆

---

[1] 可以参见王伟臣:《现代金融法中的习惯法实践——评〈担保论〉》,载谢晖、陈金钊、蒋传光主编:《民间法(第30卷)》,研究出版社2023年版,第166—175页。

[2] 李婉琳:《社会变迁中的法律——穆尔法人类学思想研究》,中国人民公安大学出版社2011年版,序第2页。

尔作出了卓越贡献。正如李婉琳在结语中所提到的,"她的学术经历刚好是伴随着法人类学最重要的发展时期成长的。从此意义上而言,对于她思想的研究已超越了研究本身,而是在映射一个学科的发展"[1]。

2013年,笔者在商务印书馆出版了专著《法律人类学的困境——格卢克曼与博安南之争》。[2] 这本书的选题受到了林端的启发,试图通过对两百余篇、部英文文献的梳理,探寻这场争论的真相。其实,在这场法律人类学争论之外,还有其母学科——文化人类学的阐释学的"主位"和解释性的"客位"的争论,即人类学关于自己究竟属于人文学科还是自然学科的争论,而在这背后还有着20世纪中叶整个西方社会科学从实证主义到诠释学的知识论方式的过渡。

2017年前后,关于格拉克曼的研究也实现了突破。首先,人民出版社出版了王秋俊的专著《格拉克曼法律人类学思想研究》,该书分别从"传奇的学术生涯""政治人类学视野下的政治与法律""面向部落社会的法律人类学理论""作为理论创新基础的研究方法"4个方面梳理了格拉克曼的法律人类学思想。其次,刘顺峰在《民族研究》上连续发表了两篇专题论文,即《从社会情境分析到扩展案例分析——格拉克曼法律人类学方法论思想研究》与《法律人类学知识传统的建构——格拉克曼对法律概念与术语本体论问题的探究》。此后,刘顺峰还出版了专著《法律史人类学研究范式的建构》,该书以格拉克曼部落社会司

---

[1] 李婉琳:《社会变迁中的法律——穆尔法人类学思想研究》,中国人民公安大学出版社2011年版,第237页。
[2] 参见王伟臣:《法律人类学的困境——格卢克曼与博安南之争》,商务印书馆2013年版。

法过程的学术思想为考察对象,在全面揭示其有关部落社会司法过程"法律史"的"人类学叙事"的基础上,尝试回答"法律史人类学的研究范式是什么"、"为什么要建构法律史人类学研究范式",以及"如何建构法律史人类学研究范式"等问题。[1] 格拉克曼是法律人类学史上承前启后的巨擘,他不仅完善了霍贝尔和卢埃林发明的问题个案研究方法,而且进一步将其发展成"延伸个案研究法"。格拉克曼与博安南的争论尽管被不少学者批评为"毫无必要又耗费精力",但证明了法律人类学无法解决自我表述的问题,从而促成了此项研究由规则中心范式向过程主义范式的转移。这些观点和影响对于当下中国法律人类学研究而言无疑有着十分重要的启示意义。[2]

此外,在张晓辉的指导和带动下,云南大学关于世界著名法律人类学家的专题研究也在不断推进。2020年,王静宜出版了专著《劳拉·纳德法律人类学思想研究》。该书提炼了当代世界法律人类学代表学者纳德的法律人类学思想,包括用多点、持续的田野调查实践创新了人类学的田野工作法;提出了"向上看"的研究视角和"垂直切片"的分析方法,开拓了法律人类学研究西方社会法律问题的视野;在纠纷研究中引入了过程论的分析工具,进而提出"过程控制"的理论,推动法律人类学研究从案例中心向过程中心的转变;发现了和谐社会中的强制和谐现象,并通过分析社会中权力、意识形态与公民个体的关系,揭示了当代资本主义国家对社会资源的控制,以及从社会控制向

---

[1] 参见刘顺峰:《法律史人类学研究范式的建构》,法律出版社2022年版。
[2] 参见刘顺峰:《理论、方法和问题意识——法律人类学对中国法学的知识贡献》,载《江苏社会科学》2017年第2期;王秋俊:《格拉克曼法律人类学思想研究》,人民出版社2017年版,第134—136页。

文化控制的转向,从而构建了"和谐理论"。[1] 在目前中文世界尚没有大量翻译纳德的学术作品的情况下,该书的出版对于了解20世纪70年代以后世界法律人类学的理论发展具有重要的学术价值。

2023年,在王启梁的指导下,云南大学博士研究生戴溪瀛完成了题为《梅丽法律人类学理论、方法与思想研究》的博士学位论文。该文以当代著名法律人类学家梅丽的法律人类学研究成果为研究对象,在全面回顾梅丽的个人生活史、思想史和社会史的基础上,系统梳理并客观评述了梅丽的法律人类学的理论与研究方法,从中提炼出梅丽的法律人类学思想。[2] 梅丽是近30年来世界法律人类学领域中影响最大的一位学者,其多部作品都具有重要的范式意义。

此外,侯猛主持翻译了穆尔的《法律人类学:一个读本》,并以《法律与人类学手册》为名于2022年出版。据侯猛介绍,"本书出版于2005年,也是那一年,我进入北京大学社会学系做博士后研究,合作导师朱晓阳教授就推荐了此书。这本书能够引导像我这样的门外汉学生快速了解法律人类学的整体样貌"[3]。诚如侯猛所言,该书作为穆尔在哈佛大学法学院任教时的课程资料,其选取的文章横跨几十年,完整串联起法律与人类学研究从缘起到当代的发展历程,对于中文世界快速了解世

---

[1] 参见王静宜:《劳拉·纳德法律人类学思想研究》,中国社会科学出版社2020年版。
[2] 参见戴溪瀛:《梅丽法律人类学理论、方法与思想研究》,云南大学2023年博士学位论文,第Ⅲ页。
[3] [美]萨丽·摩尔编:《法律与人类学手册》,侯猛等译,商务印书馆2022年版,译后记第474页。

界法律人类学知识体系具有里程碑式的意义。[1]

迄今为止,虽然中文世界没有一本完整地介绍关于法律人类学发展史的著作,但是上述作品中关于格拉克曼、博安南、纳德、穆尔、梅丽等重要学者的研究,通过拼接、关照和相互补充,基本上能够展示出这门学科过去70年间的主要发展脉络。

从整体上看,2010年以后,随着中外学术交流的日益增多与互联网文献库的普及,外文文献的获取难度大幅度降低,前沿、专题研究日渐成为主流。这些作品的出现,提升了学术期刊的审稿、发表要求,类似十几年前的"法律人类学简介"的论文已经越来越少。而"崭新的、直观可感的、系统真实的法律人类学"[2]的传播似乎才刚刚开始。

四、传播的特点与不足

与法律社会学、法律经济学相比,法律人类学在中国的译介和传播具有一些鲜明的特点,同时也有一些不足之处。主要表现为以下四点:

第一,从规模上看,已经较为可观。比如,按照上文的梳理,法律人类学在中国的传播主要通过三种途径或方式:译著、专著(专题研究)、论文。每种途径在数量和质量上均呈现出逐步提升的态势。但是从绝对数量上看,依然低于法律社会学、法律经济学。此外,还有一个不足之处是,法律人类学的译介缺乏

---

[1] 参见张孝晨:《未来无限:法律人类学的传播与反思——〈法律与人类学手册〉出版研讨会综述》,载谢晖、陈金钊主编:《民间法(第32卷)》,研究出版社2024年版,第426—440页。

[2] 张冠梓主编:《多向度的法:与当代法律人类学家对话》,法律出版社2011年版,第322页。

规划性,传播的偶然性强,没有呈现出体系的特征,至今未出现成套的译丛或论丛。不过近期,山西人民出版社联手法律人类学云端读书会拟推出"法律人类学文丛"丛书。这是中文世界第一个冠名"法律人类学"的学术丛书。据了解,在其出版计划中,已经包含了多部世界法律人类学的名著翻译项目。

第二,从内容上看,以对英美世界和经典理论的介绍为主。由于语言的关系,目前中文世界关于国外法律人类学的译介基本聚焦英美学界。比如,可以经常看到的马林诺夫斯基、霍贝尔、格拉克曼、格尔茨等人都是使用英语写作的英美学者。除了徐晓光关于日本法律人类学、笔者本人关于荷兰法律人类学的介绍,目前国内对于英美之外的法律人类学缺乏基本了解。此外,目前的中文译介关注的重点也主要是法律人类学的几部经典作品。比如,《原始人的法》竟然被两个出版社重印了3遍,导致学界普遍认为法律人类学就是研究原始社会、研究少数民族习惯法的代名词(但是又没有与这本书发生学术互动)。目前亟须关于21世纪以来世界法律人类学最新研究进展的介绍。

第三,从学科上看,传播的主体是民族学、人类学而非法学。比如,就论文的发表平台来看,以民族学类、综合社科类的刊物为主,法学类期刊不多,法学核心类期刊更少。从上文可以看出,仅有《法学家》《法商研究》《比较法研究》《环球法律评论》等刊物曾参与传播,而民族学的权威期刊《民族研究》近几年却刊登了5篇以上的法律人类学译介作品,由此说明人类学界、民族学界现在更加认可此项研究。由此导致的问题是,法律人类学对中国法学的影响有限。但有趣的是,格尔茨的象征人类学对中国法学的影响却很大。二十多年来,格尔茨在中国一直备受推崇,影响了梁治平、苏力、朱晓阳等一批学者。

第四,从区域上看主要以两个地区为中心:北京和云贵地区。北京主要指北京大学和中国社会科学院,这两家单位有着悠久的学术传统以及更为优质的学术资源,它们为法律人类学在中国的普及和传播做出了重要贡献;云贵地区主要有云南大学、贵州人民出版社等科研、出版单位,这与民族法学在中国的地理分布是吻合的。但存在的问题是,云贵地区关于国外法律人类学的译介并没有很好地反哺其开展的本土习惯法研究。除了朱晓阳(同时具有北京和云贵地区的学术身份)等少数学者,很少有人会使用人类学式的长期参与式观察方法开展法律研究,更不用说以中国的本土实践回应西方的理论方法了。

总而言之,经过几十年持续不断的译介与传播,中国学界对世界法律人类学的代表学者、经典作品以及理论方法已经有了基本了解。同时,在一定程度上,也或多或少地能将这些域外知识有效地转化为本土经验。为了促进中国法律人类学的发展,持续推进国外法律人类学的译介依然具有重要意义。只有明晰世界范围内法律人类学的发展轨迹,中国法律人类学才能在进行有效对比的情况下,实现具有世界意义的学术创新。

第二节 当代中国法律人类学的研究进展[1]

此前,有些学者已经针对中国法律人类学的某一发展周期做了回顾[2],还有一些学者针对某一主题或研究类型进行了

---

[1] 本节曾以《当代中国法律人类学研究评述》为题发表于《中国社会科学评价》2024年第3期。与原文相比,此处作了些许改动。

[2] 比如,尹韬、侯猛、罗涛分别回顾了中国法律人类学的100年、改革开放之后的30年,以及21世纪10年代前5年的发展情况。参见尹韬:(转下页)

梳理[1]。而相较过往的这些学术总结,本节则试图从细化与全面两个角度做进一步的评述。所谓细化,是指首次对改革开放以来中国的法律人类学做阶段性划分,并尝试发现每一阶段的发展动力以及不同阶段之间的传承关系。所谓全面,是指本节的回顾将照顾到更多为过往研究所忽视的关涉法律人类学的研究进路或类型。而后,我们将在此基础上评述当代中国法律人类学的特点和不足,并展望其未来可以着力的方向。

不过,在此之前,我们首先需要界定讨论和回顾的范围。正如上文所述,必须承认,当代中国法律人类学起步于习惯法研究。与"习惯法"这一概念相关的,还有"民族法学""民间法"等概念。实际上,对于本书的评述而言,一个关键且棘手的问题是,如何处理四十年来大量关涉习惯法,尤其是少数民族习惯法、民族法学以及民间法的作品[2],它们究竟是否属于法律人类学研究?众所周知,法律人类学并没有一个统一或权威的概念。就法律人类学的发展而言,其在不同阶段关注的对象、使用的方法以及目标均有所差异,且不同国家的法律人类学

(接上页)《法律人类学与中国研究:20世纪20年代至21世纪20年代》,载《广西民族大学学报(哲学社会科学版)》2023年第1期;侯猛:《法律和人类学研究:中国经验30年》,载《法商研究》2008年第4期;罗涛:《法律人类学研究的现状和展望:2010~2014》,载吴大华主编:《法律人类学论丛(第4辑)》,社会科学文献出版社2016年版,第33—61页。

[1] 比如,陈柏峰:《法律民族志与当代中国法律社会学的使命》,载郑永流主编:《法哲学与法社会学论丛·二〇〇七年第一期(总第十一期)》,北京大学出版社2007年版,第113—136页;尤陈俊:《困境及其超越:当代中国法学研究中的法律人类学》,载郑永流主编:《法哲学与法社会学论丛·二〇〇七年第一期(总第十一期)》,北京大学出版社2007年版,第95—112页。

[2] 据不完全统计,讨论此类问题的学术论文至少有1万篇,各类著作、编著、资料汇编至少有300部。

研究也有其各自的特点。尤其是随着其他学科也开始使用深度调查方法，法律人类学与法律社会学的区别已不再那么明显。但必须承认，法律人类学时至今日依然能够在人类学内部以及法律的经验研究进路中占据一席之地。之所以如此，不仅是由于其经验性研究的特质，更在于其方法论特征——通过长期民族志观察探究法律实践运行机制。所以，界定法律人类学的学科边界还是要以长期的参与式观察的民族志研究为判断依据，否则，就会泛化为一种广义的法律与社会研究。但与此同时，法律人类学的确有很多面向与可能性，且研究旨趣、视野、方法也已经溢出了这一分支或交叉学科的边界。

如果按照这个理解，那么，对20世纪80年代率先复兴的习惯法研究就要持一种开放态度，既不能全部列入法律人类学阵营，也不能完全排除。之所以不能全部列入，是因为大多数习惯法研究在旨趣与方法上同法律人类学相比存在较大差异。而之所以不能全部排除是基于以下三点考虑：第一，研究对象具有重合性。习惯法研究大多关注的是少数民族固有的习惯法，而法律人类学在很长一段时间里均以部落社会的习惯法为研究重点，甚至是唯一内容。第二，研究目的具有重合性。习惯法研究也是为了理解当地人的法律生活，为实现有效治理提供知识支持。第三，研究方法具有重合性。习惯法研究关注的基本上是无文字民族或乡村社会的不成文法，想要了解这些法律，除了研读1956—1964年中国少数民族社会历史大调查中的习惯法记录[1]，只能使用田野调查的方法，哪怕是寻找一些以成文的形

---

[1] 参见周勇：《法律民族志的方法和问题——1956—1964中国少数民族社会历史调查对少数民族固有法的记录评述》，载王筑生主编：《人类学与西南民族》，云南大学出版社1998年版，第309—335页。

式存在的"款"或"石碑"也需要深入地方,开展田野调查。

基于以上三点考虑,本书关于中国当代法律人类学的梳理均会照顾到习惯法,尤其是少数民族习惯法的研究成果。[1] 但是,我们回顾的重点还是具有典型人类学特征的法律民族志研究以及经典法律人类学理论与方法在中国的本土化过程。在笔者看来,如果按照研究对象、研究进路、研究方法以及与国外的互动关系等主要的指标或要素进行划分,当代中国法律人类学研究大致可分为三个阶段,即恢复与重建阶段:20 世纪 80 年代至 90 年代末;崛起与振兴阶段:2000—2010 年;拓展与深化阶段:2010 年以来。下文将分别加以评述。

一、三个阶段

(一)恢复与重建阶段:20 世纪 80 年代至 90 年代末

进入 20 世纪 80 年代,中国法律人类学迎来了前所未有的发展机遇。随着学术自主性的增强,法学、民族学等学科逐渐摆脱旧有框架,开始探索更为多元和更加深入的学术路径。这一时期,学术界对于习惯法的内涵、历史和类型的系统性探讨,为后来的研究奠定了坚实基础。同时,国内外学术作品的交流与借鉴,为学科发展注入了新的活力。这一时期的学术探索,不仅促进了相关学科间的对话,也为后来的学者提供了宝贵

---

[1] 本书并不打算系统梳理当代中国习惯法研究的成果,关于这种梳理可参见高其才:《习惯法研究的路径与反思》,载《广西政法管理干部学院学报》2007 年第 6 期;杨平:《近十年来中国少数民族习惯法研究综述》,载《兰州交通大学学报》2013 年第 2 期;张剑源:《近二十年来中国少数民族习惯法研究综述》,载张永和主编:《社会中的法理(2011 年第 2 卷)》,法律出版社 2012 年版,第 417—455 页;牛绿花:《回眸 30 年:当代中国少数民族习惯法研究综述》,载《云南大学学报(法学版)》2012 年第 2 期。

的研究资源和启示,开启了当代中国法律人类学研究的新篇章。

李廷贵、酒素发表在《贵州社会科学》1981年第5期上的《苗族"习惯法"概论》打响了少数民族习惯法研究的"第一枪"。此后他们还围绕着议榔规约是否具有习惯法的性质与其他学者展开了争鸣,体现了当时良好的学术氛围。在20世纪80年代至90年代初期,还有一些关于少数民族习惯法的研究明确提到或使用了田野调查方法。[1] 高其才在1995年出版的《中国习惯法论》中系统讨论了习惯法的内涵、历史和类型,是这一时期习惯法研究的集大成之作。

1984年《中华人民共和国民族区域自治法》颁布后,"引起了民族学界、法学界和各界人士的广泛关注,研究工作得到迅速发展"[2]。3年后,吴宗金提出"民族法学"的概念[3],随后得到学术界的普遍认可。民族法学主要"研究少数民族法律文化(含历史)、中国法律在少数民族地区的实施、民族区域自治法三个重要内容"[4]。由此,在"民族法学"这一概念出现后,习惯法或少数民族习惯法研究被纳入"民族法学"这一研究领域。

从整体上看,20世纪80年代兴起的习惯法与民族法学研究对于法律人类学研究的重要意义在于:它孕育了法律人类学的雏形。后来从事法律人类学研究的一批学者,比如周星、周勇、

---

[1] 参见陈苇:《民族婚姻法学理论研究的力作——〈滇西南边疆少数民族婚姻家庭制度与法的研究〉评介》,载《中国法学》1995年第6期;俞荣根主编:《羌族习惯法》,重庆出版社2000年版。

[2] 方慧、朱琼芳:《九十年代以来我国民族法学研究回顾与展望》,载《宁夏社会科学》1997年第1期。

[3] 参见吴宗金:《试论民族法学的地位和作用》,载《贵州民族研究》1987年第1期。

[4] 郑齐猛:《民族法学与法律人类学若干问题比较》,载《淮北煤炭师范学院学报(哲学社会科学版)》2008年第4期。

张晓辉等都是从研究习惯法开启学术之路的。此外,这一时期,中国学者早年用英语完成的作品被"重新发现"。比如,严景耀、林耀华的英语著作都在这一时期被翻译成中文。[1] 这些作品的出版对于20世纪80年代初登学术界的一批青年学者起到了很好的激励作用。因为它们证明了,中国学者其实很擅长使用田野调查或实证研究方法,中国学者也能写出世界一流的法律民族志或社会人类学作品。

同样重要的是,国外法律人类学的经典作品也开始传入中国。如本章第一节所言,出现了关于国外法律人类学研究的评介和梳理。当然,这一时期影响最大的一部翻译作品,是格尔茨的《地方性知识:事实与法律的比较透视》。[2] 直到现在,这篇译文都是中国学术界最具影响力的一部法律人类学作品。这主要是因为两位极具影响力的法学学者苏力、梁治平在各自的作品中使用并大力宣传了"地方性知识""法律的文化解释"等标识性概念,从而使格尔茨连同这些概念在中国法学界乃至整个中国学术界迅速走红,且久盛不衰。

格尔茨作为一种符号或论说资源也促成了人类学与法学的首次对话。比如,1997年,王铭铭与王斯福联合发起举办了一场学术研讨会。虽然规模不大,但与会学者们却来自人类学、社会学、法学、政治学等不同学科和专业,他们围绕着"秩序"

---

[1] 参见严景耀:《中国的犯罪问题与社会变迁的关系》,吴桢译,北京大学出版社1986年版;林耀华:《金翼:中国家族制度的社会学研究》,庄孔韶、林余成译,生活·读书·新知三联书店1989年版。

[2] 参见[美]克利福德·吉尔兹:《地方性知识:事实与法律的比较透视》,邓正来译,载梁治平编:《法律的文化解释》,生活·读书·新知三联书店1994年版,第73—171页。

"公正""权威"等主题展开了富有成效的对话和研讨。[1] 同样是1997年,苏力在《文化多元与法律多元:人类学研究对法学研究的启发》一文中讨论了人类学对于法学研究的意义。几年后,尤陈俊专门提到:"90年代中后期,中国法学的研究出现了微妙的转变。"[2] 而这一转变显然与人类学,尤其是格尔茨及其地方性知识的引入有直接的关系,尽管这并非全部因素。

在20世纪90年代,还有一些中国学者选择走出国门,主动学习国外的法律人类学知识。比如,张晓辉和朱晓阳在20世纪90年代分别于英国和澳大利亚进修法律人类学。而他们回国之后也都极大地推动了中外法律人类学的学术交流。

(二)崛起与振兴阶段:2000—2010年

进入21世纪,中国法律人类学研究蓬勃发展。通过田野调查的实证研究方法,学者们深入挖掘了习惯法的内涵与实践。同时,专业刊物的创办和学术组织的兴起,为法律人类学提供了交流与展示的平台。此外,国外经典著作,尤其是民族志研究的译介工作也取得了显著进展。在这一背景下,中国学者开始尝试撰写具有中国特色的法律民族志作品,探索乡土社会的规范方式与国家法律的互动关系,为此项研究贡献了独特的视角。

这一时期的习惯法研究呈现出井喷之势,既有关于单一民族的作品,又有关于多个民族的比较和概览式研究,且这些研究

---

[1] 参见王铭铭、王斯福主编:《乡土社会的秩序、公正与权威》,中国政法大学出版社1997年版。

[2] 尤陈俊:《困境及其超越:当代中国法学研究中的法律人类学》,载郑永流主编:《法哲学与法社会学论丛·二〇〇七年第一期(总第十一期)》,北京大学出版社2007年版,第94页。

成果大多是通过田野调查获得的。[1] 此外,还有一些习惯法研究开始尝试同法律人类学对话。比如张冠梓在《论法的成长——来自中国南方山地法律民族志的诠释》一书中使用"法律多元"理论来理解"中国南方山地民族"的习惯法。[2] 当然,从整体上看,这一时期的习惯法研究与典型的法律人类学研究还有些距离。尽管如此,该时期的习惯法研究依然生机勃勃,而这与专业刊物和学术组织的创办有着密切的关系。2002年,由谢晖、陈金钊主持的《民间法》正式创刊出版。3年后,谢晖所任职的山东大学威海分校与青海民族学院共同举办了全国首届"民间法·民族习惯法学术研讨会"。尽管组织者并没有以此为基础成立研究会,但后来这个研讨会的会议机制为定期召开,截至2024年,已经连续举办了19届,在学术界产生了重大影响。与此同时,《民间法》也成为该学术研讨会的"官方刊物",至今已出版了36卷,发表过不少关涉法律人类学的研究作品。

当然,这一时期最重要的进展是,终于出现了由中国学者撰写的法律民族志作品。在2003年出版的《罪过与惩罚:小村故事:1931—1997》中,朱晓阳选取了滇池旁边的"小村"于1937—1997年在村落层面发生的有代表性的惩罚事件,以"延伸个案"的方法对事件的前因后果加以梳理,总结出了村落惩罚的特征及其发生因素。[3] 和朱晓阳相比,赵旭东的《权力与公正——乡土社会的纠纷解决与权威多元》关注的是更具有法律特征的

---

[1] 参见张晓辉、王启梁:《民间法的变迁与作用——云南25个少数民族村寨的民间法分析》,载《现代法学》2001年第5期。

[2] 参见张冠梓:《论法的成长——来自中国南方山地法律民族志的诠释》,社会科学文献出版社2000年版。

[3] 参见朱晓阳:《罪过与惩罚:小村故事:1931—1997》,天津古籍出版社2003年版。

"纠纷"个案。通过这些案件,赵旭东试图讨论乡土社会中权威的"多元性"及各类权威的建立过程和条件。[1] 需要指出的是,这两部作品尽管被公认为法律人类学的代表作,但它们都没有过多地引用国外的法律人类学作品,而主要同国外的法律社会学展开对话。这可能是因为,当时社会学、法律社会学中文译介的程度更高,供中国学者挑选的论说资源也就更多。

也许是受这两本书的启发,这一时期还出现了其他几部法律民族志作品,比如杨方泉的《塘村纠纷:一个南方村落的土地、宗族与社会》、董磊明的《宋村的调解:巨变时代的权威与秩序》等。[2] 从整体上看,当代中国法律民族志的几部开创之作大都聚焦乡土社会的纠纷及其解决,且无一例外地把这些案例置于中国几十年来社会变迁的背景之中加以考察,从而试图展示乡土性的规范方式与国家层面的互动关系。

正是因为出现了典型的法律民族志研究,所以,在这一时期,人类学与法学的对话更加频繁且更加深入。比如,在2005年举办的"法律的社会科学研究"研讨会上,苏力重申并强调了"社科法学"的概念,其中应有"法律人类学"的一席之地。朱晓阳、侯猛根据2006年举办的"法律与社会科学第二届研讨会——法学与人类学的对话"共同编了一部"读本"。[3] 同时,这一年,即2006年,由苏力作为主编的《法律和社会科学》也宣告创刊。十几年来,该刊物发表了不少讨论法律人类学的研

---

[1] 参见赵旭东:《权力与公正——乡土社会的纠纷解决与权威多元》,天津古籍出版社2003年版。

[2] 参见杨方泉:《塘村纠纷:一个南方村落的土地、宗族与社会》,中国社会科学出版社2006年版;董磊明:《宋村的调解:巨变时代的权威与秩序》,法律出版社2008年版。

[3] 参见朱晓阳、侯猛编:《法律与人类学:中国读本》,北京大学出版社2008年版。

究作品。有趣的是,"社科法学"的几位重要成员,比如侯猛、陈柏峰、尤陈俊在2006年、2007年前后都专门撰文对法律人类学的理论、方法与范式做了反思。[1] 尽管这三位学者此后并没有专门从事法律人类学研究,但是在他们此后的学术道路中,法律人类学一直是一条隐藏的线索。

在海外研究与国际化方面,周星于2000年赴日本爱知大学任教,此后,他的一些中文作品也被翻译成日语在日本刊物上发表。周勇于20世纪90年代后期先后赴英国与挪威深造,逐步聚焦国际法视阈下的少数群体权利研究,重点关注族裔、宗教及语言少数者与土著人民的法理问题。基于此研究积累,他于2002年出版专著《少数人权利的法理——民族、宗教和语言上的少数人群体及其成员权利的国际司法保护》。[2] 胡平仁关于萨摩亚习惯法的研究尽管不是典型的法律人类学研究,却证明了中国学者也有能力从事海外民族志研究。王启梁于2009年在《法律多元和非官方法律杂志》发表的论文填补了中国学者在国际法律人类学专业刊物上发文的空白。

(三)拓展与深化阶段:2010年以来

近十几年来,中国法律人类学向着更加深入和多元化的方向

---

[1] 参见侯猛:《转型社会的乡村法律民族志:方法与对象》,载《清华法律评论》编辑委员会编:《清华法律评论 第一卷 第一辑》,清华大学出版社2006年版,第112—127页;陈柏峰:《法律民族志与当代中国法律社会学的使命》,载郑永流主编:《法哲学与法社会学论丛·二〇〇七年第一期(总第十一期)》,北京大学出版社2007年版,第113—136页;尤陈俊:《困境及其超越:当代中国法学研究中的法律人类学》,载郑永流主编:《法哲学与法社会学论丛·二〇〇七年第一期(总第十一期)》,北京大学出版社2007年版,第95—112页。

[2] 参见周勇:《少数人权利的法理——民族、宗教和语言上的少数人群体及其成员权利的国际司法保护》,社会科学文献出版社2002年版。

发展。这一时期的研究不仅对习惯法的理论和实践做了重新审视,也尝试着推动研究范式的转变。同时,国外法律人类学的译介和传播也更加深入。此外,法律民族志的研究视野从乡村扩展到城市,关注点也从冲突与纠纷转向了法律机构的日常实践,体现了学术认知的深化和民族志方法的创新应用。海外研究的进展,以及法律人类学学科建制的逐步完善,都标志着中国法律人类学的影响力正不断攀升。

在习惯法研究方面,原有的研究规模呈缩减之势,且学者们开始系统总结和反思过去的习惯法研究。[1] 正是基于这些反思,传统习惯法研究也随之作出调整。比如,高其才作为当代中国习惯法研究的代表人物开始尝试民族志的写作方式,自2013年起陆续推出了"乡土法杰"丛书。[2] 该丛书力图通过一个人的经历来展现一个区域的法规范和法秩序。这种写作代表着一种具有中国本土特色的法律人类学的研究范式。

在法律民族志方面,这一时期呈现扩展与深入的特征。这种扩展,是指学者们的关注视野开始从乡村司法转移到城市地区的法律机构,比如律所、执法机构、司法机构、监狱等。其中,王波以简洁而顺畅的笔触描述了一个基层城市的工商所的日常工作,从而展现出当代中国城市基层执法的现实状况以及其所面临的现实困境[3];丁卫聚焦陕西省渭水市的一所派出法庭的日常实践故事,并认为这有助于透识国家治理方略转变的

---

[1] 参见赵旭东、张洁:《从异域到本土:中国法律人类学本土研究的现状与发展》,载《江苏社会科学》2017年第2期;刘顺峰:《论民族法学研究中的局限及可能进路——以民族习惯法为分析对象》,载《广西民族大学学报(哲学社会科学版)》2015年第2期。

[2] 参见高其才:《桂瑶头人盘振武》,中国政法大学出版社2013年版。

[3] 参见王波:《执法过程的性质:法律在一个城市工商所的现实运作》,法律出版社2011年版。

内在理路[1];尹韬考察了地方政府如何通过演戏的方式来传播跨国法律和政策,并在此基础上提出了"嫁接"的概念[2];张筱叶深入中国某监狱考察了其所组织并展现模范价值观的表演类活动,进而指出该表演活动是一种有效的改造方式[3]。当代法律民族志研究与此前的作品相比,除了研究视野聚焦城市或专业司法部门,还有一点显著的区别,即不再关心冲突与纠纷,而是更加关注这些机构和人员的日常状态。从"问题个案"到"日常案例",体现了当代中国法律人类学对于法律实践的认知不断深入,同时对于民族志方法的适用范围也有了更多的想象空间。

在学术论文方面,郭婧对民族地区消防法律意识的调查、熊浩对冲突化解过程中情绪的解读、王启梁对法治政府建设的思考、李娜关于守法机制的观察、张剑源对家庭暴力案件的分析,以及黄瑞对司法信任生产逻辑的研究也都具有法律人类学的研究特征。[4] 还需强调的是,这几位学者或出生于云南,或求学于云南,或供职于云南,形成了当代中国法律人类学的一个令人瞩目的"云南现象"。

---

[1] 参见丁卫:《秦窑法庭:基层司法的实践逻辑》,生活·读书·新知三联书店2014年版。

[2] See Yin Tao, Grafting: Opera and the Translation of Women's Laws in Rural China, University of Oslo, Dissertation, 2019.

[3] See Zhang Xiaoye, Participatory Control: Drama Workshop and Performance Making in a Chinese Prison, City University of Hong Kong, Dissertation, 2019.

[4] 参见郭婧:《空间视域下民族地区消防法律意识的断裂与重塑》,载《中央民族大学学报(哲学社会科学版)》2024年第1期;熊浩:《认真对待情绪:论纠纷化解的感性向度》,载《政治与法律》2023年第5期;王启梁:《中国式回应—规划型法治推进路径——法治政府建设的延伸个案考察》,载《法制与社会发展》2024年第1期;李娜:《守法社会的建设:内涵、机理与路径探讨》,载《法学家》2018年第5期;黄瑞:《立信持疑:法官视角下司法信任的生产逻辑》,载《法学家》2023年第2期。

此外,这一时期,在法律社会学领域,陈柏峰、侯猛、贺欣、刘思达等"社科法学"的代表学者在各自的研究中也或多或少地运用了人类学的方法或视角。[1] 由侯猛等担任主编的《法律和社会科学》出版了"法律人类学在中国"专号,分为"学说"和"田野"两辑,从两个方面展示了当代中国法律人类学的视野、旨趣与研究进展。

在海外研究方面,供职于奥斯陆大学的周勇作为一位国际专家,更加关注全球性问题[2],而国内学者在近年来国家大力推广区域国别研究的背景下,也开始尝试海外法律民族志研究,比如齐腾飞关于肯尼亚土地的研究[3]、马强对俄罗斯《代理人法》的研究[4]等。

在这一时期,法律人类学的学科建制也有所进展。2011年10月22日,中国人类学民族学研究会与中国社会学会分别成立了各自的与法律相关的专业委员会。前者的委员会更加接近民族法学而非人类学,不过,该委员会后来创立了中国法律人类学第一本专业刊物——《法律人类学论丛》,至今已经出版8卷;后者,即中国社会学会法律社会学专业委员会虽然隶属于中国社

---

[1] 参见陈柏峰:《乡村江湖:两湖平原"混混"研究》,中国政法大学出版社2011年版;侯猛:《司法的运作过程:基于对最高人民法院的观察》,中国法制出版社2021年版;He Xin, Divorces in China: Institutional Constraints and Gendered Outcomes, New York University Press, 2021;刘思达:《割据的逻辑:中国法律服务市场的生态分析》,上海三联书店2011年版。

[2] 参见周勇等:《问答:法律人类学在中国》,载侯猛、王伟臣主编:《法律和社会科学(第20卷第1辑) 法律人类学在中国:学说》,法律出版社2023年版,第64—70页。

[3] 参见齐腾飞:《用历史要产权——肯尼亚土地冲突研究》,清华大学2021年博士学位论文。

[4] 参见马强:《俄罗斯〈外国代理人法〉及其法律和政治实践》,载《俄罗斯研究》2021年第1期。

会学学会,但第二任会长为人类学学者赵旭东。同时,该委员会也有不少"社科法学"成员加入,而上文其实已经暗示,"社科法学"进路可能要比传统习惯法研究更容易与人类学法律研究展开对话。

2020年9月26日,上海师范大学主办了名为"法律人类学视野下的生活世界与多元规范"的学术研讨会。此次会议是自2010年以后,学界第一场以"法律人类学"为研讨主题的非年会型学术会议,由此第一次在国内聚集了一批关注法律人类学研究的"80后"青年学者。会后,这些学者联合创立了"法律人类学云端读书会"。该读书会通过举办各类经典研读会、工作坊、研习营、博士生论坛等系列活动,尝试提炼出中国法律人类学的标识性概念,并致力于运用人类学方法"深描法治中国"。2024年,读书会在研习营讲稿的基础上出版了《什么是法律人类学》[1],为广大青年学子提供了一部针对法律人类学基础知识和学习方法的入门指南。该书共分为6个专题,分别是"为什么要学习法律人类学方法""什么是法律民族志""什么是田野调查""什么是扩展个案""什么是日常个案""从田野调查到法律民族志"。这些专题虽然名义上围绕着"方法"展开,却涵盖了学科性质、发展脉络、研究对象、研究方法、基本观点以及如何适用于当前中国本土法治实践等中外法律人类学的基础问题,不仅描绘出法律人类学的学科样貌,还深入探讨了诸多学科前沿问题。

二、五个特点

如上所述,本书按照诸项要素将当代中国法律人类学的发展

---

[1] 参见刘顺峰、王伟臣主编:《什么是法律人类学》,北京大学出版社2024年版。

历程划分为3个阶段,且试着发现这些阶段之间、不同研究进路之间、不同作品之间、不同学者之间的相互影响与传承关系。接下来,笔者拟从规模、学科、区域、议题、国际化5个方面总结此项研究的特点与不足。

第一,从规模上看,总体上比较可观,但典型的法律民族志研究并不多。正如上文所展示的,四十多年来,先后出现了数种研究进路,比如习惯法研究、民族法学研究、民间法研究、"社科法学"研究、基于定性的法律社会学研究、法律民族志研究等。这些研究多多少少都具有法律人类学的研究特点,且彼此交织、重叠,呈现出一幅丰富多彩的当代中国法律人类学的研究图景。但其中,有不少研究进路只是在研究对象、研究方法等要素上与法律人类学重叠而已。在典型的法律人类学研究领域,除了朱晓阳,其他学者往往只有一部民族志作品,未能有更多作品的产出。"深描法治中国"的民族志作品并不多。此外,就研究旨趣和方法来看,一些法律社会学研究要比民间法、习惯法与民族法学研究更接近法律人类学,因为有不少法律社会学研究者也在使用长期的、参与式的研究方法。

第二,从学科上看,由法学与人类学两个学科共同推动,虽然法学学者的比例较高,但研究成果却更受人类学的欢迎。在中国人文社会科学的学科体系中,法学是一个规模十分庞大的学科。全国有600多所高校开设法学本科专业。与之相比,开设人类学本科专业的高校只有不到10所。这种比例的失调,可能就是典型法律人类学研究不太发达的一个重要原因。从刊物的发表[1]、课题的立项来看,法律人类学在法学学科内部处于

---

[1] 比如,法学核心刊物(如"CSSCI"来源期刊)近10年发表的标题含"法律人类学"字眼的论文不到10篇。

极为边缘的位置;在人类学领域,法律人类学虽然也不是主流研究,但至少有着相对"友好"的发表和立项环境,经常可见于"权威"人类学、民族学刊物,比如,《民族研究》《中央民族大学学报》等刊物经常刊发法律人类学论文。

第三,从区域上看,以西南地区和北京的高校为主,华东与东南沿海地区则并不多见。由于习惯法的研究对象主要集中于西南地区的少数民族,所以,以云南大学为代表的西南地区的高校成为研究主力,相应地,西南地区也成为重要田野区域。与之相匹配的是,西南地区的一些刊物,比如《思想战线》《贵州社会科学》《贵州民族研究》《广西民族大学学报》发表了很多关涉法律人类学的论文。此外,北京大学社会学系、中国社会科学院民族学与人类学研究所凭借其悠久的研究传统,也成为当代中国法律人类学的另一中心。

第四,从议题上看,主要关注纠纷解决以及法律机构的日常实践。正如上文所述,不管是习惯法研究,还是早期的法律民族志研究,均试图以丰富的问题个案去探讨国家法与民间法的互动关系,并尝试挖掘中国本土法律的"地方性知识"。后来,学者们开始关注司法审判的过程与逻辑,再往后,又从司法审判的功能扩展到司法机构(以及"准法律机构")本身的日常实践。近年来,研究议题趋向多元,有学者开始关注法律意识的塑造与表现,以及法律文化的生产与传播。这种研究彰显了法律人类学的应用性和实践性,吸引了法律实务界对法律人类学的关注。

第五,在国际化方面,一方面,较为明显地受到了国外研究的影响;另一方面,却缺少与国外的理论对话。正如上文所述,每个阶段的本土研究的发展其实都离不开对国外研究的译介与传播。但中外法律人类学的这种交往更多的是单方面的。比如,朱晓阳、赵旭东的代表作被公认为典型的法律民族志作品,但这两部作品并没有过多地回应当时以及经典的法律人类学理论。其实,从整体上看,除了少数几部作品,大多数涉及法律人类学的研究作品试图回应的都是法律社会学的理论、模型。我们依然缺少对世界法律人类学理论的原创性贡献。

三、未来展望

本节认为,当代中国法律人类学经过四十多年的发展已经积累了较为丰富的研究经验,形成了较为固定的研究模式;同时,研究群体也在不断扩大,在人类学、法学以及人文社科领域的影响力和知名度也在不断扩大。从整体上看,是一个处于上升趋势的研究领域。展望未来,中国法律人类学研究在对内与对外两个方面,均有着诸多可以继续着力的方向。

对内而言,当代中国法律人类学的研究视野已经从乡村扩展至城市。那么接下来,一方面,不能忘记乡村;另一方面,还应深耕城市。时至今日,习惯法、民间法等传统规范在中国基层社会的秩序维持与纠纷解决方面依然发挥着重要作用,而学者们需要做的是改变传统习惯法的研究范式,更多地从动态的角度观察习惯法在当代中国法治生活中的处境与表现;在城市研究方面,除了关注执法、司法的日常实践,还应该关注立法、普法、法律援助、公共法律服务等法律实践领域以及法律情感、法律知识的大众传播等议题。在大数据研究兴起的当下,彰显并捍卫人类学式的法律定性研究不可被取代的独特价值,用法律人类学的民族志方法"深描法治中国"。同时,结合法律人类学的学术特点,在生成式人工智能全面崛起的时代,我们还应该"更加深入地审视和挖掘法律人类学对'人',尤其是新时代的法治人才培养的意义和可能性"[1]。

对外而论,国际法与海外研究将成为当代中国法律人类学未来主要的增长点。在当前推动中国企业"走出去"、推进"一带一路"建设等工作的过程中,人类学的法律研究恰好有着用武之地。海外投资需要法律保驾护航,不管采取何种投资方式,都离不开针对被投资国的法律检索和法律查明。但是,我们的很多企业往往只重视对象国的成文法,以为知晓了其官方法律制度就能够有效地保证各项工作的顺利开展。殊不知,百余年来的法律人类学研究已经表明,法律多元主义是一个遍及全球的法律现象。在一国之内,除了国家立法机关颁布的成文法或司法机关确立的判例法,还存在着诸多具有实际约束性的规范、习惯或实践做法。而官方法本身也受到该国政治、社会、文化、经济等诸多因素的影响,且在实际执行或适用的过程中也无法完全实现立法初衷,有时甚至会与其背道而驰。总之,这些多元而复杂的"法律"运行状态对于中国企业的海外投资都会产生或多或少的影响。而深入了解这些"法律"正是长期关注非西方社会的法律人类学所具有的"独家本领"。人类学不仅系统研究过亚非拉等地区的法律文化,而且它在研究过程中所发明和使用的研究方法和相关技术都是中国学者从事海外法律实践与法律文化研究的绝佳分析工具。所以,对于中国当代法律人类学学者而言,奔赴海外从事法律民族志研究有着广阔的发展前景,也有助于进一步彰显此项研究的实用性特征。

---

[1] 王启梁:《"做"法律人类学》,载《新文科教育研究》2024年第1期。

第六章 法律人类学的学术共同体[1]

一个学科的兴盛与繁荣,背后往往离不开一个强大且活跃的学术共同体的支撑,法律人类学这一领域自然也不例外。近年来,中国法律人类学的影响力在逐步扩大,研究成果日益丰富,但其在发展过程中也面临着一些挑战和"瓶颈"。这些难题的出现,或许在一定程度上可以归因于学术共同体建设的不够发达,以及研究团队和研究进路的过于分散,导致力量难以集中,资源无法有效整合。

鉴于此,本章将着重回顾过去百余年间,中外法律人类学共同体建设的历程以及取得的成果。通过这一回顾,我们旨在总结经验教训,明确哪些做法促进了共同体的繁荣,哪些因素制约了其发展。在此过程中,荷兰法律人类学共同体建设的独特且成功的经验尤其值得我们关注和学习,因此,本章第二节会详细介绍荷兰的做法。但在深入探讨荷兰经验之前,我们有必要先对学术共同体的基本概念与基本要素做简要阐述,为后续的分析和讨论奠定理论基础。

---

[1] 本章曾以《法律人类学的共同体建设:回顾与反思》和《荷兰习惯法研究述评》为题分别发表于《新文科教育研究》2024年第1期与谢晖、蒋继光、陈金钊主编的《民间法(第22卷)》(厦门大学出版社2019年版)。与原文相比,此处作了一定程度的改动。

第一节　学术共同体的概念与基本要素

学术共同体作为一种学术现象，其实古已有之，不管是古希腊的雅典学园还是中国春秋战国时期的百家争鸣，都或多或少地呈现出学术共同体的样貌。但"学术共同体"这个概念却是 20 世纪的产物。据考证，科学哲学家波兰尼（M. Polanyi）于 1945 年发表在《科学月刊》上的论文《科学自主性》首次提到了这个概念。在这篇文章中，波兰尼指出："今天的科学家不能再单打独斗了。其必须在一个组织机构框架内获得一个固定职位。一位化学家要成为化学职业群体的一员；一位动物学家、一位数学家或一位心理学家也要归属于一个特定的专业科学家组织。不同的科学家组织共同构成了一个科学共同体。"[1] 在这段表述里，波兰尼更多强调的是共同体的学术归属。

后来，同样作为科学哲学家的库恩（Thomas S. Kuhn）在《必要的张力：科学的传统和变革论文选》一书中为"科学共同体"加入了"范式"这一重要因素。库恩指出："'范式'一词无论实际上还是逻辑上，都很接近于'科学共同体'这个词。一种范式是、也仅仅是一个科学共同体成员所共有的东西……科学共同体是由一些学有专长的实际工作者所组成。他们由他们所受教育和训练中的共同因素结合一起，他们自认为也被人认为专门

---

[1] M. Polanyi, The Autonomy of Science, The Scientific Monthly, Vol. 60, 1945, p. 143.

探索一些共同的目标,也包括培养自己的接班人。"[1]我们可以发现,库恩除了强调共同的学术范式,还进一步指出了共同体所需具备的共同的学术目标以及特定的学术组织形式。

需要注意的是,波兰尼和库恩以及其他讨论这一问题的英美学者使用的概念均为"科学共同体"(scientific community)而非"学术共同体"(academic community)。一方面,这是因为关心这一问题的学者大都为科学哲学家;另一方面,也说明在英语世界,这个概念更多地针对自然科学。在中文世界,同样存在着"科学共同体"的概念,且相关学者关于这一概念的讨论也同样归属于科学哲学或科学学领域。[2] 与之相比,使用"学术共同体"概念则主要针对人文社会科学以及广义的学术研究。[3]

尽管有着上述概念、学科、语境的差异,但不管是自然科学的共同体,还是人文社会科学的共同体,中外学者大致达成了三点共识,即所谓科学、学术共同体须具备三个基本要素:第一,需要有共同的学术旨趣、科学信念、价值追求;第二,需要有共同的学术规则,比如研究范式、理论、方法等;第三,需要有特定的组织形式和凝聚机制。一般来说,三个基本要求必须同时

---

[1] [美]托马斯·S.库恩:《必要的张力:科学的传统和变革论文选》,纪树立、范岱年、罗慧生等译,福建人民出版社1981年版,第291—292页。
[2] 参见文学峰:《试论科学共同体的非社会性》,载《自然辩证法通讯》2003年第3期;江涛:《科学共同体"范式"概念的文化价值蕴涵》,载《自然辩证法研究》1997年第9期;程志波、李正风:《论科学治理中的科学共同体》,载《科学学研究》2012年第2期。
[3] 参见李剑鸣:《自律的学术共同体与合理的学术评价》,载《清华大学学报(哲学社会科学版)》2014年第4期;张斌:《我国学术共同体运行的现状、问题与变革路径》,载《中国高教研究》2012年第11期;阎光才:《学术共同体内外的权力博弈与同行评议制度》,载《北京大学教育评论》2009年第1期。

具备,缺一不可。否则,便不能被认定为科学、学术共同体。

其中,对前两个要素很难做进一步区分。比如,我们不可能区分出"学术旨趣型"共同体和"价值追求型"共同体,也不可能区分出"共同范式型"共同体和"共同方法型"共同体。但是,对第三个要素可以做细分,因为学术共同体的确有着不同的组织形式和凝聚机制。具体又可以进一步分为:师生型、学院型、协会型和期刊型四种。具而言之:师生型,是指共同体成员具有体制上或学术上的师承关系,彼此之间依靠师承而组建的共同体;学院型,是指以某个特定科研院所为平台所凝聚形成的共同体;协会型,是指基于特定的官方或民间学术协会而组建的共同体;期刊型,是指由某个特定学术刊物的编辑、作者、审稿人所形成的共同体。这四种类型之间具有一定的重合度。比如,有的师生型共同体以某个特定学院为平台;有的协会型共同体因为同时办有刊物所以也可以归属为期刊型。需要注意的是,这四种类型的共同体对于前两个要素的需求强度也并不一致。一般而言,师生型与学院型两种共同体对共同的学术旨趣和学术规则的要求比较高。但与此同时,这两种类型的共同体也存在着风险,因为其对核心组织者的依赖性比较高。这四种类型在下文的中外回顾中均有所体现。

此外,任何一种学术共同体如果在三要素方面均达到了较高的程度,那么便可以称为"学派"(学术流派)。换言之,学派是科学、学术共同体的一种类型,是一种更有凝聚力、组织更为紧密的共同体。最后要说明的是,本书所讨论的法律人类学属于一门人文社科类分支、交叉学科,所以下文将不再使用"科学、学术共同体"这种表述,而直接使用"学术共同体"这一概念。

第二节　世界范围内的法律人类学共同体

一、荷兰的法律人类学共同体

虽然法律人类学最早诞生于英国,但第一个法律人类学学术共同体却建立于荷兰。荷兰的法律人类学研究同样有着百年的学术传承,在研究规模上完全可以比肩英美,近年来更有赶超之势。可是目前国内对荷兰传统却知之甚少,因而本节以学术共同体建设为线索对荷兰法律人类学百年来的研究进行一番历史考察,总结其较英美路径的优势和特色,以期能够为从事习惯法、民间法以及法律人类学研究的学者提供些许参考。

(一)阿达特法学派的兴起

1."阿达特"(Adat)术语的由来

实际上,率先对印尼习惯法开展研究的并不是荷兰人。1783 年,英国殖民官员威廉·马尔斯登(William Marsden)在《苏门答腊史》(History of Sumatra)中首次提到了"阿达特"的概念。这个词来自阿拉伯语"عادات",意指"习惯",或用于描述地方习惯和传统的多样性。尽管源于阿拉伯语,但是"阿达特"在整个东南亚地区引起了深刻共鸣,其他非穆斯林社区也接受了这个概念。1817 年,另一位英国殖民官员斯塔福德·莱福士(Stamford Raffles)在《爪哇史》(History of Java)中记录了一些与法律有关的阿达特。

19 世纪初,荷兰东印度公司(Dutch East India Company)解散,荷兰政府成立荷属东印度政府接管印度尼西亚殖民地。殖民统治者需要更加深入地了解印尼的全貌,这就为针对印尼的社会科学研究创造了条件。1864年,莱顿大学成立了荷兰东印度语言地理民族学教育国立研究所(National Institute for Education in the Languages, Geography and Ethnology of the Netherlands East Indies),负责对荷属东印度殖民地行政官员的培训。第一任荷属东印度民族学讲习教授皮特·韦泰(Pieter Veth)为培训班设计了以"印度学"(Indologie)为主的课程大纲。韦泰在授课时特别要求,所有的行政官员到达印尼之后都应当有针对性地收集包括当地法律规范在内的一切知识,这也为21世纪初法律人类学研究的勃兴奠定了基础。1893年,莱顿大学马来语教授克里斯蒂安·许尔赫洛涅(Christiaan Hurgronje)出版了关于印尼苏门答腊岛北端亚奇人(Aceh)的研究作品。他在"阿达特"这个词语的基础上增添了"法"或"权利"(Recht)的含义,从而发明了"阿达特法、习惯法"(Adatrecht)这个专门术语。

2.沃伦霍芬与阿达特法学派

进入20世纪以后,荷兰殖民者通过砂糖与咖啡生产,终于打通了沿海港湾与内陆农村地区的联系,从此开始关心包括土地法在内的印尼土著习惯法。当时殖民政府提出的法律政策是,以荷兰法为基础推进整个印尼法律的统一,一方面是为了便于管理,另一方面也可以通过法律移植将殖民地印尼打造成获得国际认可的现代文明国家。但是这种政策遭到了莱顿大学法学教授科内利斯·范·沃伦霍芬的批评。[1]

沃伦霍芬被公认为荷兰法律人类学研究的创始人。[2] 在

---

[1] See Herman Slaats, The Imposition and Radiation of Dutch Law in Indonesia, in Jap De Moor and Dietmar Rothermund eds., Our Laws, Their Lands: Land Laws and Land Use in Modern Colonial Societies, LIT Verlag, 1994, pp. 105-106.

[2] See Norbert Rouland, Legal Anthropology, translated by Philippe G. Planel, The Athlone Press, 1994, p. 86.

沃伦霍芬以前,虽然韦泰、许尔赫洛涅都研究过阿达特法的问题,但是他们所属的民族学、语言学等学科在当时并没有把法律当成主要的研究对象。沃伦霍芬则不同,他接受的是正统的法学教育,有着扎实的法学理论素养。同时,他深受萨维尼"历史法学派"的影响,认为法律是历史的产物,强调不同法律文化的多样性。[1]

沃伦霍芬提出了两个关于法律人类学的著名理论:"法律领域说"(Law Area)与"自治团体说"(Autonomous Community)。在1918年出版的多卷本巨著《荷属东印度的阿达特法》(Het Adatrecht van Nederlandsch-Indië)中,沃伦霍芬从"法族"(Law Families)的概念入手,将整个印尼分为亚奇、婆罗洲(Borneo)、巴厘岛(Bali)和龙目岛(lombok)、米南加保(Minangkabau)等19个法律领域,每个法律领域都有其一套独特的习惯法体系。而每一个法律领域都含有大量的"自治团体"。所谓"自治团体",是指拥有专门领地和专属财产的不同规模的小型群体。在沃伦霍芬看来,村落、家族、氏族都是这样的自治团体。每个村落都有其特定的习惯法观念,也就由此形成属于他们自己的"法律"。[2] 需要指出的是,沃伦霍芬所有的习惯法研究都是在莱顿大学的研究室里完成的,他一生只到过印尼两次。正因如此,他特别注意"我族中心主义"的陷阱,认为学术作品中的概念应尽量与当地人的概念和观念保持一致。

沃伦霍芬的意义在于,他使整个荷兰学界意识到对阿达特

---

[1] See C. Van Vollenhoven, Het Adatrecht van Nederlandsch-Indië, Leiden University Press, 1918, p. 72.

[2] See Norbert Rouland, Legal Anthropology, translated by Philippe G. Planel, The Athlone Press, 1994, p. 86.

法进行科学研究的可能性。[1] 特别是 19 个法律领域的划分,直接为后继者提供了深入研究的对象和框架。在他的指导下,20 世纪上半叶,有 20 多位博士研究生完成了关于印尼阿达特法的学位论文。比如约翰·龙格曼(Johann Logemann)的《印尼证人制度的意义》(*De Betekenis der Indonesische Getuigen*)、雅各布·马林克罗特(Jacob Mallinckrodt)的《婆罗洲的习惯法》(*Het Adatrecht van Borneo*)、维克托·科龙(Victor Korn)的《巴厘岛的阿达特法》(*het adatrecht van bali*)、兰登·苏坡莫(Raden Supomo)的《西爪哇岛的阿达特私法》(*het adatprivaatrecht van west java*)、沃格文(J. C. Vergouwen)的《托巴·巴塔克族的法的生活》(*Het Rechtsleven der Toba-Bataks*)、弗里德里克·大卫·霍勒曼(Frederik David Holleman)的《特隆阿贡的习惯法》(*Adatrecht van de Afdeling Toeloengagoeng*)以及特尔·哈尔的《习惯法的原理与体系》(*Beginselen en Stelsel van het Adatrecht*)。其中的佼佼者当数最后两位。

1935 年,弗里德里克·大卫·霍勒曼继承了导师沃伦霍芬的职位,成为莱顿大学法学院第二任阿达特法讲习教授。特尔·哈尔则是在学术上继承沃伦霍芬的衣钵,成为阿达特法研究领域的又一位杰出学者。他提倡把在社会中实际存在的法作为"活生生的法"来研究,所以关于阿达特法的研究就是一种实践的法律科学。从沃伦霍芬到特尔·哈尔,荷兰学者在法律人类学研究领域逐渐形成了"阿达特法学派"。这是世界范围内第一个法律人类学的学术共同体。

---

[1] See A. K. J. M. Strijbosch, Methods and Theories of Dutch Juridical-ethnological Research in the Period 1900 to 1977, Netherlands Reports to the Tenth International Congress of Comparative Law, Kluwer, 1978, p. 203.

(二)迈向国际化的法律多元

印尼于1949年独立以后,与荷兰的关系逐渐恶化,这给荷兰的法律人类学研究带来了较大影响,同时也给阿达特法学派带来了较大冲击。因为这个学派就是围绕着印尼研究而成立的。面对这种形势,学派只能寻求转型。比如,弗里德里克·大卫·霍勒曼的儿子约翰·霍勒曼作为阿达特法学派的第三代学者转向了非洲研究。他在沙佩拉的指导下,完成了博士学位论文,并在此基础上出版了《修纳人的习惯法》。[1] 此书是罗兹-利文斯顿研究院出版的第一部专门研究非洲习惯法的作品,比院长格拉克曼的代表作《北罗德西亚巴罗策人的司法程序》还要早3年。当然,此书最大的意义在于,它标志着阿达特法学派开始正式涉足非洲地区。

1963年,约翰·霍勒曼从南非纳塔尔大学返回莱顿大学,受聘为社会科学系非洲社会与文化讲习教授。不过,此时荷兰法律人类学研究的中心已经从莱顿大学转移到了斯廷霍芬所在的奈梅亨大学。比约翰·霍勒曼小四岁的斯廷霍芬是一位大器晚成的学者。1937年进入莱顿大学攻读法律专业,但因第二次世界大战的爆发,直到1947年才获得法学学士学位。毕业后在荷兰皇家航空公司工作。1951年进入多伦多大学学习文化人类学。1955年在加拿大印第安人与北方事务部(The Department of Indian and Northern Affairs)的赞助下,研究因纽特人驯鹿部落的法律观念。而后他再次进入莱顿大学,凭借着关于因纽特人习惯法的研究获得博士学位。1963年,44岁的斯廷霍

---

[1] See Johan Frederik Holleman, Shona Customary Law: With Reference to Kinship, Marriage, the Family and the Estate, Oxford University Press, 1952.

芬终于获得人生中的第一份教职,成为奈梅亨大学的讲师。[1]在1962年出版的《西北地区基韦廷区域的因纽特人的领导与法律》中,斯廷霍芬详细描述了当地社会与财产、婚姻、继承、食物分配、伤害赔偿有关的"实体法"。[2]

斯廷霍芬与莱顿大学的关系非常微妙。他在莱顿大学习惯法教授汉斯·柯宁(Hans Keuning)的指导下以一篇关于因纽特人习惯法的论文获得博士学位,但是整篇论文丝毫没有参考阿达特法学派的研究成果。进入奈梅亨大学之后,他主授的课程是"发展中国家的制度理论"。由于课程内容涉及印尼,所以这时他才开始系统阅读沃伦霍芬的作品,这也彻底改变了他的学术生涯。通过沃伦霍芬,他终于认识到"观察东方人需要东方人的视角"。但此时,荷兰关于印尼习惯法的研究已经终结,就连其导师汉斯·柯宁也转向了非洲研究。但是20世纪60年代末,荷兰与印尼的关系开始缓和,这就为荷兰学者再次踏入印尼创造了条件。此时,以约翰·霍勒曼为首的莱顿大学的一干学者正忙于非洲研究,所以斯廷霍芬便成为印尼独立以后首位研究阿达特法的荷兰学者。在关于北苏门答腊岛、巴厘岛和龙目岛等地的习惯法研究中,他关注的重点是阿达特法在村落层面的法律实践,并强调只有阿达特法才是真正意义上的印尼本土的法律体系。就此而言,他已经成为沃伦霍芬以及阿达特法学派的继承人。[3] 1972年,斯廷霍芬获评教授,并创立了奈梅亨

---

[1] See Fons Strijbosch, In Memory of Geert Van Den Steenhoven, Journal of Legal Pluralism and Unofficial Law, Vol. 44, 1999, pp. 1-3.

[2] See Geert Van Den Steenhoven, Leadership and law among the Eskimos of the Keewatin District, NorthWest Territories, Excelsior, 1962.

[3] See Fons Strijbosch, In Memory of Geert Van Den Steenhoven, Journal of Legal Pluralism and Unofficial Law, Vol. 44, 1999, pp. 7-8.

大学民间法研究所。

除了关于阿达特法的研究,斯廷霍芬还联络学界同人,组成了一个名为"民间法联盟"(Volksrechtskring)的学术团体。该团体主要由对习惯法、民间法、法律人类学感兴趣的荷兰学者组成,不定期地组织学术沙龙,就连已经退休的约翰·霍勒曼也经常参加活动。也许是有感于这个组织的结构过于松散、视野过于单一,斯廷霍芬向"国际人类学和民族学联合会"(International Union of Anthropological and Ethnological Sciences)申请设立一个下属的专门研究会。1978 年 11 月,申请获得批准,"民间法与法律多元研究会"(Commission on Folk Law and Legal Pluralism)宣告成立,这是斯廷霍芬为国际法律人类学研究作出的最大学术贡献。

1981 年,在斯廷霍芬的邀请下,来自世界各地的 25 位相关领域的学者齐聚意大利小镇贝拉吉奥,召开了研究会第一届年会暨"国家制度与民间法的适用"(State Institutions and Their Use of Folk Law)学术研讨会。斯廷霍芬众望所归地当选为首任主席。会议还通过了"研究会章程",选出了第一届学术委员会成员以及执行委员、秘书长。该次会议堪称国际法律人类学界的"制宪会议"。1981 年至今,研究会共召开了 20 余次学术年会。最近的一次会议于 2025 年 1 月在雅加达召开,来自全世界几十个国家的法学学者、人类学学者以及其他领域的社会科学学者汇聚一堂,共议"法律多元的变革力量?多元多极世界中的全球挑战"(The Transformative Power of Legal Pluralism? Planetary Challenges in a Diverse and Multipolar World)。研究会也由最初的"民间法与法律多元研究会"更名为"法律多元研究会"。此外,研究会还拥有了专属的学术阵地,即本书多次提到的《法律多元和非官方法律杂志》,用于发表学界同人的学术成果。

需要指出的是,从创立到今天,荷兰学者都是研究会的中坚力量。在过去以及现在的九任主席中,除了斯廷霍芬,还有3位荷兰学者。其中一位就是斯廷霍芬的高足基贝特·冯·本达-贝克曼(Keebet von Benda-Beckmann)。她曾先后就职于莱顿大学、瓦格宁根大学、鹿特丹伊拉斯姆斯大学、德国马克斯·普朗克研究所等大学和科研机构,研究领域包括印尼苏门答腊岛的本土继承法、米南加保的纠纷调解、东马鲁古群岛(Moluccas)妇女的社会保障、尼泊尔的水权等问题。[1] 值得一提的是,她的大多数研究成果都是与其丈夫,即德国法律人类学家弗朗兹·冯·本达-贝克曼合作完成的。研究会的上一任会长是阿姆斯特丹大学的马丁·巴文克(Maarten Bavinck),现任会长则是莱顿大学沃伦霍芬研究所的珍妮·乌宾克(Janine Ubink)。《法律多元和非官方法律杂志》的主编、瓦格宁根大学的迪克·罗斯(Dik Roth)也是执委会的委员。总而言之,走向国际多元的荷兰法律人类学研究依然生机勃勃。

二、世界其他地区的法律人类学共同体

与荷兰学者相比,英美法律人类学的共同体建设起步较晚。虽然学界公认马林诺夫斯基创建了法律人类学这门学科,但马氏同时也被认为开创了经济人类学、亲属关系人类学等多个分

---

[1] See Franz von Benda-Beckmann and Keebet von Benda-Beckmann, Changing constellations of legal pluralism in West Sumatra, Indonesia, Max Planck Institute for Social Anthropology Report, 2003; Franz von Benda-Beckmann and Keebet von Benda-Beckmann, Identity in Dispute: Law, Religion, and Identity in Minangkabau, Asian Ethnicity, Vol. 13, 2012, pp. 341-358; Franz von Benda-Beckmann and Keebet von Benda-Beckmann, Water, Human Rights and Legal Pluralism, Water Nepal, Vol. 10, 2003, pp. 63-76.

支学科,所以自然无暇顾及法律人类学的共同体建设。或者进一步讲,对马氏来说,单独发展法律人类学本身就违背了其所倡导的整体论视野。20世纪40年代,在格拉克曼的领导下,以罗兹-利文斯顿研究院为基础,后延续至曼彻斯特大学人类学系,形成了一个著名的人类学学派——曼彻斯特学派。虽然学派创始人格拉克曼对法律人类学研究作出了重要贡献,但是该学派并不限于法律人类学。所以,不能将曼彻斯特学派视为一个法律人类学的共同体。这在某种程度上也导致了英国法律人类学的人才断代。相应地,在20世纪60年代,英美法律人类学的研究重心也从英国转移至美国。

在美国,最早构想组建共同体的并不是美国法律人类学的奠基人霍贝尔,而是比其年轻二十多岁的劳拉·纳德。1964年4月,由斯坦福大学召开的美国法律人类学史上的第一次会议就是纳德召集的。1966年8月在奥地利瓦尔腾贝格城堡(Burg Wartenstein)举办的主要由英美学者参加的国际法律人类学第一次会议也是由她发起、组织的。在同一位发起人的主持下,3年内举办了两次会议,且第二次会议还出版了论文集。[1] 这些迹象似乎昭示着,英美的法律人类学共同体正在形成。但是,这种类型的会议很快戛然而止,所谓的共同体也没有很快形成。这可能是因为发起人纳德的学术旨趣与前辈学者们并不一致。她对前辈的研究提出了两点批评:一是在研究范式上,侧重纠纷适用的规则而不是纠纷解决的过程;二是在研究对象(地域)上,集中于非洲中南部,缺少对西亚北非、拉美以及欧美社会的关注。所以,她在自己主持的研究项目中试图回应、解决这两个问题。围绕着这个项目,她培养了一批

---

[1] See Laura Nader ed., Law in Culture and Society, Aldine Publish, 1969.

从事法律人类学研究的博士研究生，形成了美国法律人类学史上著名的"纳德学派"或"伯克利学派"。作为美国版的"沃伦霍芬"，纳德还进一步推动了法律人类学的学科化与建制化，为学科发展作出了重要贡献。

纳德学派其实是20世纪60年代以后美国法律人类学兴盛的一个缩影。在纳德及其弟子之外，还有一批学者，如理查德·埃布尔、克利尔、戴维·M.恩格尔、格林豪斯、梅丽等也活跃于这一领域。这些学者的年纪大致相仿，研究旨趣和研究范式也较为接近。但是，他们在美国并没有成立专门的法律人类学组织，而是加入了"法律和社会运动"。这些学者都是创立于1964年的美国法律社会学协会的成员，且除了克利尔，其他几位都曾于20世纪90年代先后当选为协会主席。与此相关，协会的官方刊物《法律和社会评论》(Law & Society Review)也经常刊登带有明显人类学色彩的论文。当然，法律社会学如今也在使用深度调查方法，所以两个学科的界限已经较为模糊了。

此外，还有一些法律人类学研究者选择与政治人类学"结盟"，在美国人类学学会之下设立了政治与法律人类学学会。该学会也有一本官方刊物，名为《政治与法律人类学评论》。围绕研究会和刊物大致形成了一个"政治与法律人类学"的共同体。

在德国，马克斯·普朗克社会人类学研究所的比利时籍教授玛丽-克莱尔·福布莱茨(Marie-Claire Foblets)于2012年在研究所成立了法律与人类学系。该系发展至今已经集中了近50位来自世界各地的法律人类学研究者。虽然其办公地点位于德国，却是一个国际化程度非常高的研究团队，其人员组成在某种程度上和"法律多元研究会"有一定的重合。

除了欧美，日本在著名法律人类学家千叶正士的影响下，也尝试开展各种联合研究。根据东京都立大学石田慎一郎的介绍,目前主要有3个与法律人类学相关的大型研究项目,分别是中央大学宫本胜领导的关于"东南亚和东非地方社会的冲突解决和多元法律秩序生成研究"、关西大学角田猛之领导的法文化研究会和石田慎一郎领导的"替代性正义的全球趋势联合研究"。[1] 此外,在地区组织方面,拉丁美洲法律人类学研究会(Red Latinoamericana de Antropología Jurídica)于1997年在厄瓜多尔的基多市设立,至今已经召开了11次学术年会;亚洲地区于2015年成立了亚洲法律社会学协会(Asian Law and Society Association),现任会长蔡可欣(Lynette J. Chua)也具有人类学的研究背景。

通过对国外经验的回顾,我们可以发现两个明显的转向:其一,从早年的师生型与学院型逐渐转为协会型与期刊型。比如,不管是荷兰的阿达特法学派还是美国的纳德学派都是依靠师承关系和所在院校的支持建立的,同时也严重依赖团队领袖的整体规划与设计。但到了20世纪80年代,英美学者与欧陆学者的联系越发紧密,逐渐打破地域限制,构建了以协会和期刊为核心的国际学术共同体。其二,从固守一个学科转为向外寻求合作。早年的阿达特法学派和纳德学派均拘泥于习惯法学或法律人类学的内部,而后来的美国政治与法律人类学学会、法律多元研究会以及亚洲法律社会学协会显然已经打破了学科限制,与兄弟学科建立了良好的合作关系。

---

[1] 参见[美]劳拉·纳德等:《问答:法律人类学的传统》,载侯猛、王伟臣主编:《法律和社会科学(第20卷第1辑) 法律人类学在中国:学说》,法律出版社2023年版,第48—50页。

第三节 中国的法律人类学共同体

早在民国时期,中国就出现了法律人类学研究。但是相关的共同体建设还是在改革开放之后才得以起步的。据笔者的观察,目前在中国,主要有6个与法律人类学相关的学术团队或组织,它们在某种程度上存在着一定的重合。此外,如果严格按照学术共同体的三要素来判断,这6个团队在发展程度上也参差不齐。但无一例外,它们都是构建中国法律人类学共同体的重要力量和宝贵源泉。本书第五章在介绍当代中国法律人类学的发展现状时也或多或少提到了这些共同体,但在本节中,还是有必要按照成立时间逐一列举并介绍。

一、发展与现状

(一)中国法学会民族法学研究会与中国人类学民族学研究会法律人类学专业委员会

这两个研究会都是官方设立的学术共同体,且在人员组成上具有较大的重合度,所以放在一起讨论。首先,中国法学会民族法学研究会成立于1991年6月。从名称上就可以看出,其归属于中国法学会,又因涉及民族事务,所以其同时也接受国家民族事务委员会的指导。目前,吴大华担任该研究会的常务副会长。其次,中国人类学民族学研究会法律人类学专业委员会成立于2011年10月。从名称上看,其归属于中国人类学民族学研究会,同时也是该研究会下属的第二家专业委员会。目前同样由吴大华担任主任委员(会长)。此外,吴大华还于2015年牵头创立了中国法律人类学第一本专业刊物——《法律人类学论丛》,该刊物至今已经出版8卷,是目前刊发法律人类学研究作品的重要阵地,对于推动中国人类学的研究而言是一个极为宝贵的存在。

另外,需要指出的是,虽然中国人类学民族学研究会是"由国家民族事务委员会主管的全国性人类学民族学研究的国家级学会,也是中国在国际人类学与民族学联合会的唯一合法代表",[1]但它并不是唯一以"中国"冠名的人类学或民族学研究会。除它之外,还有由中国社会科学院主管的中国民族学学会以及挂靠在厦门大学的中国人类学学会。但据我了解,这两个研究会并没有成立专门的研讨法律人类学的下属机构或学会。

(二)全国民间法·民族习惯法学术研讨会

全国民间法·民族习惯法学术研讨会(以下简称"民间法研究会")主要由曾经供职于山东大学威海分校的谢晖、陈金钊等学者创建并运行。首届会议于2005年由山东大学威海分校与青海民族学院共同举办。[2] 迄今为止,已经举办了20次学术年会。可谓,年年举办,从未中断。作为一个民间自发形成的会议制学术团队,民间法研究会具有较高的凝聚力,同时在法学界,特别是在民族法学、习惯法学等研究领域具有较强的学术影响力。这一方面是因为组织者的策划、组织与协调能力非同一般;另一方面也是因为民间法研究会拥有一本官方刊物,即创刊于2002年的《民间法》。该刊物近年来持续入选CSSCI集刊目录。民间法研究会及《民间法》尽管主要发表涉及民间法、习

---

[1] 参见中国人类学民族学研究会官网,http://www.cuaes.org/content.do?method=aboutlis t&code=EA0u00(已失效),最后访问日期:2024年1月9日。
[2] 参见张明新:《民间法与习惯法:原理、规范与方法——全国首届民间法、习惯法学术研讨会综述》,载《山东大学学报(哲学社会科学版)》2006年第1期。

惯法的论文,但也发表过一些法律人类学的研究作品。所以,可以将其视为一个关涉法律人类学的学术共同体。

(三)"社科法学连线"

"社科法学连线"是一个类似民间法研究会的学术团队,且同样具有较强的凝聚力和影响力。它的建立经过了数年的铺垫。2005年5月,北京大学法学院和中国社会科学杂志社联合举办了"法律的社会科学研究"研讨会。在这次会议上,苏力重申并强调了他于2001年提出的"社科法学"的概念。[1] 1年后,北京大学中国社会与发展研究中心等召开了"法律与社会科学第二届研讨会——法学与人类学的对话"。会议结束后,朱晓阳、侯猛还共同编辑了一部"读本",收录了与会学者的代表论文。[2] 同年,《法律和社会科学》宣告创刊。据侯猛介绍,"2009年由林端、梁治平两位老师牵头,举办了'法律的中国经验:法律、文化与社会'研讨会,集中了年轻一代的社科法学者,社科法学群体逐渐形成"[3]。除了侯猛,这批"青年学者"主要有桑本谦、陈柏峰、尤陈俊、王启梁、周尚君等人。2013年,以《法律和社会科学》集刊编辑和作者群为纽带,这些学者共同成立了"社科法学连线"。目前,"社科法学连线"会定期举办"法律和社会科学"学术年会,还定期编辑、出版同名学术刊物。不过,这个团队有时对外使用的名称不是"社科法学连线",而是《法律和社会科学》编辑部。该刊物出版过专注法律人类学的专号:"法律

---

[1] 参见苏力:《也许正在发生——中国当代法学发展的一个概览》,载《比较法研究》2001年第3期。

[2] 参见朱晓阳、侯猛编:《法律与人类学:中国读本》,北京大学出版社2008年版。

[3] 侯猛:《社科法学的传统与挑战》,载《法商研究》2014年第5期。

人类学在中国",分为"学说卷"与"田野卷"。[1] 从整体上看,虽然这个学术团队并非主要从事法律人类学研究,但也可以视为与法律人类学有关的学术共同体,是推动中国法律人类学研究的重要力量。

(四)云南大学的法律人类学研究团队

云南大学的张晓辉在学术生涯的中早期阶段主要从事少数民族习惯法研究,但据其本人介绍,"2005年以后,我因为身体原因不能从事田野调查,便开始转向研究法律人类学学术史……在我的鼓励下,我的博士生中先后有三位同学的博士论文选题确定为对穆尔、格拉克曼和纳德法律人类学思想的研究,并成功地完成了博士论文,出版了专著"[2]。这3本专著分别为李婉琳的《社会变迁中的法律——穆尔法人类学思想研究》、王秋俊的《格拉克曼法律人类学思想研究》以及王静宜的《劳拉·纳德法律人类学思想研究》。关于这3本书的主要内容和意义,本书第五章已经做了介绍。张晓辉在2010年以后也发表了一些有关法律人类学学术史的论文,并以课程讲义为基础于2019年出版了专著《法律人类学的理论与方法》。[3] 该书既回顾、梳理了国外法律人类学的研究脉络,又讨论了如何将这些国外的理论、方法用于中国本土研究的方式和策略。张晓辉在习惯法、民族法学、基层法治与治理以及国外法律人类学译介等

---

[1] 参见侯猛、王伟臣主编:《法律和社会科学(第20卷第1辑) 法律人类学在中国:学说》,法律出版社2023年版;侯猛、王伟臣主编:《法律和社会科学(第20卷第2辑) 法律人类学在中国:田野》,法律出版社2023年版。

[2] 张晓辉等:《传承:法律人类学在云南大学》,载侯猛、王伟臣主编:《法律和社会科学(第20卷第1辑) 法律人类学在中国:学说》,法律出版社2023年版,第105—106页。

[3] 参见张晓辉:《法律人类学的理论与方法》,北京大学出版社2019年版。

方面均作出了卓越贡献，以他为核心的曾经在或正在云南大学从事法律人类学研究的一批学者可以称为中国法律人类学的"云大学派"。

(五)中国社会学会法律社会学专业委员会

该委员会隶属于中国社会学会，其主要研究方向应该为法律社会学。但之所以列在此处，是因为其第二任会长，即现任会长为常年从事法律研究的人类学家赵旭东。同时，有人类学研究背景或特点的侯猛、陈柏峰等"社科法学连线"的核心成员担任了该委员会的副会长。这说明，"社科法学"进路可能要比传统习惯法研究更容易与广义人类学或人类学的法律研究展开对话。此外，该委员会成立于2011年10月22日。有趣的是，前述中国人类学民族学研究会法律人类学专业委员会的成立时间也是2011年10月22日。据笔者了解，两个专业委员会成立于同一天纯属偶然，当然也是一段佳话。同一天，中国人类学与民族学学科最高级别的研究会和中国社会学学科最高级别的研究会不约而同地创建研究法律的下属协会，这可能也反映出这一时期中国法律的社会科学研究的影响力实现了某种程度的飞跃。

(六)法律人类学云端读书会

除了上述5个学术组织或团队，值得一提的是于2020年年底由刘顺峰、尹韬、刘振宇、韩宝、熊浩、曾令健、林叶以及笔者本人联合发起的"法律人类学云端读书会"(后来，郭婧与孙旭也加入了读书会的策划组)。该读书会致力于通过对中外经典法律人类学的研读推进中文世界对法律人类学的了解，并强调用法律人类学的视角关注本土的法律实践。读书会自成立以来充分发挥了网络组织便捷性的优势，一直积极举办各类学术活动,吸引了一批青年学子加入法律人类学的阅读和研究中,已经渐渐形成了学术共同体的样貌。此外,读书会还发起并创立了《中国法律人类学评论》学术辑刊。这是中国学界第二本以"法律人类学"作为刊名的学术刊物。创刊号的主题为"开放的法律人类学",目前正在编辑出版中。

二、总结与反思

通过上文的回顾和梳理,我们可以认为,中国法律人类学在学术共同体的建设方面已经初具规模,但同时存在着一些有待完善之处。为此,下文将总结中国法律人类学在共同体建设方面的特点与不足,而后将尝试提出一些有针对性的建议,并展望未来的努力方向。

(一)中国法律人类学学术共同体建设的特点与不足

第一,所有的学术共同体都有其明确的学术旨趣和研究目的,有的是为了推动少数民族习惯法研究,有的旨在探索习惯法同国家法的关系,有的则是为了彰显法律实证研究的独特价值,进而与法教义学分庭抗礼。此外,所有的学术共同体在组织学术活动时也都是围绕着各自的学术旨趣展开的,充分做到了知行合一。但从整体上看,这些学术共同体显然没有形成共同的关于中国研究的学术旨趣,对于中国法律人类学的发展愿景并未形成一致意见。此外,由于缺乏系统的译介,中国学术界对世界范围内的经典法律民族志与法律人类学作品和理论不够了解。在缺乏中外对照的情况下,较难发掘出中国问题的独特性,也就难以形成关照本土法律实践的共同的学术旨趣。

第二,每个学术共同体内部的学术规则也较为统一,有的坚持以实证方法作为研究的根本,有的主张规范研究与实证研究相结合,有的还可以接受纯粹的理论梳理与反思型研究,这些方法都可以推进法律人类学的学术发展。但与第一个特点类似,这种多元的学术规则也说明了目前中国法律人类学尚未明确本学科基础的学术范式究竟是什么。此外,不同的学术共同体所使用(或借用)的学科资源和研究框架也有着较大差异,彼此之间很少展开有效的沟通与交流。

第三,每个学术共同体在组织形式上各具特色,师生型、学院型、协会型、期刊型均有所体现,有的共同体则同时具备两种类型的特点。每个学术共同体都设有可供成员开展学术交流的平台,也都有其特殊的凝聚机制。但与此同时,也存在一些问题。比如,有的组织较为松散、单调,学术活动的频次不高,在学术市场上缺乏曝光度,难以有效吸引新成员的加入。此外,正如上文所展示的,目前法律人类学的学术刊物较少,且均为集刊,发表周期较长,难以通过同行评议机制形成学术共同体。

第四,与国外的学术交流能够"映照"出自身的特点和不足,所以在中国语境下讨论学术共同体,需要加入国际交流这一因素。应当说,各个学术共同体都已经认识到国际交流的重要性,也都或多或少地开展了一定的国际交流。但从整体上看,中国学界较少参与如法律多元研究会等世界性的法律人类学组织的事务,较少地在国外法律人类学刊物上发表作品。

总而言之,过去几十年中国法律人类学的共同体建设既有值得总结的特点,又有需要反思的不足。而这些不足之处,有的是由法律人类学的学科特点决定的,有的则是几十年的学科发展所积累的结果。因而,在目前这个阶段,很难找到立竿见影的解决办法。但这不代表我们没有可以着力的方向。实际上,近两三年来,学界同人为了解决这些问题已经作出了一些努力。

(二)构建中国法律人类学学术共同体的努力方向

第一,可以"深描法治中国"为共同的学术旨趣,凝聚、整合相关领域的学者。比如,在学术作品以及各种学术活动中,强调法律人类学作为一种"深描"式定性研究的重要意义;无须纠结于是研究乡村还是研究城市,而是在关心中国本土法治实践的研究中逐渐达成共识。

第二,坚持求同存异,兼容并包,做开放的法律人类学研究。一方面要捍卫法律民族志研究的独特价值;另一方面也要从对象、方法、理论等角度整合不同研究进路的重合之处。同时,要进一步加强与人类学其他分支领域以及法学各个部门法的交流与合作。

第三,丰富活动形式,开辟学术刊物阵地。协会型共同体可以适当地增加学术活动的频率,各团体、高校可以举办面向"本、硕、博"同学的法律人类学研习营,以及各类面向青年学生的论坛、比赛;不断提高现有刊物的发表质量,努力在重要刊物上开辟法律人类学专栏,通过期刊阵地形成学术共同体。

第四,通过引进来、走出去的方式加强中外交流。比如,可以申请参加法律多元研究会举办的学术会议和系列课程;组织译介国外法律人类学刊物的最新发表情况;参加国外法律人类学会议;邀请国际知名法律人类学家来华访问交流;尝试组建亚洲法律人类学兴趣小组等。

结　语　用法律人类学理解这个世界[1]

　　法律人类学是一门试图通过法律来理解世界的学科。但是在很长一段时间里，不管是人类学还是法学，都没有重视或强调法律人类学重要的学术使命和价值。而法律人类学自身也缺乏深层次的自省。它逐渐固化为偏重制度功能分析的分支学科，长期处于学术话语体系的边缘。直到近些年，法律人类学经过不断探索，挣脱了观念中的学科枷锁，通过跨文化比较、多元价值阐释及实践导向的研究路径，逐步确立了独特的学科贡献。

　　我们知道，法学与人类学有着无比亲密的关系。甚至可以说，古老的法学是年轻的人类学学科能够建立的基石。19世纪后半叶，西方社会为认知和探究陌生的他者世界，创立了人类学这门学科。然而，彼时人类学对世界秩序的解释却是由梅因、摩尔根等法学家借助法学理论和视角来完成的。因此，早期的法律人类学便承担起解释世界的责任。不过，那时它所解释的"他者世界"主要基于想象。它在这种想象的基础上，同时受到自然科学的启发，运用进化论的模型来阐述西方世界与他者世界的关系，即在空间维度上将西方置于文明中心，在时间维度上将西方预设为文明演进的终点。

　　进入21世纪，人类学开始实地亲眼观察他者世界。近距离接触所带来的收获和冲击是任何想象都无法比拟的。人类学家

---

[1] 本文原载《信睿周报》2025年第145期。文字略有修改。

发现,他者社会在没有西方社会所特有的社会机制的情况下,依然运转良好,且自得其乐。那么,这种简单社会何以可能?这个问题成为20世纪上半叶人类学的核心课题,其所有分支学科都是为了解答这个问题而创立的。无论是奥地利的图恩瓦尔德,还是法国的莫斯,抑或英国的马林诺夫斯基,都试图用经济学意义上的"互惠"作出解释。随后,埃文思–普里查德等人则直接从简单社会的社会结构入手,探讨了非洲的政治制度。他们发现,在许多社会中,政治联系的维系方式其实是亲属关系。同时,宗教的社会凝聚功能也至关重要。由此出现了人类学早期的4个主流分支学科:经济人类学、政治人类学、宗教人类学和亲属关系研究。而其中,并没有法律人类学的身影。因为在那时的人类学看来,简单社会要么没有法律(西方意义上的),要么只存在较为"原始"的法律。所以,在逻辑上,很难通过"没有法律"这种现象去解释为什么"没有法律"。

马林诺夫斯基的《原始社会的犯罪与习俗》一书被视为现代法律人类学的开创之作,因为他尝试用"原始法律"来解答"简单社会何以可能"的问题。这是一种极具创造力的学术阐释。但马林诺夫斯基并没有深入探讨"法律"的本质,没有阐述法律在当地生活世界中的意义,而只是将法律纳入"互惠的解释模型"。之后,马林诺夫斯基也并未继续在法律人类学领域深耕。这一阶段,之所以还有其他学者进行法律人类学研究,大多是出于殖民政府的需要。然而当时主流人类学对这种"应用人类学"持反感态度,致使与殖民活动密切捆绑的法律人类学难以获得理论认同;拥有两千多年历史的法学构建了一道学科壁垒,形成了"法律是专业且复杂的"学科认知,其他学科很难在法学领域之外独立研究法律问题(此时,法律经济学还未兴起)。

在这种情况下,人类学只能选择向法学求援。这便是霍贝尔要与卢埃林进行学术合作的原因。卢埃林告诉霍贝尔,法律的重要功能在于解决纠纷。通过案例研究方法,可以系统而深入地探究法律现象。必须承认,这是一种放之四海而皆准的研究方法。无论研究对象(简单社会)是否有文字或成文法,都必然存在纠纷,也必然有一套特定的解决纠纷的方法、手段和程序。因此,这种方法适用于任何社会。这种方法的背后,蕴含着法学对法律的理解,即法律是用来定分止争的规范。有学者认为,这是法学赠予人类学的一份礼物。也有学者不以为然,认为这与其说是礼物,不如说是魔咒,因为此后的法律人类学几乎成了关于纠纷的专门研究。在我看来,这两个学科合作创造的研究方法尽管体现了一种较为狭隘的法律认识论,但这种认识论却具有积极的学术价值。从此以后,面对"简单社会何以可能"的问题,人类学家无须再像马林诺夫斯基那样将法律套入某个模型,而是可以直接面对法律本身,尽可能深入地了解法律的内容,关注法律的实际运作,进而尝试理解简单社会的法律。这才是这门学科真正建立的标志。

第二次世界大战之后,有了坚实学理基础的法律人类学迎来了丰收期。格拉克曼、博安南、波斯比西运用案例研究方法,撰写了多部法律民族志,这些作品都成为法律人类学的经典。后人将他们的研究称为"规则中心范式",意指他们的研究重心在于考察简单社会的习惯法规则。这一判断大体上是准确的,但如果从"理解他者法律"的角度重新审视,那么他们的学术意识和贡献其实并不能完全用"规则中心"来概括。比如,格拉克曼凭借其法学背景,首次从人类学的视角尝试理解部落社会的裁判过程与思维逻辑;博安南则从文化相对主义的角度出发,提醒我们注意,英语民族志中关于习惯法的描述很可能是经过剪裁的,因此他主张要尽可能地理解并使用当地人的法律术语;波斯比西则试图在理解他者法律的基础上,探讨法律的本质要素,一般认为应包括:权威、普遍适用的意图、当事人双方的权利和义务以及制裁。

到了20世纪60年代,法律人类学开始进一步追求对法律更深层次的理解。因为仅仅关注法官、法庭及裁判,无论进行多久的田野调查,都只是通过"法律"这一窗口来观察社会。实际上,法律并不是孤立存在的,而是深深嵌入了社会。于是,"过程主义范式"应运而生。这种范式主张人类学家应该走出法庭(纠纷解决的场所),深入社会,进而从社会的角度去看待"法律"。这一范式的代表学者主要有格列弗、劳拉·纳德。尤其是劳拉·纳德,她不仅学术造诣深厚,而且具有很强的学术策划和组织能力。她带领学生用了十多年的时间,对全世界的十多个乡村社会开展了民族志式的法律比较研究。通过这项研究,他们总结出纠纷过程及解决中的六大关键因素:关系、资源、权力、途径、成本和文化。总之,他们发现,纠纷及其处理过程与社会利益紧密相连,解决纠纷的过程本质上是对利益的平衡与分配。虽然这一观点看似是常识,但他们通过扎实的参与式观察、丰富的田野资料,生动地展现了这种逻辑和过程。

不过,不论是"规则中心范式"还是"过程主义范式",在人类学和法学这两个学科内部都没能产生太大的影响。为此,"过程主义范式"的另一位代表学者西蒙·罗伯茨发出了疑问:"我们是否需要法律人类学?"他认为,过去"规则中心范式"受法学思维的影响,试图将法律从社会中剥离出来;而"过程主义范式"则提倡法律回归社会,这是值得提倡的。但罗伯茨的反思并不够深入。"过程主义范式"确实提倡"从社会看法律",并且研究得也相当深入,但问题在于,他们所看到的"法律"还是纠纷及其解决过程。换言之,"过程主义范式"依然受到了法学的影响。这其实并不奇怪,因为"过程主义范式"本就是在反思"规则中心范式"的基础上发展而来的,其根基还是卢埃林所推荐的案例研究方法。这两种范式都属于"法律中心主义"。

那么,什么才是不受法学影响的法律人类学研究呢?实际上,同一时期的其他人类学家已经作出了一些探索。比如,维克多·W. 特纳通过扩展个案的方式,描述了一对舅甥之间的戏剧化冲突,进而展示了仪式、法律与政治之间的关系;杰克·古迪(Jack Goody)关注死亡与财产的关系,通过比较两个具有相似文化背景的社区,揭示了财产转移方式的差异及其背后的社会结构因素[1];詹姆斯·P. 斯普拉德利(James P. Spradley)探讨城市亚文化与执法机构的互动关系,揭示出频繁的逮捕与监禁如何转变酗酒流浪者的初始身份,并促使他们的文化模式逐渐同化。[2] 应当说,特纳、古迪以及斯普拉德利的研究在人类学领域都具有重要的范式意义,但当时的学界认为,他们的作品并不属于"标准"的法律人类学。这反映出当时的人类学尚未形成对"法律"的独立认知。

不过,人类学一直在努力尝试达成一种人类学式的法律认知。比如,穆尔试图突破"法律中心主义"范式,她在对比乞力马扎罗山的查加社会与在纽约的制衣工厂的基础上,提出了法律人类学领域最著名的学术理论——"半自治社会领域"。一个汇聚众多不同社团组织并促进它们相互交流的场所,可以

---

[1] See Jack Goody, Death, Property and the Ancestors: A Study of the Mortuary Customs of the Lodagaa of West Africa, Stanford University Press, 1962.
[2] See James P. Spradley, You Owe Yourself a Drunk: An Ethnography of Urban Nomads, Little, Brown and Company, 1970.

被视作一个"半自治社会领域",而每一个社团组织本身也可能构成一个"半自治社会领域"。此外,在法学试图介入"法律多元主义"研究的情况下,"半自治社会领域"这一理论也典型地代表了人类学对"法律多元主义"的理解。20世纪80年代中期,穆尔响应了当时反思殖民霸权的学术思潮,对"习惯法"这一概念本身作出了深刻反思。她指出,传统法律人类学重点关注的这个概念其实是一种社会虚构。无论是殖民者还是人类学家,可能都没有从当地人的视角来看待当地人的法律。

在穆尔之后,近30年来,对法律人类学范式的转变影响最深的学者当属梅丽。在梅丽的时代,法律人类学的研究视角已经逐渐拓展到现代社会。因此,她在完成博士学位论文后,初次尝试法律人类学研究时选择的"田野"是美国的城镇法院。这个研究对象看似仍然与纠纷解决相关。但梅丽关注的焦点不再是纠纷解决所遵循的规则或过程,而是当事人对纠纷解决本身的认识和理解。这是一种关于法律意识的研究,它既从社会中看法律,也从法律中看社会。它关注的是法律的日常状态。于纠纷之外,揭示了法律的另一面。到了20世纪90年代,梅丽又倡导了一种"去疆域化民族志"的研究方法,去关注一些具有全球、全人类意义的法律问题,比如反家庭暴力、对妇女儿童的保护等。可以说,到了梅丽这里,人类学终于在法学之外构建了一套具有人类学特色的法律研究范式。用马克·古德尔的话说,梅丽"与其他少数几位学者共同提高了法律人类学的知名度,并加强了该学科的合法性"[1]。这种合法性为法律人类学带来了学科自信和范式自信。梅丽因对法律意识的关注,成为

---

[1] [美]马克·古德尔:《萨利·安格尔·梅丽:塑造法律人类学》,戴溪瀛译,载舒国滢主编:《法理:法哲学、法学方法论与人工智能(第8卷第1辑)》,商务印书馆2022年版,第19页。

安赫斯特学派的代表人物,而这个学派曾引发美国法律与社会运动的文化转向。因此,作为人类学家的梅丽于1993—1995年担任了美国法律社会学协会主席。两年后,她又当选为美国政治与法律人类学学会主席。这既反映了梅丽卓越的学术贡献得到了学界的广泛认可,也体现了法律人类学日益增长的影响力。它或许仍处于学科的外围,但已经具备了牵动人类学、法学、社会学、政治学等学科的力量。

此外,梅丽还与本达-贝克曼夫妇合作,推动了德国马克斯·普朗克社会人类学研究所中"法律多元研究项目"的有效开展,并最后帮助该所创立了独立的法律人类学系。目前,系主任由比利时法律人类学家玛丽-克莱尔·福布莱茨担任。2022年,她与马克·古德尔以及其他学术同人共同编撰出版了《牛津法律人类学手册》。这本手册系统而全面地展现了当代世界法律人类学的视野。具言之,可以分为6个议题:

第一,法律多元与全球秩序的变化是法律人类学的一个重要研究领域。在全球化背景下,多种规范秩序并存,且相互影响。这些规范不仅源于国家,还涉及联合国机构、世界银行等全球法律机构,以及公民社会和私营部门的合作组织。随着这些非国家行动者在全球法律秩序中扮演越来越重要的角色,国家需要重新定位自己的角色,以适应这一变化。

第二,民族国家与全球秩序的关系也是法律人类学关注的焦点。尽管全球化带来了许多变化,但民族国家并未因此消亡,反而通过新的法律手段和法外力量来强调自己的存在。例如,国家利用数字技术加强治理和惩罚制度,试图重新确立自己在合法暴力方面的垄断地位。这一趋势反映了国家在全球秩序中寻求新的定位和角色的努力。

第三,身份政治是当代法律人类学的另一个重要议题。随着身份政治的兴起,越来越多的身份问题被纳入司法体系,并受到法律的约束。同时,一些身份问题也在法律之外发挥着规范性作用。这种身份政治的多元化和复杂性对传统的公民身份观念提出了挑战,也促使法律人类学更加深入地探讨身份与权利、义务之间的关系。

第四,关注物质在法律体系中的象征意义。合同、文件、证物等具有实际形态的东西,在法律世界中代表共识、约束和案件关键信息。这些物质被赋予特定的法律意义,引导法律判断。通过深入研究物质符号,我们可以更好地理解法律推理、记录法律的方式,以及文件和归档系统在法律体系中的作用。

第五,法律多元的"纯粹性"已经逐渐丧失。在过去,不同的法律体系可能各自独立,有着清晰的界限。但现在,各种法律规范和秩序相互交错、相互影响,形成了一个含糊不清的混合体。所以,法律多元不再被视为一种固有的、理所当然的价值。法律学者、法律从业者以及人类学家需要共同应对这一挑战。

第六,情感基础和身体化的情绪反应对法律认知的影响也是法律人类学的重要议题之一。情感和情绪反应不仅影响人们对法律的理解和接受程度,还塑造了人们对法律合法性的看法。这种"情感正义"的观念强调了法律具体化的过程以及情感在法律实践中的重要作用。

上述6个议题,视野广博,不仅展现了法律与社会、文化、政治之间的紧密联系,还为我们洞察全球秩序的变化提供了独特的视角。与此同时,这也体现出人类学对法律的理解日益深入。可以说,如今已经没有法律人类学不能涉足的法律领域和法律现象。法律人类学这个文化人类学中颇为"古老"的分支学科,终于"老树发新芽",正不断焕发出盎然的学术生机。这门学科已经跨越了学科界限,走到了学术舞台的中央。

如今的法律人类学可以自由地选择"有趣"的学术议题。比如,有学者以加拿大龙虾市场上的标签现象为切入点,探讨标签如何影响消费者的选择,以及这种选择背后所隐藏的权力和法律斗争,进而揭示了龙虾追溯系统中的权力关系和法律多元。[1] 有学者探讨了巴西整容业繁荣背后的社会、文化和经济因素,以及整容手术在巴西社会中的意义和作用。在新自由主义背景下,巴西的整容手术被视为一种民主化的"权利",这反映了法律对个体选择和自我实现的尊重。[2] 还有学者通过民族志研究,探讨阿姆斯特丹市的老鼠如何通过挖洞、啃咬等行为表达对城市空间的政治诉求。该研究质疑传统政治和法律人类学对动物能动性的忽视,强调应超越人类中心视角,关注人类与老鼠共存的复杂关系,以应对城市治理面临的挑战。[3] 可以说,在如今的法律人类学领域,诸如此类的"有趣"研究可谓层出不穷,它们持续不断地拓展着法律人类学的研究视野,为理解法律规则和生活世界提供了新颖而深刻的视角。

近年来,在一批青年学者和学术团队的努力推动下,中国法律人类学也不断焕发着勃勃生机,其影响力正不断攀升。这在很大程度上得益于这门学科独有的价值:相较于法律社会学、法

---

[1] See Courtenay E. Parlee and Melanie G. Wiber, Who is Governing Food Systems? Power and Legal Pluralism in Lobster Traceability, Journal of Legal Pluralism and Unofficial Law, Vol. 43, 2011, pp. 121-148.

[2] See Alexander Edmonds, 'The Poor Have the Right to be Beautiful': Cosmetic Surgery in Neoliberal Brazil, Journal of the Royal Anthropological Institute, Vol. 13, 2007, pp. 363-381.

[3] See Herre de Bondt, Mandy de Wilde and Rivke Jaffe, Rats Claiming Rights? More-than-human Acts of Denizenship in Amsterdam, Political and Legal Anthropology Review, Vol. 46, 2023, pp. 67-81.

律经济学等学科,法律人类学提供了独到的视角和方法来帮助我们深入理解法律与社会的关系。尽管典型的法律民族志作品还不多见,但法律人类学的视角已经开始被广泛地应用于各种议题。比如,我们可以运用法律人类学的视角来解读传统经典《红楼梦》中的法律文化;可以分析游戏《黑神话:悟空》中的法律与秩序构建;可以观察小红书上美国网络"难民"所反映出的跨国法律与社会问题;还可以探讨户外活动、自然保护、经济开发之间复杂的法律纠葛。同时,法律人类学并不满足于对国内法律现象的研究,它还提倡要积极走出国门,观察和分析外国法的实践与运作。通过对不同国家、不同文化背景下的法律制度进行实地考察和比较研究,力求揭示出法律在不同社会中的多样性和差异性,以及法律在全球化背景下的交流和融合。

总而言之,法律人类学通过其跨文化的比较视角与经验研究方法,构建了突破传统法学范式的分析框架,为通过法律理解这个世界提供了兼具理论纵深与实践解释力的研究路径。

附　录　我和我眼中的法律人类学（节选）*

中国社会科学网：您是如何接触到法律人类学，并对这门学科产生兴趣的？

王伟臣：在刚开始读研究生的时候接触法律人类学。当时，我对法理学比较感兴趣，后来，慢慢了解到，自20世纪90年代以后，在国内的法理学界，苏力和梁治平两位老师的影响力比较大。苏力老师认为法律是一种地方性知识；而梁治平老师则提倡关于法律的文化解释。我在阅读他们的作品的过程中，发现他们的作品不约而同地指向了一位人类学家——格尔茨。于是我又按图索骥地去读格尔茨，但并不"解渴"。因为作为阐释人类学家，格尔茨只有一篇讨论法律问题的文章。后来才知道那篇文章是他应邀赴耶鲁大学法学院作讲座时，"临时抱佛脚"完成的一篇演讲稿，其本人并没有写过法律民族志。所以我就琢磨，有没有关于法律的人类学呢？后来一查，果然有！为了了解这门学科，我又去收集相关的介绍性、综述性文章，然后就看到了林端老师在1988年发表的论文《法律人类学简介》。这篇文章是林老师早年留德期间为了完成硕士学位论文（《韦伯的

---

* 本文原载中国社会科学网，参见王伟臣：《我和我眼中的法律人类学》，王村村采访、整理，载中国社会科学网2022年9月16日，https://www.cssn.cn/fx/lyfx/202210/t20221024_5553230.shtml。此处有所删减。

社会学式的法律概念:一个法律人类学观点的分析》)撰写的一篇综述。这篇论文里面提到了一个"术语问题——两难",即能否用英美等国的法律概念、范畴、体系去研究、分析、表达其他国家,尤其是非洲地方的习惯法?有两位人类学家为此展开了一场长达十几年的学术争论。我当时看了之后有如醍醐灌顶:这不就是法学乃至社会科学本土化的关键问题嘛!站在今天来看,林端老师的这篇综述因为大量使用德语文献来介绍英美研究,从准确性的角度而言显然不及英文作品,但对我的影响却非常大。

中国社会科学网:法律人类学同经济人类学、政治人类学等人类学的其他分支学科的区别是什么?

王伟臣:(文化)人类学"独占"非西方社会,使它变成一门微型的综合社会科学。它研究非西方社会的各个方面:政治现象、经济现象、宗教现象、法律现象等。由此出现了政治人类学、经济人类学、宗教人类学以及法律人类学。它们的区别是什么?我认为,就文化人类学而言,可能会分为经济人类学、政治人类学、法律人类学,但是在第二次世界大战以前并没有专门的经济人类学家、政治人类学家或法律人类学家。我的意思是说,法律人类学在第二次世界大战以前并未独立。这主要有两个原因:第一,人类学家作为西方学者,本来住在现代都市,生活条件非常优越。现在让他去一个太平洋小岛从事两年的田野调查,其实非常不易。在研究成本很高的情况下,他要尽可能地利用两年的调研时间。所以不管是对政治、经济,还是对宗教、法律,他都会进行观察、研究,做大量的笔记。等回国之后,把笔记中的经济问题拿出来写一本书,就是经济人类学研究作品;把政治问题拿出来写一本书,就是政治人类学研究作品。就好像"一鱼三吃",鱼肉做一道菜,鱼皮做一道菜,鱼头做一道菜。最典型的学者(也是这种方式的发明者)就是马林诺夫斯基。第二,法律本身就是一种深深嵌入社会的规范,很难完全与政治、经济等其他社会现象实现分隔。对于没有文字和国家法的部落社会而言,几乎没有纯粹的法律问题。人类学家不可能纯粹地观察、研究法律现象。所以在第二次世界大战之前,并没有专门研究法律的人类学家。

20世纪60年代以后,以劳拉·纳德为代表的新一代人类学家提出了法律人类学专业化或独立化的问题,即相关人类学家应该只关注法律现象,不关注其他,集中精力撰写法律民族志,不再撰写经济、政治等其他民族志(当然,纳德本人的视野还是比较宽泛的)。这种目标对于一个分支学科的成长和发展其实是有好处的,但弊端在于,它把法律和其他社会规范切割开来,真空地看待法律。由于此时法律人类学所关注的非国家法领域中的法律规范大多并未成文,所以相关学者为了聚焦法律问题,只能去关注纠纷解决。这也导致法律人类学成了纠纷研究的代名词。1978年,英国人类学家西蒙·罗伯茨甚至发出了"我们是否需要法律人类学"的质疑。罗伯茨的意思并不是否定、终结此项研究,而是希望人类学关于法律的认识和理解能够超越纠纷,把法律从真空中释放出来,重新回归社会。今天回过头来看,20世纪60年代至70年代法律人类学学科化的努力不一定是好事,因为它反而孤立了关于法律的人类学研究。

中国社会科学网:法律人类学的特殊性体现在哪里?是研究对象还是研究方法?

王伟臣:其实通过刚才的问题,法律人类学的特殊性已经呼之欲出了。我自己写过一篇文章,讨论的是法律人类学和法律社会学的边界问题。这篇文章的写作主要受到了国际法律多元研究会前会长弗朗兹·冯·本达-贝克曼的启发。按照他的观察,法律人类学和法律社会学很可能已经没有区别了。首先,从研究对象来看,在第二次世界大战以前,法律人类学专注于部落社会。但是时至今日,法律人类学早已走入国家法院、现代法庭。与此同时,法律社会学也在研究乡村和少数民族地区的习惯法。另外,我也实在想不出来,究竟还有什么现象或领域是法律社会学不能去研究的。所以,就此而言,法律人类学没有特殊性。其次,从研究方法上看,人类学的独特标志就是其所提倡的长期的田野调查。之所以提倡"长期的"田野调查,并非其喜好"长期性"以便能够彰显出什么学科优势,而是由研究对象的陌生性所逼迫的。比方说一个英国人跑到斐济,他首先要听懂当地人的语言,而学习当地的语言,至少需要一年的时间,只有在不借助翻译就能听懂当地语言的情况下,才可以开始真正意义上的观察和记录。但如果一开始他就能听懂斐济语呢?或者他自己就是斐济人呢?一位中国学者以自己的家乡为研究对象,是否需要连续不断的"长期的"田野调查?我认为,大可不必。他完全可以利用寒暑假或者周末的时间,做调研,做访谈。在我看来,这也是一种深入的观察,也能产生人类学式的个人体悟。就国际上的前沿研究而言,现在我们已经很难辨认出法律人类学的田野调查与法律社会学的定性研究的差异。我想,这就是弗朗兹·冯·本达-贝克曼所说的,法律人类学已经逐步混同于法律社会学。当然,这对于法律人类学的发展,未必就是坏事。

中国社会科学网:您读过哪些经典的(法律)民族志?有何体会?

王伟臣:我本人就是做法律人类学学术史研究的,对我来说,法律民族志读起来会感觉特别的功利。打个比方,我计划写一篇名为"法律人类学的环境法研究"的论文,其实就是一篇关于此领域环境法研究的学术综述,那么我需要收集、阅读、分析关于环境法的民族志。我去阅读这些法律民族志,是因为我要写论文,这是一种工作式的被迫阅读,这种阅读并不纯粹,也很累。就像足球比赛的解说员,他本身是个球迷,但是他在解说的时候,可能就很难放松地欣赏比赛。所以从这个角度来说,对我启发比较大的,并不是法律民族志,而是其他领域的作品。我在"硕博"期间阅读了大量的民族志著作,凡是市面上能够看到的中文译本,几乎都读了一遍。而且常读常新。比如,我前段时间重新读了埃文思-普里查德的《努尔人》,当时我完全是把它当"闲书"读的。但是,这次阅读对我的工作(法律人类学研究)也有启发,它让我产生了一个大胆的猜测:沙佩拉、格拉克曼所开创的关于非洲的法律人类学研究很有可能是为了弥补埃文思-普里查德的政治人类学的不足。但是反过来,如果让我去梳理非洲的法律人类学研究,我倒不一定会去翻阅这本经典的《努尔人》。这可能就是读"闲书"带来的好处。

中国社会科学网:您做过哪些与法律相关的田野调查?有何体会和收获?遇到过怎样的难题?如何解决?

王伟臣:说来非常惭愧,作为法律人类学的研究者,我从来没有做过标准的法律人类学的田野调查。获得博士学位后,我曾有机会申请人类学专业的博士后,后来因为机缘巧合没有成行。我总是觉得,如果当年真的申请到从事博士后研究,说不定我现在正身处某个田野,正与某个当事人秉烛夜谈……这是我的田野想象。我觉得,一方面,田野调查是有门槛的,它需要专门的学术训练。但另一方面,田野调查又是没有门槛的。因为处处都是田野,人人都可以成为人类学家。生活中的一切都可以成为我们的研究对象,大到一个国家,小到一个寝室,我还读过某位同学写的寝室民族志。只要认真观察,留心记录,其实都可以成为人类学家。当然这种研究如果不能与经典理论对话,可能和日记或小说没有区别。我学习法律已经有二十多年了,一直在法学院待着,前12年是读法律,后10年是教法律,而且我还是兼职律师。这20年来,我一直学习、观察、实践、教授中国的法律。我是中国法治建设的参与者。我教学的课堂、参加的学术会议,其实都可以成为民族志研究的对象。另外,我觉得只要真的有兴趣,什么时候做田野都不晚。同时,对于"田野"也不能狭义地理解。以前,我总是认为自己只是个"二手"的人类学研究者,因为没有做过田野实践。但最近翻译了美国法律人类学家万安黎的一篇长文后我深受启发。万安黎认为,处处都是田野,远方是田野,学术史也是田野。她通过对梅因和利奇的对比,展示了一段引人入胜的学术往事。再如,史铎金就是专门做学术史的,按照他的说法,他在同事中显得很另类,因为一到寒暑假,所有同事都外出做田野调查,只有他还在书斋的摇椅上。但他觉得研究人类学本身,把人类学本身当作田野同样妙趣横生。所以他给自己的一本论文集命名为《人类学家的魔法》。我觉得,法律人类学本身也是一处具有魔力和魅力的田野。

中国社会科学网:您在自己的学术研究中是如何运用法律人类学理论或方法的?

王伟臣:这个问题,其实是适用于做田野调查的学者的。比方说他去研究现在上海红圈所的青年律师,写这样一个民族志。按照一般的学术规范,首先要回应前人的学术观点。他要介绍,关于律师职业或者年龄等与职业相关的话题此前有哪些学者写过,并提出了什么观点。他要回应此前的研究,然后才可以开始自己的研究。也就是说,需要做田野调查的学者才会明确地表示他要使用什么理论或方法。由于我本身就是做学术梳理的，所以谈不上理论或方法。

中国社会科学网：您发表过哪些法律人类学的作品？能否简要介绍？

王伟臣：从2010年开始构思博士学位论文以来，一直有发表作品。当然，比较有代表性的就是在博士学位论文的基础上修改完成的专著《法律人类学的困境——格卢克曼与博安南之争》。关于这本专著，我想谈两点。第一，为什么要写。我之所以会写这个主题，就是因为看到了前面提到的林端老师的综述。格拉克曼认为，非洲本土的巴罗策习惯法与西方法律相比共性大于差异；博安南则坚持，尼日利亚的提夫人的法律与英美法相比存在着较大差异。这场争论讨论的是普适性和特殊性的问题。我认为，百余年来中国社会科学界其实一直在思考、回应着这个问题。就法律问题而言，西方法律的规则、规范体系，是放之四海而皆准的吗？肯定不是。每个国家都有自己的法律实践和法律文化。为了搞清楚法律人类学对此问题的反思，我写了这篇博士学位论文。第二，有什么收获。最大的收获就是稍微搞明白法律人类学的一段发展轨迹。另外，就是形成了此后10年的学术写作方式：学术梳理。尽管需要花费精力去阅读大量的英文著作，但这是一个让人懒惰的写作舒适区。比如，我现在其实可以"设计"出大量的论文选题：法律人类学的产权研究、法律人类学的土地研究、法律人类学的婚姻研究、法律人类学的印尼研究、法律人类学的北极研究（这个真不是为了采访而随口胡诌的，确实有北极研究）……这里面的任何一个选题，只要我愿意检索、阅读，无论质量如何，最多半年时间就可以炮制出来相应的研究作品。这样的研究对于增进我们关于法律人类学的理解并非没有好处，毕竟填补了空白。但对我自己而言，套用最近的流行语，这是一种"内卷化"的研究方式。所以，我大概在两年前就开始反思和检讨将这种研究方式继续下去的必要性和意义。我的考虑是,我参考英语文献来写学术史、学术综述肯定不如英语学者写得全面。所以,我现在干脆做翻译了,即翻译法律人类学的学术综述,目前大概翻译了十几篇。

中国社会科学网:怎样才能有效促进中国法律人类学的发展?

王伟臣:我觉得还是要两条腿走路,一条就是应该继续了解法律人类学是什么,不是什么。相比法律社会学、法律经济学,目前学界对于法律人类学的研究对象和研究脉络并没有较为完整的、清晰的了解。比如,现在一提到法律人类学,还是会有很多人想到霍贝尔的《原始人的法》。尽管这本书很重要,但它其实并不适合作为了解法律人类学的入门读物。只要把这本书放到整个学术脉络中去考察,就可以发现,它没有采用法律人类学最经典的研究范式或模型(案例研究法)。但由于它被翻译成了中文,所以导致中文学界一直把这本书奉为经典。我认为,在目前法律人类学作品的中译本中,最适合入门(不代表不深刻)阅读的应该是梅丽的《诉讼的话语——生活在美国社会底层人的法律意识》。想知道哪本书合适哪本书不合适,就得了解法律人类学的发展脉络,而要想了解发展脉络,就需要系统的谱系阅读(经典阅读)。所谓谱系阅读,不是东一本、西一本,随机阅读,而是严格地按照出版时间,从前往后,一本一本地读。商务印书馆将出版两本译著,一本是由胡昌明、郭婧两位老师翻译的《夏延人的方式》;另一本是由侯猛老师领衔翻译的穆尔的《法律与人类学手册》。前一本是最经典的法律民族志,后一本则概览式地展示了截至2000年法律人类学的历史、理论以及关注的主题。这两本译著的出版必将全面升级中文学界对于法律人类学的认知。还有一件事也非常关键,就是中国的法律人类学一定要拓宽视野:一方面,不能仅限于乡村和少数民族地区,而应当把目光投向城市,投向现代社会,投向国际社会和海外;另一方面,我们中国的法律人类学也要超越西方的认识和理解,不能仅限于纠纷或纠纷解决。

中国社会科学网:法律人类学对于理解当代中国的法律实践有着怎样的意义?

王伟臣:这是一个不言自明的问题。我第一次阅读法律人类学的作品时就发现了此项研究的意义。所以问题不在于讨论有没有意义,而是如何向其他学科或领域的学者彰显这种意义。有趣的是,据我本人观察,不管我怎么努力,怎么在论文的结论部分阐释"对中国的启示或借鉴意义",对于展示法律人类学的研究意义都没有意义。换言之,证明法律人类学的研究意义很难通过(我这样的)"学术梳理工作"来实现。我认为,只有关注本土法律实践的民族志作品才能真正彰显出法律人类学的研究意义和价值。

后 记

这本书是我的第二本专著,代表了我自获得博士学位以后,入职上海外国语大学法学院以来,在法律人类学领域的一些新思考。这些思考大体围绕着研究范式展开,具有一定的体系性,所以结集成书,以求获得学界同人的反馈与批评。我的第一本专著通过一场争论讨论了法律人类学的"困境",切入点有些讨巧,且大体以解构为主。而到了这本专著,更多的是一种建构。因为建构永远比解构更为困难和复杂,所以本书在谋篇布局和字里行间都体现出有些吃力和笨拙。这种写作上的笨拙恰恰折射出自身在学术转型期的局限,当试图从破到立时,才惊觉知识储备的断层与论证功底的不足。

在从事法律人类学研究的过程中,我一直倍感孤单。不过,2020年年底,有了让人欣慰的转机。我与几位学术同人一起创办了法律人类学云端读书会,后来不断有新的老师和同学加入,读书会的规模逐渐扩大,影响力也慢慢提升。我个人在这个读书会中收获颇丰。通过主持几个阅读系列,我对中外法律人类学的经典作品和理论有了更深入的了解和把握。同时,看到读书会里有很多年轻同学对法律人类学表现出浓厚的兴趣,也让我感到鼓舞,并坚定了把法律人类学研究一直做下去的决心和信心。感谢读书会的所有同学。

这本书所收录的文章曾先后发表于《民族研究》《世界社会科学》《中国社会科学评价》《中央民族大学学报(哲学社会科学

版)》《思想战线》《贵州民族研究》《法治现代化研究》《新文科教育研究》《法律和社会科学》《民间法》《区域国别学》《中国社会科学报》《信睿周报》等刊物和报纸上，感谢上述刊物和报纸的编辑老师愿意刊发这些文字。

感谢这些年来，何勤华、张晓辉、张冠梓、周勇、周星、谢晖、梁治平、朱晓阳、季卫东、吴大华、赵旭东、高鸿钧、苏力、潘天舒、高其才、吴重庆、侯猛、王启梁、尤陈俊、陈柏峰、刘思达、桑本谦、常安、周尚君、彭中礼、梁永佳、陈祥军、谭同学、张亚辉、白中林、蔡欣、察应坤、陈寒非、尕藏尼玛、戴溪瀛、丁辰熹、段庆华、冯晶、郭婧、韩宝、韩振文、胡昌明、黄涛、蒋济泽、赖骏楠、李理、李俊、李宏基、李婉琳、李洋、李江峰、梁利华、凌斌、刘磊、刘顺峰、刘振宇、鲁楠、冷霞、马剑银、穆红琴、泮伟江、萨其荣桂、邵六益、苏海平、孙旭、田雷、王博、王村村、王海军、王静宜、魏磊杰、吴国邦、肖惠娜、肖梦黎、熊浩、杨帆、杨知文、杨玉洁、杨静哲、于龙刚、于明、于晓虹、姚远、伊涛、尹韬、游天龙、曾令健、张建、张经纬、张筱叶、赵一戎、赵英男、周筱等老师和同仁对我的鼓励和帮助。这里尤其要感谢刘顺峰兄多年来对我的激励和鞭策。

感谢上海外国语大学及法学院为我提供优质的教学和科研环境。

感谢北京大学出版社杨玉洁老师的帮助，感谢责任编辑闫淦老师的辛苦付出，感谢蔡菀同学协助我整理了书稿。

感谢我的家人，尤其要感谢我的妻子刘豆豆老师对我的包容和支持，特别感谢六六小朋友给我带来的快乐。

王伟臣
2025年元月
于上海凉城寓所

后　记

这本书是我的第二本专著,代表了我自获得博士学位以后,入职上海外国语大学法学院以来,在法律人类学领域的一些新思考。这些思考大体围绕着研究范式展开,具有一定的体系性,所以结集成书,以求获得学界同人的反馈与批评。我的第一本专著通过一场争论讨论了法律人类学的"困境",切入点有些讨巧,且大体以解构为主。而到了这本专著,更多的是一种建构。因为建构永远比解构更为困难和复杂,所以本书在谋篇布局和字里行间都体现出有些吃力和笨拙。这种写作上的笨拙恰恰折射出自身在学术转型期的局限,当试图从破到立时,才惊觉知识储备的断层与论证功底的不足。

在从事法律人类学研究的过程中,我一直倍感孤单。不过,2020年年底,有了让人欣慰的转机。我与几位学术同人一起创办了法律人类学云端读书会,后来不断有新的老师和同学加入,读书会的规模逐渐扩大,影响力也慢慢提升。我个人在这个读书会中收获颇丰。通过主持几个阅读系列,我对中外法律人类学的经典作品和理论有了更深入的了解和把握。同时,看到读书会里有很多年轻同学对法律人类学表现出浓厚的兴趣,也让我感到鼓舞,并坚定了把法律人类学研究一直做下去的决心和信心。感谢读书会的所有同学。

这本书所收录的文章曾先后发表于《民族研究》《世界社会科学》《中国社会科学评价》《中央民族大学学报(哲学社会科学

版)》《思想战线》《贵州民族研究》《法治现代化研究》《新文科教育研究》《法律和社会科学》《民间法》《区域国别学》《中国社会科学报》《信睿周报》等刊物和报纸上,感谢上述刊物和报纸的编辑老师愿意刊发这些文字。

感谢这些年来,何勤华、张晓辉、张冠梓、周勇、周星、谢晖、梁治平、朱晓阳、季卫东、吴大华、赵旭东、高鸿钧、苏力、潘天舒、高其才、吴重庆、侯猛、王启梁、尤陈俊、陈柏峰、刘思达、桑本谦、常安、周尚君、彭中礼、梁永佳、陈祥军、谭同学、张亚辉、白中林、蔡欣、察应坤、陈寒非、尕藏尼玛、戴溪瀛、丁辰熹、段庆华、冯晶、郭婧、韩宝、韩振文、胡昌明、黄涛、蒋济泽、赖骏楠、李理、李俊、李宏基、李婉琳、李洋、李江峰、梁利华、凌斌、刘磊、刘顺峰、刘振宇、鲁楠、冷霞、马剑银、穆红琴、泮伟江、萨其荣桂、邵六益、苏海平、孙旭、田雷、王博、王村村、王海军、王静宜、魏磊杰、吴国邦、肖惠娜、肖梦黎、熊浩、杨帆、杨知文、杨玉洁、杨静哲、于龙刚、于明、于晓虹、姚远、伊涛、尹韬、游天龙、曾令健、张建、张经纬、张筱叶、赵一戎、赵英男、周筱等老师和同仁对我的鼓励和帮助。这里尤其要感谢刘顺峰兄多年来对我的激励和鞭策。

感谢上海外国语大学及法学院为我提供优质的教学和科研环境。

感谢北京大学出版社杨玉洁老师的帮助,感谢责任编辑闫淦老师的辛苦付出,感谢蔡菀同学协助我整理了书稿。

感谢我的家人,尤其要感谢我的妻子刘豆豆老师对我的包容和支持,特别感谢六六小朋友给我带来的快乐。

王伟臣
2025 年元月
于上海凉城寓所

学一定要拓宽视野:一方面,不能仅限于乡村和少数民族地区,而应当把目光投向城市,投向现代社会,投向国际社会和海外;另一方面,我们中国的法律人类学也要超越西方的认识和理解,不能仅限于纠纷或纠纷解决。

中国社会科学网:法律人类学对于理解当代中国的法律实践有着怎样的意义?

王伟臣:这是一个不言自明的问题。我第一次阅读法律人类学的作品时就发现了此项研究的意义。所以问题不在于讨论有没有意义,而是如何向其他学科或领域的学者彰显这种意义。有趣的是,据我本人观察,不管我怎么努力,怎么在论文的结论部分阐释"对中国的启示或借鉴意义",对于展示法律人类学的研究意义都没有意义。换言之,证明法律人类学的研究意义很难通过(我这样的)"学术梳理工作"来实现。我认为,只有关注本土法律实践的民族志作品才能真正彰显出法律人类学的研究意义和价值。

图书在版编目(CIP)数据

法律人类学的范式 / 王伟臣著. -- 北京：北京大学出版社, 2025.8. -- ISBN 978-7-301-36615-8
Ⅰ. D90-059
中国国家版本馆 CIP 数据核字第 2025310T0Q 号

书　　　名	法律人类学的范式
	FALÜ RENLEIXUE DE FANSHI
著作责任者	王伟臣　著
责 任 编 辑	闫　淦　方尔埼
标 准 书 号	ISBN 978-7-301-36615-8
出 版 发 行	北京大学出版社
地　　　址	北京市海淀区成府路 205 号　100871
网　　　址	http://www.pup.cn　http://www.yandayuanzhao.com
电 子 邮 箱	编辑部 yandayuanzhao@pup.cn　总编室 zpup@pup.cn
新 浪 微 博	@北京大学出版社　@北大出版社燕大元照法律图书
电　　　话	邮购部 010-62752015　发行部 010-62750672
	编辑部 010-62117788
印 刷 者	北京中科印刷有限公司
经 销 者	新华书店
	650 毫米×980 毫米　16 开本　18.5 印张　251 千字
	2025 年 8 月第 1 版　2025 年 8 月第 1 次印刷
定　　　价	79.00 元

未经许可，不得以任何方式复制或抄袭本书之部分或全部内容。
版权所有，侵权必究
举报电话: 010-62752024　电子邮箱: fd@pup.cn
图书如有印装质量问题，请与出版部联系，电话: 010-62756370